闽台与海丝文化研究丛书　林华东主编

泉籍翻译家与中西交流

——生平述介与著译考录

郑锦怀　著

中国海洋大学出版社

·青岛·

图书在版编目(CIP)数据

泉籍翻译家与中西交流:生平述介与著译考录 / 郑
锦怀著 . 一青岛:中国海洋大学出版社,2016.3
　　ISBN 978-7-5670-1060-4

　　Ⅰ. ①泉… Ⅱ. ①郑… Ⅲ. ①翻译家—生平事迹—泉
州市②翻译—研究 Ⅳ. ① K825.5 ② H059

　　中国版本图书馆 CIP 数据核字(2015)第 296656 号

出版发行	中国海洋大学出版社	
社　　址	青岛市香港东路 23 号	邮政编码 266071
出 版 人	杨立敏	
网　　址	http://www.ouc-press.com	
电子信箱	1922305382@qq.com	
订购电话	0532 - 82032573 (传真)	
责任编辑	邵成军	电　　话 0532 - 85902533
装帧设计	汇英文化传媒	
印　　制	日照日报印务中心	
版　　次	2016 年 4 月第 1 版	
印　　次	2016 年 4 月第 1 次印刷	
成品尺寸	185 mm × 260 mm	
印　　张	14.5	
字　　数	270 千	
定　　价	28.00 元	

本书承蒙泉州师范学院以下两个基地资助：

中国社会科学院文化研究中心闽南文化研究基地

台湾民主自治同盟中央委员会闽南文化交流研究基地

林华东

中华民族是一个以汉族为主体的典型文化族群,具有一体多元的特征。汉字的通用和国学经典的认同、和谐共荣的思想和务实进取的特性,已经成为中国人的集体共识。源远流长的历史向世人展示了中华文化深厚的包容力、统合力和凝聚力。习近平总书记在2014年5月4日北京大学师生座谈会上指出:"中华文明绵延数千年,有其独特的价值体系。中华优秀传统文化已经成为中华民族的基因,植根在中国人内心,潜移默化影响着中国人的思想方式和行为方式。"这就是中华文化超越时空的生命力和永恒的精神价值之所在。

闽南文化源于中华文化,是在汉人南下进入福建并吸收当地原住民以及历代不同国家和民族外来文化的基础上形成的扩散到台湾及海外其他国家的具有传承性、离散性和世界性特征的亚文化。2009年,我在《光明日报》发文指出,闽南文化的核心精神集中体现为重乡崇祖的思维观、爱拼敢赢的气质观、重义求利的价值观和山海交融的行为观。其后,我在《闽南文化:闽南族群的精神家园》一书中进一步阐释说,闽南文化蕴涵四种心理意识,即,"原乡情结、祖先崇拜"的族源意识;闽南人具有典型的传承祖先记忆和回报乡梓的文化自觉。"和谐互惠、海纳百川"的兼容意识;闽南人崇尚"你好我也好"的互惠共赢的商贸意愿。"灵活机变、敢为人先"的拓展意识;闽南人拥有山处海行、抢抓机遇的开放性眼光。"坚韧务实、百折不挠"的自强意识;闽南人推崇敢拼敢赢的进取精神。

闽南文化源于中华文化,当下有许多著名学者都在研究中华文化的核心精神,从不同的站位提出中华文化的特征。我觉得,中华文化经久不衰的核心精神可以简洁地概括为"和"、"礼"、"义"、"易"。闽南文化全面弘扬了中华文化这一核心精神。

中华文化以"和"定天下。"和"是中国哲学中一个极其重要的命题。"礼之用,和为贵。""和"是人文精神的核心,是治国处世、外事交往的思想标准。天人合一、阴阳和合、五行和合等,是古代先贤对天地自然、人类社会的普遍现象做出的提炼。中华文化因"和"而具有强烈的包容力、亲和力和向心力。"和而不同"与"不同而和"的思想,是中华民族解决问题、推动社会发展的一种大智慧,适用于人与人、人与社会、人与自然乃至国与国之间的关系。闽南文化充分展示了和则包容、和则并蓄、和则开明、和则大气的本质。闽南俗谚曰:"相尊食有偆,相争食无份。"(偆:剩余。喻指"尊重礼让能和谐共荣"。)自唐宋以来,闽南人就不断与域外民族交往,容许各种宗教在地生存;坚持"己欲立而立人,己欲达而达人"的思想,实现多民族共荣共生。闽南文化的发源地泉州因之成为"世界多元文化展示中心"、"世界宗教博物馆"和"东亚文化之都"。闽南人海航帆影遍及世界一百多个国家,无论其强弱,从来只谈经济、贸易和文化交流,不搞强权占领他国土地的勾当;只靠自己的血汗循规劳作,从不以枪炮开路暴取。中华文化的"和",培育了闽南族群互惠共赢、海纳百川的宽阔胸怀。

中华文化以"礼"为守则。"礼,体也;言得事之体也",是一个人为人处世的根本。"礼"不仅包含等级制度,还包括孝、慈、敬、顺、仁等道德规范。"礼"是中华民族价值观的核心体现,是调节人与人之间社会关系的杠杆。因此,"礼"为适应时代的发展也不断被修正、不断被赋予新的内容。在长期的历史发展中"礼"已经成为中国社会的治理规则和行为准则。闽南文化继承了礼在崇祖、礼在敬畏、礼在修身、礼在博爱的思想。闽南俗话:"隔壁亲情,礼数照行。"(即:哪怕是邻家的亲戚,礼节也必须照来)闽南人敬畏天道,崇拜诸神,凡神必敬。这是闽南地区泛宗教信仰的本源。闽南人遵守孝道,追忆祖先,坚守"慎终追远"的传统观念。闽南人坚守文化传承,闽南方言成为古汉语的活化石,南音进入世界非物质遗产名录,宗亲郡望、辈序血缘刻在每一代人的心灵之中。闽南人走遍天下,不忘生身之地,不忘祖籍血脉,充满浓烈的乡情乡族意识。中华文化的"礼",塑造了闽南族群重乡崇祖爱国爱乡的精神。

中华文化以"义"为修身。"义"者宜也,即"合宜、应该"的意思,强调的是每个社会成员的精神境界和价值观念,是人们在人际交往中对信义友爱、美好善良的追求。孔子云:"见义不为,无勇也。""上好义,则民莫敢不服。"《说文解字》"義""美""善"都是羊字头,有内在共同的含义,即美好善良与正直正义。闽南族群具化了中华文化之义存亲情、义存反哺、义存奉献、义存担当的精神。闽南民谚:"德行着好,风水免讨"("着":要。即积德行善必有好报。)、"有量才有福"("量":肚量。)。闽南人讲究义气,希望"站着像东西塔,躺下像洛阳桥"。闽南人坚守诚信,乐意捐助社会、弘扬正义;闽南俗语"输人不输阵"是对此最好的诠释。闽南人一有成效,就热衷捐资兴学、修桥铺路、扶困解难。中华文化的"义",成就了闽南族群崇尚信义、乐善好施的品质。

中华文化以"易"为行止。"易"即变易、更新、进步。《周易·系辞上》:"生生之谓易。"中华文明的旺盛生命力,就在于不断革新、不断前进。运用中华文化的智慧创就的汉字儒学、政制律令、科技成就以及中国化的佛教,不仅推动了中国历史的发展,而且曾经辐射整个东亚地区,影响尤为深远。大到中国古代的四大发明,细至中国的丝绸茶瓷,都曾经推动整个世界的历史进程。中华文化提倡的革故鼎新、创新创造精神以及由此而来的政治经济文明,在18世纪之前一直是全球进步的旗帜。"易"作为中华文化意识与行为的核心内涵,旨在追求"苟日新,日日新,又日新",旨在励志"天行健,君子以自强不息"。 中华民族几千年来历尽劫难未曾覆灭,多逢衰微一再振兴,根脉不绝永续发展,正是把握了"易"的辩证精神。闽南文化充分演绎了易即求生、易即求新、易即求利、易即求先的内涵。闽南族群处于东南一隅,背山面海,为了生存,锻就了"三分天注定,七分靠打拼"的行为意识;期盼美好,培育了敢为人先的人格气质。闽南人善于商农并重,勇于乘船走海,敢于守护海疆。隋唐以降,经略海洋长达一千五百多年,开创了宋元时期鼎盛于世的海上丝绸之路,向世界展示了以闽南文化为代表的中华文明。许多先民披荆斩棘,与海丝沿线的诸多国家民众共同创业,成就许多伟业,为这些国家的发展、为海丝之路的顺畅交流作出了不可磨灭的贡献。中华文化的"易",锻造了闽南族群山处海行爱拼敢赢的行为意识。

"和"、"礼"、"义"、"易"是中华文化的精髓。"和"是思想基础,是中华民族认识和处理主客观世界的根本思路;"礼"是道德规范,是"国"与"家"秩序稳定的重要前提;"义"是价值取向,是中华民族追求美好愿景的核心理念;"易"是革新动力,是中华民族创新与进步的关键保证。弘扬中华文化的"和"、"礼"、"义"、"易",成就了闽南文化今日的辉煌!

文化是民族发展的积淀,是人类改造世界的成果,是社会长期形成的民风,是时代价值的集中体现,是引领、培育和涵养人类不断进步的精神食粮!文化需要我们透过表象去阐释、去提炼,并使之获得更好的传承与弘扬。作为中华文化亚文化的闽南文化,几千年来它传承了什么,发展了什么,创新了什么,助益了什么,非常需要我们的深入研究和揭示。泉州师范学院的同仁们长期关注探索闽南文化的物质具象和精神内涵,是中国社会科学院文化研究中心闽南文化研究基地和台盟中央闽南文化交流研究基地的中坚力量。他们以高度的使命感致力探索闽南族群千百年来的文化足迹,展示闽南人敢为天下先的拼搏精神,从理论高度和实践层面不断提交有分量的学术成果。我坚信,各位同仁共同努力建设的"闽台与海丝文化研究丛书",必将为建设海峡两岸文化共同体,为祖国和平统一大业,为21世纪海上丝绸之路的建设,为中华民族的伟大复兴作出力所能及的贡献。

谨以为序!

　　锦怀撰就《泉籍翻译家与中西交流》一书,邀我作序。我欣然为之。原因有二:

　　其一,锦怀是个有心人。泉州是"海上丝绸之路"的起点,更于 2013 年当选首届"东亚文化之都"。它素有"海滨邹鲁"之美誉,人杰地灵,涌现了欧阳詹、曾公亮、俞大猷、李贽、郑成功、李光地等一大批历史名人。在中国翻译史上,同样有不少泉籍翻译家为中西交流作出了巨大贡献,名留青史。此前,陕西省翻译工作者协会编的《翻译家辞典》(中医文艺联合出版公司 1989 年出版)、林煌天与贺崇寅主编的《中国科技翻译家辞典》(上海翻译出版公司 1991 年出版)、林煌天主编的《中国翻译词典》(湖北教育出版社 1997 年出版)、林本椿主编的《福建翻译家研究》(福建教育出版社 2005 年出版)以及我们主编的《福建翻译史论》(古近代卷、现代卷、当代卷,厦门大学出版社 2013 年出版),均或多或少介绍了若干影响力较大的泉籍翻译家。但是,囿于史料与篇幅,相关介绍仍有改进与提高的余地。与此同时,仍有不少译有所成的泉籍翻译家被忽略、被遗忘。作为一个泉州人,锦怀素对泉州文史深感兴趣。此次,他沿着《福建翻译家研究》与《福建翻译史论》的研究路线,充分利用各种文献渠道,深入挖掘与整理中外文史料,努力向读者呈现作为整体的泉籍翻译家的翻译成就与历史贡献。这既能够帮助八方读者了解泉州作为"东亚文化之都"的文化底蕴,也有利于推动泉州地方史研究的深入发展。

　　其二,锦怀是个勤奋的才子。2004 年 9 月至 2007 年 6 月,锦怀在福建师范大学外国语学院攻读英语语言文学硕士学位。他跟我有缘,选我做他的导师,从事翻译理论与实践方向的研究。他放弃了到外校兼课的机会,发奋苦读,学术素养提升得很快。在校期间,他发表了五篇论文,翻译了戴维·米勒的《反对全球平等主义》(载于《中西政治文化论丛(第 6 辑)》,天津人民出版社 2007 年出版),参与由我主编的《世界节》(福建人民出版社 2009 年出版),还帮我校阅了专著《儒经西传中的翻译与文化意象的变化》(福建人民出版社 2006 年出版)、教材《英汉互译举要》(福建科学技术出版社 2006 年出版)与译文集《凯特·肖邦短篇小说选》(因故未能出版)。

　　硕士毕业之后，锦怀供职于泉州师范学院图书馆，但仍然与我时有联系。我们合作翻译了英国小说家约翰·勒卡雷（John le Carré）的《伦敦口译员》（*The Mission Song*，上海人民出版社 2009 年出版）、美国小说家杰克·凯鲁亚克（Jack Kerouac）的《科迪的幻象》（*Visions of Cody*，上海译文出版社 2014 年出版）以及古巴革命家切·格瓦拉（Che Guevara）的《自我肖像》（*Self Portrait*，待出）。

　　受工作岗位的影响，锦怀对文献学、目录学与史料学等极感兴趣，并逐渐在史料的搜集、整理、鉴辨与利用方面展现出不俗的功力。迄今，他已经独立或与人合作撰写了多篇翻译史研究论文，发表在《外语教学与研究》《红楼梦学刊》《明清小说研究》《广西社会科学》《福州大学学报（哲学社会科学版）》等权威与核心刊物上，并且协助我主编了《福建翻译史论》三卷，在翻译史研究领域崭露头角。他完全有基础与能力写好这本书。

　　是为序。

福建师范大学外国语学院教授、博士生导师、翻译系主任

岳峰

2015 年 9 月 18 日

目 录

Contents

序　章 ①

第一节　引　言

当前,翻译史研究(Translation History Study)可谓是翻译学(Translation Studies,或称翻译研究)之下成果最为丰硕、影响最为广泛的一个分支学科。但是,翻译史研究并非从一开始就获得了翻译学分支学科的身份。

1972 年 8 月 21 日至 26 日,第三届国际应用语言学会议(The Third International Congress of Applied Linguistics)在丹麦首都哥本哈根举行。会上,长期在荷兰阿姆斯特丹大学执教的美国学者詹姆斯•霍尔姆斯(James Holmes)发表了著名的主题发言《翻译学的名与实》("The Name and Nature of Translation Studies"),并提出了一个影响深远的翻译学学科分支树。② 在澳大利亚翻译学家皮姆(Anthony Pym)看来,霍尔姆斯设想中描述翻译学之下的产品导向研究(Product-Oriented DTS)与功能导向研究(Function-Oriented DTS)、理论翻译学之下的特定时代理论研究(Time-Restricted Theories)以及应用翻译学之下的翻译批评研究(Translation Criticism)都与翻译史研究有着不可分割的联系。③ 但是,霍尔姆斯毕竟没有划分出一个独立的翻译史研究分支学科。

不过,随着翻译学学科身份逐渐稳固,并在学科建设与发展方面取得巨大进展,学界对翻译史研究在翻译学学科建构中的基础性作用形成了更为深刻的认识。在中国,有些学者干脆抛弃了霍尔姆斯的翻译学学科分支树,转而认为翻译史研究是跟翻译理论研究

---

① 本章第一至第四节原由郑锦怀与岳峰合撰,载于《外语教学与研究》2011 年第 3 期,题为《翻译史料问题研究》,收入本书时有所增订。

② 詹姆斯•霍尔姆斯. 翻译学的名与实 [C]// 谢天振. 当代国外翻译理论导读. 天津:南开大学出版社,2008:201-217.

③ Pym, Anthony. *Method in Translation History*[M]. Beijing:Foreign Language Teaching and Research Press, 2007:1-2.

和翻译技巧研究并列的翻译学三大分支学科。①

对翻译史研究的认识越深，翻译学界对它的兴趣就越大，开展的研究活动也就越多，取得的研究成就自然也越突出。仅以中国翻译界为例，即可略窥其中之一斑。据查，从1880年到1949年新中国成立的近70年间，中国仅有5篇翻译史论文正式发表，其中1篇还是译文。②而从1984到1998年的短短15年间，中国大陆便出版了13种翻译史专著。③进入21世纪，中国学者在翻译史研究领域取得了更为巨大的成就。无论是五卷本《中国翻译通史》（2006）、两卷本《中国20世纪外国文学翻译史》（2007），还是六卷本《二十世纪中国翻译文学史》（2009），都是具有里程碑意义的煌煌巨著。

但是，中外学界还很少有人对翻译史研究本身展开细致、深入而成体系的理论探讨。在国外，影响较大的有皮姆所著《翻译史研究方法》（*Method in Translation History*, 1998）一书。该书具有很强的实用性，对翻译史研究者起着很大指导作用。在中国大陆，对翻译史研究的方法与规范进行专门探讨的论文屈指可数，仅有岳峰的《翻译史研究的资讯与视角——以传教士翻译家为案例》（2005）、王建开的《翻译史研究的史料拓展：意义与方法》（2007）、许钧与朱玉彬的《中国翻译史研究及其方法初探》（2007）、郑锦怀的《图书资源利用对翻译史研究的重要作用》（2008）、夏天的《史料、语境与理论：文学翻译史研究方法构建》（2012）、黄焰结的《翻译史研究的层次与特征》（2014）、穆雷与欧阳东峰的《史学研究方法对翻译史研究的阐释作用》（2015）等。实践成果的丰富与理论研究的缺乏形成了鲜明的对比。这在很大程度上影响了翻译史研究的进一步发展，也要求学界必须对翻译史研究的经验与教训进行总结、提炼与升华。

第二节　翻译史研究的学科属性

对与翻译相关的历史事实进行考察、分析与总结，有助于学界更好地认识翻译活动，并进一步建构与发展翻译学。因此，将翻译史研究置于翻译学之下无疑是正确的。但是，就其学科领域的本质属性而言，翻译史研究首先涉及的是"史"的范畴，所以它又可以被看作是历史学之下的一个分支学科。不少接受过史学专门训练的知名学者，如邹振环、岳峰等人，都或多或少进行着翻译史研究，这无疑是一个旁证。在当代中国，历史学有一个分支叫专门史，其中包含"中外关系史"的研究方向，而这个方向的不少硕博士论文就涉及翻译史个案研究。当代西方汉学家中，也有不少人采用史学方法来研究汉学家与翻译家，如研究理雅各（James Legge）的美国学者费乐仁（Lauren Pfister）等。

顾名思义，翻译史的研究对象是跟翻译相关的各种史实。穆雷对1984—1998年中国大陆出版的13种翻译史著作进行考察，发现其内容涉及翻译活动、翻译机构、翻译流派、

---

① 穆雷. 重视译史研究　推动译学发展——中国翻译史研究述评 [J]. 中国翻译, 2000（1）: 44.

② 文军. 中国翻译史研究百年回眸——1880—2005中国翻译史研究论文、论著索引 [M]. 北京: 北京航空航天大学出版社, 2006: 2.

③ 同①: 44-45.

翻译人物和翻译作品，即译事、译论、译家和译作等，而这些几乎涵盖了翻译史研究的各个主要方面。^① 翻译史实的描述与考察当然离不开对与翻译相关的各种史料的全方位搜集与利用。这就要求学界必须十分重视翻译史研究中的史料问题。

古今中外，史料一直都是许多历史学家眼中的关键问题。在西方，19世纪德国最有影响的历史学家兰克（Leopold von Ranke）十分重视原始资料的利用和考辨。他于1824年出版的处女作《拉丁与日耳曼各民族史，1494—1514》中便表现出"对史料来源的重视及深刻的分析"的特点，并认为历史著述是否可信的关键在于是否有可信的原始材料作为根据。^② 以兰克为代表的兰克学派几乎支配了西方史学界达一个世纪之久，其史学思想甚至传播到世界许多国家与地区，对包括中国在内的全球范围内的历史研究产生了深远影响。

在中国，自司马迁而降，欧阳修、朱熹、顾炎武等名家都十分注重史料。到了近代，中国历史学界甚至出现了以傅斯年为代表的史料学派，强调史料高于一切。^③ 傅斯年曾经在德国柏林大学留学多年，深受兰克史学观的影响。他于1928年撰写了《历史语言研究所工作之旨趣》一文，内中提出："近代的历史学只是史料学，利用自然科学供给我们的一切工具，整理一切可逢着的史料，所以近代史学所达到的范域，自地质学以至目下新闻纸，而史学外的达尔文论正是历史方法之大成。"^④ 他还在《史料略论》一文中指出，"史学的对象是史料……史学的工作是整理史料……"，并且直接认为"史学便是史料学"。^⑤ 尽管有不少中国历史学家对傅斯年"史学便是史料学"的观点展开批评，但他们大多赞同史料在历史研究中具有重要意义。比如，翦伯赞虽然认为史料不等于历史，却也强调："研究历史要有史料……最好的历史学家，没有资料，怎么能写出历史来呢？所以资料是重要的。"^⑥

历史研究重视史料问题，翻译史研究自然也不能将翻译史料问题置之不理。但是，中国翻译史研究在史料的挖掘与利用方面存在不少问题。孔慧怡发现："现有的翻译史倾向于引用的多半是第二、三手资料，同时也颇爱引用名人评语，很少再加考证或思考。"^⑦ 王建开更是直接指出，史料的挖掘是当前中国翻译史研究的薄弱点，是中国翻译史研究取得新进展的一个障碍。^⑧ 因此，学界无疑需要对翻译史研究中的翻译史料问题展开更为深入细致的探讨。

① 穆雷. 重视译史研究　推动译学发展——中国翻译史研究述评 [J]. 中国翻译, 2000（1）: 45.
② 陈勇, 罗通秀. 西方史学思想导论 [M]. 武汉: 武汉大学出版社, 1995: 104-106.
③ 汤勤福. 中国史学史 [M]. 太原: 山西教育出版社, 2001: 444.
④ 傅斯年. 历史语言研究所工作之旨趣 [M] // 傅斯年. 史学方法导论. 南京: 江苏文艺出版社, 2008: 53.
⑤ 傅斯年. 史料略论 [M] // 傅斯年. 史学方法导论. 南京: 江苏文艺出版社, 2008: 1-2.
⑥ 翦伯赞. 史料与史学 [M]. 北京: 北京出版社, 2005: 12-13.
⑦ 孔慧怡. 重写翻译史 [M]. 香港: 香港中文大学翻译研究中心, 2005: 12.
⑧ 王建开. 翻译史研究的史料拓展: 意义与方法 [J]. 上海翻译, 2007（2）: 56.

第三节 翻译史料的分类与所指

一般认为,史料大致可以分为直接史料(primary sources or original authorities,或称原始史料)与间接史料(secondary sources or derivative authorities,或称转手史料)两类。① 比如,傅斯年指出:"史料在一种意义大致可以分作两类:一、直接的史料;二、间接的史料。"② 意大利著名历史学家莫米利亚诺(A. D. Momigliano)也指出:"历史研究的整套近代方法(the whole modern method of historical research),奠基于原始史料与转手史料的划分此疆彼界。"③ 据此,翻译史料可以分为直接翻译史料与间接翻译史料两种。

一、直接翻译史料

傅斯年指出:"凡是未经中间人手修改或省略或转写的,是直接的史料……"④ 莫米利亚诺则认为:"所谓原始史料,为目击者的陈述、文献(documents)以及事实自身的遗存,数者皆与事件同时。"⑤ 可见,直接史料或原始史料强调的是历史材料的原始性或原初性。就翻译史研究而言,直接翻译史料亦称第一手翻译史料或原始的翻译史料,它能够反映译文或译本最初的真实情况,其可信度与准确性最高。因此,理想的翻译史著述应当都是根据原始的译文或译本撰写而成,以便确保相关史述准确无误。直接翻译史料至少包括以下介绍的五种:

第一种是原始的报刊译文。早期许多翻译作品都是先刊登在各种报刊上,然后才可能被收入某种(译)文集中,或者被编辑成册,推出单行本。不过,译文被转录之时常由于各种原因而会跟其原初状态存在一定的差异。比如,译者本人对译文进行若干修订,增加译序、译跋等内容;或者编者对译文进行删改,删除译者原序、原刊介绍或原刊编辑小记等内容;或者由于排版与刊印的原因而导致文字错漏等。

试以英国汉学家德庇时(John Francis Davis)的《汉文诗解》为例。该文最早于 1829 年 5 月 2 日在皇家亚洲文会会议上宣读,后来正式刊登在 1830 年于伦敦印行的《皇家亚洲文会会报》(*Transactions of the Royal Asiatic Society of Great Britain and Ireland*)第二卷上,其题名为《汉文诗解 *Poeseos Sinensis Commentarii. XXI. On the Poetry of the Chinese.* 》。1834 年,这篇论文由英国东印度公司印刷所(The Honorable East India Company's Press)在澳门推出单行本,书名改为《汉文诗解 *Poeseos Sinensis Commentarii. On the Poetry of the Chinese,(From the Royal Asiatic Transactions)to Which are Added,Translations & Detached Pieces.* 》。1870 年,阿瑟出版公司(Asher and Co.)在伦敦推出了该书的增补新版(New and Augmented Edition),书名改为《汉文诗解 *Poeseos Sinicae Commentarii:The Poetry of the Chinese*》。

---

① 杜维运. 史学方法论 [M]. 北京:北京大学出版社,2006:110.
② 傅斯年. 史料略论 [M]// 傅斯年. 史学方法导论. 南京:江苏文艺出版社,2008:3.
③ 同①.
④ 同②.
⑤ 同①.

《汉文诗解》三种版本的题名或书名明显有异。如果研究者据《汉文诗解》的 1834 年或 1870 年单行本来描述《汉文诗解》的 1830 年报载版本,肯定会发生错误。因此,研究者最好找到刊登译文的原始报纸杂志;倘若不能,则应尽可能寻找这些报纸杂志的影印本。研究者必须弄清刊登该译文的刊物名称、刊载期次与页码、译文的题名、译者的署名等细节,尽可能客观、准确地加以描述与介绍。

第二种是原始的译本单行本。在中国近现代,许多译本都具有多种版本,或者是由同一个出版机构多次重印,或者是由不同出版机构在不同时期推出过印本。有时候,一些重印本或再版本没有标示该译本的初版信息;有时候,不同版本的排版一致、内容相同;有时候,不同版本的页码编排有异、内容相同;有时候,不同版本的内容有所增删。

试以 CF 女士(张近芬)的文集《浪花》为例。该书在民国期间至少有两种版本问世。一种是阳光社于 1923 年 5 月作为"'阳光社文艺小丛书'第一种"推出的《浪花》初版本,另外一种则是北新书局于 1927 年推出的《浪花》第二版。这两种版本收录的内容有很大差异。比如,《浪花》初版本在第三辑中收录了王尔德(Oscar Wilde)的四篇散文诗,即《艺术家》、《救主》、《水仙花与池沼》与《行善的人》;① 而《浪花》第二版则仅收录了《艺术家》与《水仙花与池沼》。②

因此,研究者考察某种译本单行本的时候,最好以该译本的原始版本(初版本)为根据。假如该译本具有不同版本,而一些版本之间又存在差异,那么研究者也应当据实加以描述,以保证翻译史述的准确性。研究者需要了解的细节包括译本的书名、译者署名、源本书名与作者姓名、出版时间与版次及丛书名称,还需要关注译本中收录的译者序跋、他人为之撰写的序言或导言、译本装帧情况、页码与价格等信息。

第三种是(译)文集里的译文。中国近现代史上的许多翻译家都兼具作家身份。他们既进行创作,也从事翻译,并且常将自己原创作品与翻译作品合集出版,甚至将译文融入创作当中。在这类创作与翻译相结合的文集当中,比较著名的有苏曼殊的《文学因缘》、胡适的《尝试集》、周作人的《谈龙集》、徐志摩的《巴黎的鳞爪》等。③

当然,在这些(译)文集正式出版之前,其中一些作品可能已经在报纸杂志上发表过,但也可能有一些译文此前未曾公开发表便与其他译文或文章等结集出版单行本。后一类译文亦具有原初性,可以将其视为直接翻译史料并加以关注。

第四种是译作未刊本。有些翻译家在译完某一作品之后,却无意将其拿去发表或出版;或者,有些译者的翻译作品一直没有获得机会正式发表或出版。于是,在其逝世之后,只有一些译作未刊本(主要是手稿、誊抄稿,也可能是打印稿)留存下来,但它们的命运各异。无名小卒的未刊本可能会被当成废纸回收,化成纸浆;而翻译名家的遗作则可能会被某些个人或博物馆等机构收藏,得以保存下来。这些保存下来的译作未刊本亦是第一手的翻译史料,具有极高的价值。同时,一些名家逝世之后,其译作未刊本可能会由其亲朋

① CF 女士. 浪花 [M]. 上海:阳光社,1923:225-231.
② CF 女士. 浪花 [M]. 上海:北新书局,1927:204-207.
③ 王建开. 翻译史研究的史料拓展:意义与方法 [J]. 上海翻译,2007(2):58.

与出版商整理出版。整理者可能会修正原稿中存在的一些问题,如误用标点符号、弄错字母大小写、写错别字等。虽然经过整理后正式出版的译本可能跟原稿略有差异,但在一般情况之下,它们亦可被视作直接翻译史料。

比如,英国神父邦斯尔博士(Dr. B. S. Bonsall)曾将《红楼梦》全书译成英文,题名为 *The Red Chamber Dream*。可惜的是,他只给后人留下了打印稿,而未获得机会正式出版。邦斯尔的这个《红楼梦》英译打印稿便是第一手的直接史料。当然,这份打印稿以前藏在深闺中,一般研究者根本无法接触到它,更谈不上加以利用。不过,自从香港大学于 2004年 7 月将其制作成数字化文档并上传到互联网以后,已经有学者对其展开探讨,产出的成果包括《被忽视的第一个〈红楼梦〉120 回英文全译本——邦斯尔神父〈红楼梦〉英译文简介》等。①

第五种是译者及其同时代人物的日记、书信等。前面四种翻译史料均属于莫米利亚诺所说的原始史料中的"事实自身的遗存"。而就翻译史研究而言,莫米利亚诺所说的"目击者的陈述、文献(documents)"乃是指译者本人、译者的亲朋、译文或译著的编辑人员、出版人员与读者等与翻译事件密切相关的人物留下的陈述与文献。需要强调的是,一般说来,只有在翻译事件发生的同时或者几乎同时便第一时间记录下来的陈述与文献才能算是直接翻译史料。如果陈述与文献是在翻译事件发生后很久才回忆出来或者补充记录下来,那么它们也只能算作是间接翻译史料。

从古到今,中国的许多文人墨客都有写日记的习惯。近现代史上的不少译者亦有写日记的习惯,将自己的日常活动记录下来。这类日记中比较著名的有《胡适日记》、《鲁迅日记》、《周作人日记》等。它们不仅记录了日记主人自己的翻译活动、译文的发表或译著的出版、与其他译者的交游活动等,还涉及其他译者的翻译行为、译文的发表或译著的出版等情况,为后人提供了很宝贵的史料。不过,研究者需要注意,当研究对象是日记主人时,日记中与日记主人自身相关的记述属于直接翻译史料;但当研究对象的是其他译者的时候,日记中与之相关的记述则属于间接翻译史料。

比如,《鲁迅日记》提到鲁迅在 1913 年 12 月"十六日……夜译日文论","十七日……夜译","十八日……夜译论毕,约六千字,题曰《儿童之好奇心》,上野阳一著也。""二十一日……以译文付《教育部月刊》。"② 由这些记述可以知道,鲁迅在 1913 年 12 月 16—18 日间花了三个晚上译完了日本学者上野阳一所撰《儿童之好奇心》一文,同月 21 日又将该篇译文投到《教育部月刊》。上引这些记述与日记主人鲁迅的翻译活动直接密切相关,因此属于直接翻译史料。

二、间接翻译史料

间接翻译史料既包括经过前人整理、更改增删或转录的第二手乃至第 n 手翻译史料,

---

① 王金波,王燕. 被忽视的第一个《红楼梦》120 回英文全译本——邦斯尔神父《红楼梦》英译文简介 [J]. 红楼梦学刊,2010(1):195-209.

② 鲁迅. 鲁迅日记(上)[M]. 北京:人民文学出版社,1959:65-66.

也包括并不与翻译活动直接相关但能够为研究者提供若干线索的文献材料。间接翻译史料大致包括以下五种：

第一种是经过转录的译文或译本。有时候，某篇译文曾经在某种报纸杂志上公开发表过，或者某个译本曾经由某个出版机构刊印过，但由于历史的原因，这些译文或译本原始版本已经佚失不存，而只能在一些资料汇编或文集等里面找到它们踪迹。虽然这种经过转录的译文或译本在转录过程中可能会由于人为因素而出现各种疏漏，比如文字印错、脱落、次序颠倒等等，但它们大致能够反映原始译文或译本的基本面貌，其可信性依旧很高，仅次于直接翻译史料。

比如，清末民初著名翻译家周桂笙所译《新庵谐译初编》先于 1902 年在上海《寓言报》上陆续发表，次年又由上海清华书局结集出版。[①] 由于近现代中国战乱频仍、天灾人祸不断，目前未见该书传世。不过，该书乃是由"南海吴沃尧趼人编次"，[②] 所以海风主编的《吴趼人全集》第九卷也全文收录了《新庵谐译初编》。在这种情况下，《吴趼人全集》第九卷中收录的《新庵谐译初编》虽然属于间接翻译史料，但由于它属于据实转录，故而基本上能够反映原始译文或译本的真实情况，其可信度与准确性也很高。

第二种是书目索引。傅斯年指出："有时某一种直接的材料也许是孤立的，是例外的，而有时间接的材料反是前人精密归纳直接材料而得的……"[③] 同样，有些间接翻译史料可能已经由前人整理过，比较系统、全面，也更容易获取，更便于利用。书目索引就是这其中的一种。就翻译史研究而言，目前已有不少书目索引对研究者极有帮助。比如，在汉籍外译方面，重要的书目索引包括法国汉学家高第（Henri Cordier）编撰的 *Bibliotheca Sinica*（中译为《中国书目》，五卷，1904—1922）、中国目录学家袁同礼（Yuan Tung-Li）编撰的 *China in Western Literature: A Continuation of Cordier's Bibliotheca Sinica*（中译为《研究中国的西学书目》，1958）、中国历史学家王尔敏编撰的《中国文献西译书目》（*A Bibliography of Western Translation of Chinese Works*，1972）等。它们各有所长，可以相互补充。在这些书目中，研究者可以发现许多有价值而且比较全面的线索，对于汉籍外译史研究十分有益。

第三种是资料汇编。许多资料汇编里也隐藏着丰富的第二手翻译史料。比如，阿英编的《晚清文学丛钞·域外文学译文卷》（1961）分为三卷（诗歌、小说、戏剧）四册，收录了晚清时期发表或出版的许多翻译文学作品。该书诗歌卷收录了苏曼殊翻译的《拜伦诗选》、马君武翻译的《哀希腊歌》等，戏剧卷收录了东亚病夫（曾朴）翻译的《乌贼》、马君武翻译的《威廉退尔》与陈嘏翻译的《傀儡家庭》。这些翻译作品在晚清产生了较大的影响，但其出版年代距今已久，已经很难寻获其原始版本。所以，对于研究晚清翻译史的学者来说，《晚清文学丛钞·域外文学译文卷》无疑是十分珍贵的翻译史料。

---

① 连燕堂. 开辟翻译新途径的周桂笙 [C]// 中国社会科学院文学研究所《中国近代文学百题》编写组. 中国近代文学百题. 北京：中国国际广播出版社，1989：384.

② 魏绍昌. 吴趼人研究资料 [C]. 上海：上海古籍出版社，1980：333.

③ 傅斯年. 史料略论 [M]// 傅斯年. 史学方法导论. 南京：江苏文艺出版社，2008：3.

　　第四种是前人著述。当研究者打算考察某个翻译家或者某个翻译事件的时候,首先需要进行文献综述,以便弄清在这方面是否有人已经展开了探讨与分析。然后,研究者才能根据掌握的情况,判断是否还有进一步研究的需要。如果前人已经研究得很详细很透彻,并无疏漏错误之处,那么就没有必要重复研究。如果前人的研究成果中存在若干疏漏错误,有进行修正补遗的必要,那么研究者就可以搜集史料,为进一步研究做准备。在这个过程中,研究者可能会发现,自己已经掌握的史料还不全面,还有所遗漏,而前人著述中则提供了比较全面有益的线索。这时,就需要根据这些线索,另行查阅文献资料,加以考察、鉴辨。比如,在中国文献外译史研究领域,王丽娜编著的《中国古典小说戏曲名著在国外》(1988)、马祖毅与任荣珍合著的《汉籍外译史》(1997)、乐黛云与钱林森主编的"中国文学在国外丛书"以及阎纯德与吴志良主编的"列国汉学史书系"等都提供了许多有价值的材料与线索。

　　第五种是译者追记。关于当事人的追记,有些学者将其视为直接史料。比如,杜维运将"当事人事后的追记"如回忆录、游记、行程录、旧事记等列为三种直接史料之一。[①]但仅就翻译史研究而言,译者的事后追记特别是回忆录、旧事记等只能算作间接翻译史料,因为译者追记翻译事件的时间可能跟翻译事件发生的时间相距甚远,或者译者追记之时已经年老多忘,以至于追记内容与实际情况相去甚远。译者追记仍然具有一定的价值,因为里面毕竟提供了若干线索,研究者可以据之加以查证。研究者需要注意,译者追记之价值高低视追记的时间而定。追记的时间愈早,史料价值愈高;反之,则愈低。

　　试以王辛笛所撰《我和西方诗歌的因缘》一文为例。王辛笛在这篇自述性质的回忆文章中提到,他曾在课余从英文版《波德莱尔散文诗》中翻译了近十篇散文诗,并在天津《大公报》副刊上发表出来。[②]尽管王辛笛追记此文的时间离他翻译波德莱尔(Charles Pierre Baudelaire)诗作的时间已有数十年之久,以至于他的记述很不具体,可能亦不够准确,但这已经为翻译史研究者提供了宝贵的线索。研究者可以根据这些线索,翻查天津《大公报》副刊,从而考察出王辛笛翻译这些诗作的具体时间、译诗篇目、译诗发表的具体时间等细节。这无疑有利于翻译史研究的开展与推进。

　　当然,在翻译史研究的实践过程中,研究者随时可能会碰到其他各式各样的直接或间接的翻译史料,但那只能自行去挖掘、去整理了。

第四节　翻译史料的搜集、鉴辨、整理与运用

一、拓展翻译史料的获取渠道

　　某个翻译史研究课题能否取得成功,关键在于翻译史料之运用;而成功运用翻译史料

---

① 杜维运. 史学方法论 [M]. 北京:北京大学出版社,2006:112.

② 王辛笛. 梦馀随笔 [M]. 南京:凤凰出版社,2003:181-183.

的前提与关键则是搜集到足够多的、系统化的翻译史料。正如王建开所说:"一旦材料拓展了,突破便随之而来。"① 研究者如果想要切实推进翻译史研究,就必须大力拓展翻译史料的获取渠道。就目前来看,研究者至少还可以在以下两个方面多做些努力。

首先,研究者应当关注外文翻译史料。王建开指出:"国内一些有影响的翻译史专著基本不使用英文文献,视角不免单一。"② 翻译史研究者如果只在中文文献里打转,很多问题难究其竟。就目前来看,有些汉籍外译史研究者恰恰在外文翻译史料的收集与利用方面做得很不够,导致所论问题多多。试以帅雯雯撰写的《英语世界〈红楼梦〉译本综述》一文为例。该文介绍了 1830—1991 年间问世的 15 种《红楼梦》的英文译文或译本,但其中错漏颇多。比如,该文称包腊(Edward Charles Bowra)的译文"The Dream of the Red Chamber"刊登在 *The China Magazine* 的 1868 年圣诞节号(Christmas Number, 1868)与 1869 年卷(Vol. for 1869)上。③ 但查阅原刊后可以知道,包腊译文的题名实为"The Dream of the Red Chamber(Hung Low Meng)",而且它乃是连载于《中国杂志》(*The China Magazine. A Weekly Miscellany, Illustrated with Photographs*)于 1868 年底出版第二卷(即"圣诞节卷"(The Christmas Volume))与 1869 年上半年出版的第三卷(The Third Volume)上。

其次,研究者应当关注数字化资源。一般说来,由于历史演变的缘故,早期发表或出版的各类翻译史料留存较少,一般研究者不大容易接触得到。比如,近代中国出版的英文期刊《中国丛报》(*The Chinese Repository*)、《中国评论》(*The China Review*)都刊载了许多汉籍英译与汉学论文,是极其珍贵的翻译史料。但是,这类英文刊物留存甚少,中国大陆很少有图书馆藏有其原始刊物或其影印本与微缩胶片等。这样一来,一般研究者基本上无法接触并利用这些翻译史料。

不过,随着互联网的蓬勃发展与数字化技术的广泛应用,许多商业公司或公益团体纷纷将一些珍贵文献制作成数字化文档(主要采用 PDF、DJVU 等格式),并上传到互联网上,供需要者在线阅读或下载浏览。尽管有许多数字化资源都需要付费,但亦有不少是免费资源。比如,香港期刊在线网站(Hong Kong Journals Online)就提供了 1872—1901 年间 25 卷《中国评论》杂志绝大多数期次的数字化文档,有需要者可以免费下载浏览。

二、加强对间接翻译史料的鉴辨

首先,批判的意识与怀疑的态度对翻译史研究极其有益。傅斯年指出:"间接材料因转手的缘故容易被人更改或加减。"④ 正是因为间接史料的准确性与可信度比不上直接史料,所以兰克才提出要"对资料持批判态度"。⑤ 间接翻译史料还经常为人们所增删更改,存在着种种疏漏错误之处。因此,翻译史研究者在利用间接翻译史料的时候,必须常怀批

---

① 王建开. 翻译史研究的史料拓展:意义与方法 [J]. 上海翻译,2007(2):57.

② 同①。

③ 帅雯雯. 英语世界《红楼梦》译本综述 [C]// 阎纯德. 汉学研究(第二集). 北京:中国和平出版社,1997:504.

④ 傅斯年. 史料略论 [M]// 傅斯年. 史学方法导论. 南京:江苏文艺出版社,2008:3.

⑤ 陈勇,罗通秀. 西方史学思想导论 [M]. 武汉:武汉大学出版社,1995:104.

判意识,不能偏听偏信。研究者要带着怀疑精神,对任何间接翻译史料都不轻信、不盲从,而是应当如杜维运所说的那样,做到"考而后信"。①

试以《中国20世纪外国文学翻译史》为例。该书在外国文学中译史研究方面取得了很大的成绩,是一本内容丰富、极有助益的间接翻译史料大全。但是,该书所论存在不少颇可商榷之处。比如,该书称穆敬熙(即穆木天)翻译的王尔德童话《自私的巨人》发表在1920年"12月25日《新潮》第3卷第1号"上。②但查阅原刊可以发现,《新潮》第3卷第1号其实出版于"民国十年十月一日"(即1921年10月1日)。因此,研究者在利用该书时不能不对其加以鉴辨。

其次,多方证实或证伪是必要的程序。傅斯年指出,间接史料的错误疏漏有赖于"可靠的材料"的更正与补遗。③一般情况下,"可靠的材料"当然是指准确性与可信度最高的直接史料。但是,有时候,研究者无法搜集到足够的、必需的直接史料,就只能以其他间接史料作为旁证,来进行证实或证伪工作。

三、加强对翻译史料的整理

卫茂平在总结德语文学汉译史研究过程中的经验时指出,在根据旧有资料索引、书目汇编与前贤研究成果搜集资料、存真定伪之后,则需"整理出晚清至民国时期较完整的汉译德语文学书目,并根据年代和作家进行梳理考订"。④因此,在搜集、鉴辨完翻译史料之后,就应当编撰一份比较完整的、与特定课题相关的翻译史料目录与索引。比如,如果想要研究英国诗歌在中国的翻译与传播情况,那么在搜集、鉴辨相关翻译史料之后,研究者就应当编写一份英国诗歌中译史目录,按时间先后顺序,分别列出英国诗歌中译的具体情况。如果是发表在报纸杂志上的译诗,则录写译诗题名、译者署名、报刊名称、期次与出版时间、起始页码等;如果是译诗单行本,则录写其书名、译者署名、出版机构名称、出版时间、所录各首译诗题名等;如果是载于文集中的译诗,则录写译诗题名、译者署名、文集书名、出版机构名称、出版时间等。

四、提高翻译史料利用水平

在从事翻译史研究的过程中,研究者亟须提高自身的问题意识。正如葛桂录所指出的那样:"问题往往是研究的先导与指南针,否则就陷入史料汪洋难见天日。"⑤研究者应当善于从众多直接或间接翻译史料中发现一个个问题,再在这些问题的基础上形成若干有学术价值的研究专题,甚至还可以在这些研究专题的基础上完成一部完整的翻译史研究论著。举例而言,在编撰《〈红楼梦〉英译目录》之类的目录索引时,研究者能否发现并注

① 杜维运. 史学方法论 [M]. 北京:北京大学出版社,2006:119.
② 查明建,谢天振. 中国20世纪外国文学翻译史(上) [M]. 武汉:湖北教育出版社,2007:162.
③ 傅斯年. 史料略论 [M]// 傅斯年. 史学方法导论. 南京:江苏文艺出版社,2008:4.
④ 卫茂平. 德语文学汉译史考辨:晚清和民国时期 [M]. 上海:上海外语教育出版社,2004:8.
⑤ 葛桂录. 跨文化语境中的中外文学关系研究 [M]. 上海:上海三联书店,2008:22.

意到《红楼梦》的早期英译多被当作汉语学习教材使用呢？比如马礼逊（Robert Morrison）所编《中文会话及凡例》（*Dialogues and Detached Sentences*，英国东印度公司印刷所 1816 年在澳门出版）选译了《红楼梦》第三十一回宝玉与袭人的对话；①罗伯聃（Robert Thom）在其编译的《正音撮要》（*The Chinese Speaker*，宁波华花圣经书房 1846 年刊印）一书中也有类似做法。如果能够找到足够文献，那么或许就能以中国典籍的英文译文或译本在西方汉语教学史中的作用为课题，展示出很有意思的历史画面。

此外，翻译史料的旧与新并非取决于其发现时间的先与后，而是取决于翻译史料利用者的观念与视角。有时候并非没有翻译史料可用，而是研究者的史料意识不够高，未能挖掘出旧有翻译史料尚未被注意到的价值。比如，周桂笙所译《新庵谐译初编》分为上、下两卷，上卷收录了《一千零一夜》与《渔者》，下卷则收录了 15 篇西方童话、寓言与故事，具有很高的翻译史价值。长期以来，学界虽然注意到该书收录的两篇《一千零一夜》故事，②却未见有人指出其源文篇名；虽然有学者指出其中几篇译文出自《格林童话》，③却未能在到底有多少篇译文出自《格林童话》、各篇译文的源文为何等问题上达成共识。在此种情况下，学界对《新庵谐译初编》翻译史价值的了解到底有多深着实令人怀疑。

事实上，《新庵谐译初编》所载《一斤肉》一文的翻译史价值就长期为学界所无视。此前学界一般认为，莎士比亚（William Shakespeare）作品最早是借由兰姆姐弟（Charles and Mary Lamb）改编的《莎士比亚戏剧故事集》（*Tales from Shakespeare*）一书的中译而得以传入中国，而该书最早的两种中文译本分别是 1903 年上海达文书社出版的节译本《澥外奇谭》与商务印书馆于 1904 年 10 月出版的全译本《英国诗人吟边燕语》。④但是，通过认真而细致的文本比对，可以发现《一斤肉》就是译自兰姆姐弟改编的莎剧故事 "The Merchant of Venice"（现通译为《威尼斯商人》），且其发表时间显然早于《澥外奇谭》与《英国诗人吟边燕语》。⑤这一结论无疑改写了此前中国莎学史与中国翻译史上形成的定论，具有极高的学术价值。

综上所述，翻译史研究的关键就在于翻译史料发掘得是否充分，以及研究者是否具有较高的学术眼光，是否能够从浩繁如海的文献资料中挖掘出具有价值的翻译史料并合理地加以充分利用。研究者需要更加重视翻译史料问题，才能推动翻译史研究进一步发展，为翻译学的学科建构与发展提供坚实基础与强劲动力。这也恰恰正是本书的研究与写作所遵循的方法论基础。

---

① 葛锐. 英语红学研究纵览 [J]. 红楼梦学刊，2007（3）：182.
② 李长林. 清末中国对《一千零一夜》的译介 [J]. 国外文学，1998（4）：121-125；铁鹰. 天方书话——纵谈阿拉伯文学在中国 [M]. 北京：首都师范大学出版社，2007：264-271.
③ 张召奎. 中国书籍之最 [M]. 合肥：安徽人民出版社，1991：96；伍红玉. 格林童话的版本演变及其近代中译 [J]. 德国研究，2006（4）：66；付品晶，杨武能. 格林童话在中国的译介与接受 [J]. 中国比较文学，2008（2）：96.
④ 孟宪强. 中国莎学简史 [M]. 长春：东北师范大学出版社，1994：8；张泗洋. 莎士比亚大辞典 [M]. 北京：商务印书馆，2001：1511.
⑤ 郑锦怀，岳峰. 莎剧故事的最早中译再考 [C]// 刘文彬. 英汉比译研究二十年. 青岛：中国海洋大学出版社，2011：161-165.

第五节　泉州的对外交流与泉籍翻译家的崛起

一、泉州的建置演变

泉州,又称鲤城、刺桐城、温陵,地处福建省东南部,是中国古代海上丝绸之路的起点,也是国务院于 1982 年公布的首批 24 个历史文化名城之一,2013 年又当选为首届"东亚文化之都"。

据 2002 年发现的晋江深沪湾旧石器遗址,在距今 80 万到 50 万年前,就已经有古人类在泉州沿海地区繁衍生息。① 周代,泉州属于七闽部落的活动区域。②

周显王三十五年(公元前 334 年),越王无疆与楚国交战,不幸败亡。越国发生分裂,各自称君称王,但都臣服于楚国。部分越王族乘船入闽,逐渐与原有的七闽部落融合,最终成为新的闽越族。③

秦始皇二十五年(公元前 222 年)立闽中郡,辖今福建全境,浙江的温州、台州与处州三地,及江西部分地区。④ 这是有史记载以来福建的第一个正式建置。汉初分封闽越、东瓯与南海三国,福建大部分归属闽越。⑤ 元封元年(公元前 110 年),汉武帝派兵灭了闽越国,并将闽越族贵族、官僚与士兵迁往北方。⑥

大约在汉昭帝始元二年(公元前 85 年),冶县设立。这是福建境内最早的一个县治。据唐《元和郡县图志》,冶县的辖地包括闽县、温麻、南安、建安、邵武诸县和江西铅山县。⑦ "南安"即为第一个出现在历史上的今泉州市所辖区县名。

此后,辖治今泉州地区的建置先后称为东安县、晋安县、南安郡等。开皇九年(589 年),隋朝设泉州,这是"泉州"作为地名首次出现在历史舞台上。但是,其治所却是设在今福州,与今天所说的泉州风马牛不相及。⑧

嗣圣初(684 年),唐朝设武荣州,治所设在今丰州,不久被废,至圣历二年(699 年)复设,圣历三年(700 年)又废。久视元年(700 年),又改在今泉州鲤城置武荣州,下辖南安、莆田、龙溪、清源四县,辖境涵盖今泉州、莆田、漳州。景云二年(711 年),原"泉州"改称"闽州",武荣州则改称"泉州"。"泉州"一词开始与今之泉州名实相符。⑨

此后,泉州的辖境与建置虽时有变化,但大致保持稳定。如今,泉州市下辖四个区(鲤城、丰泽、洛江、泉港)、三个县级市(晋江、石狮、南安)、五个县(惠安、安溪、永春、德化、金

---

① 陈支平,徐泓. 闽南文化百科全书 [M]. 福州:福建人民出版社,2009:31.

② 朱维干. 福建史稿(上) [M]. 福州:福建教育出版社,1985:15-16.

③ 同②:19.

④ 同②:23-24.

⑤ 同②:29.

⑥ 同②:27-44.

⑦ 同②:44-45.

⑧ 泉州市地方志编纂委员会. 泉州市建置志 [M]. 福州:海峡文艺出版社,1993:4.

⑨ 同⑧:4-5.

门)以及泉州经济技术开发区与泉州台商投资区。本书所称的"泉籍翻译家"即指籍贯或祖籍在今泉州市辖境之内并且在翻译领域取得一定成就之人。

二、泉州的海上交通与对外贸易

福建背山靠海。因为陆路交通不便,其海上交通因而兴起。据载,早在汉武帝时期,汉朝军队就已经通过海路攻打位于"泉山"的闽越国军队。① 东汉末年,孙策又率军乘船追击王朗所部,至"泉山"将其逼降。②

因为物产较为丰富,泉州逐渐发展成为中外交流的重要前沿阵地。据日本学者高桑驹吉在其《中国文化史》一书中的考察,8 世纪时,阿拉伯人、波斯人、犹太人等经印度诸岛入中国南海诸港通商,而尤以到广州、杭州、泉州三港为多。③

到了隋代,泉州成为与广州并驾齐驱的海上贸易中心。唐代,福建番商(或作蕃商)会集,而以泉州为最。④ 由于番商众多,官府甚至专门开辟出蕃坊(又称蕃巷、蕃落)供他们居住。⑤

宋元时期,海外贸易尤受重视,泉州的对外贸易也愈加繁荣。元祐二年(1087 年),泉州设立市舶司。北宋灭亡,南宋迁都杭州后,政治、经济与文化中心均南移。泉州离杭州更近,因而收获了近水楼台之利,成为海上丝绸之路的起点,开辟了至少六条海上航线,东到日本,南达南洋群岛,西至印度、阿拉伯国家乃至东非沿海各国。⑥ 到了元代,泉州已经被马可·波罗(Marco Polo)、伊本·拔都(Ibn Battuta)等来华的外国人誉为世界最大的港口之一。⑦

明清之际,泉州不复宋元时期的繁荣。明初,泉州仍设市舶司,至洪武七年(1374 年)即被废止。⑧ 受禁海令、西方殖民主义者东侵等因素的影响,泉州港的海上交通与对外贸易受到很人的冲击,反而是漳州月港因缘际会,取代广州成为当时中国的海外贸易中心之一。到了清代,经历"海禁"与"迁界",泉州港彻底没落,变成了地区性的普通港口,并逐渐被厦门港取代。⑨

鸦片战争之后,广州、厦门、福州、宁波、上海被迫开放为通商口岸。由于地处厦门与福州之间,泉州的对外贸易开始缓慢恢复。改革开放以来,泉州发展迅速,其 GDP 连续 16 年居福建全省第一,尤以外向型经济最为引人注目。可惜的是,受港口地理环境变化、国家政策束缚等因素的影响,泉州港已经不复宋元时代之勇。

---

① 李玉昆. 泉州海外交通史略 [M]. 厦门:厦门大学出版社,1995:1-2.
② 中国海外交通史研究会,福建省泉州海外交通史博物馆. 泉州海外交通史料汇编 [M]. 泉州:中国海外交通史研究会 / 福建省泉州海外交通史博物馆,1983:7.
③ 同②:9-10.
④ 同②:10.
⑤ 北京大学国情研究所. 世界文明百科全书 [M]. 太原:山西教育出版社,1992:220.
⑥ 林金水. 福建对外文化交流史 [M]. 福州:福建教育出版社,1997:32-36.
⑦ 同②:14.
⑧ 同②:18.
⑨ 《泉州港与古代海外交通》编写组. 泉州港与古代海外交通 [M]. 北京:文物出版社,1982:87-96.

三、泉州的对外交流与泉籍翻译家的崛起

地球上语言之多,不可胜数。许多语言之间差异太大,直接阻碍了人们之间的交流与合作。对于持不同语言、文化背景也各异的双方来说,想要实现顺畅而有效的交流与合作,无疑需要有第三者居间传达。于是,翻译活动就此发生,而那些居间传达之人,亦即译者(古称象胥、舌人、通事等),也就此出现。

伴随着泉州海上交通与对外贸易的兴起,泉州的对外交流与翻译活动也愈加频繁。无论是泉州人出海做生意,还是外国人来泉州经商或旅行,都少不了译者在其中发挥居间传达的作用。不过,在不同时期、不同场合,翻译活动的形式与译者所能扮演的角色也各不相同。南北朝以前,包括泉州在内的福建地区的对外交流活动与口译活动相互交融、不可分割。至于笔译活动,由于缺乏文字记载与实物证据,目前尚无法确定当时是否已经出现。[①]

南朝梁武帝年间,出生在西天竺(今印度)优禅尼国(Ujjaini)的高僧真谛(梵名 Paramārtha)受邀来华。因为战乱,他曾流离到晋安郡(今福州)、梁安郡(今泉州)等处,并在九日山建造寺(今延福寺)逗留了四个多月,将天竺文《金刚经》译为中文。《〈金刚经〉后记》就称:"金刚经,西天竺优禅尼国三藏法师,号拘那罗陀,此言真谛。梁武皇帝远遣迎接,经游闽越,暂憩梁安。太守王方奢,乃勤心正法,性受大乘,仍于建造伽蓝,请弘兹典。法师即于壬午年五月一日,重翻天竺宝文……至九月廿五日,文义都竟。"[②] 目前所见,真谛翻译的这部《金刚经》是泉州历史上的第一部译著。它是佛教传入中国的历史上一部极其重要的佛经,后来被收入《大藏经》,影响甚大。

南朝以降,直到宋元时期,泉州与海外各国之间的交流十分频繁。来自意大利的马可波罗还在其游记中记录了泉州给他留下的深刻印象,如"宏伟秀丽"、"船舶往来如梭"、"世界上最大的港口之一"等。[③] 在这种情况下,口译活动的广泛存在当是无可置疑的。但是,我们再未见到如真谛所译《金刚经》这样有文献记载并留存于世的笔译成果。其原因大概有二。其一,在真谛之后,泉州乃至整个福建再无重要的译经名家出现,自然就没有其他译经活动见载于史册,更没有译经成果传世。其二,在中国古代,译者地位低下,所以即便他们翻译了一些纸本文献,也很难传承下来并为人所知。[④]

明清之际,随着西方殖民主义者与传教士的纷纷来华,泉州才又陆续出现了一些正式刊印的译著或含有译介成分的书籍。泉州本土文人墨客也开始走上了翻译舞台。比如,法国耶稣会士金尼阁(Nicolas Trigault)口授、晋江人张赓(字夏詹)笔述的《况义》一书于1625年在西安刊行。此书即为《伊索寓言》(Aesop's Fables)文言选译本,存世极少,似乎仅巴黎国家图书馆藏有三种抄本。内容最多的一种抄本收入了38篇《伊索寓言》中译文,

---

① 岳峰,郑锦怀,王绍祥. 福建翻译史论(古近代卷)[M]. 厦门:厦门大学出版社,2013:11.

② 王禹川. 九日山历代诗集[C]. 泉州:福建省南安市九日山吟社／武荣诗社,2000:11.

③ 马可·波罗口述,鲁思悌谦(Rusticiao)笔录. 马可波罗游记[M]. 陈开俊等译. 福州:福建科学技术出版社,1981:192.

④ 同①:17.

即正文的《况义》（22 篇）与附录的《熊说》（16 篇）。[①] 同为泉州人的谢懋明也为《况义》
写了一篇跋文。[②]

又如，被誉为"西来孔子"的意大利耶稣会士艾儒略（Giulio Aleni）曾长期在泉州地区
传教。他于明崇祯十年（1637 年）译就《圣梦歌》，经张赓润饰后刊行。当代学者李奭学通
过细致的史实考辨与文本分析，称之为"中译第一首'英'诗"，其翻译史价值就此彰显无
遗。[③] 此外，艾儒略所著《五十言馀》同样载有三则伊索寓言，即《蚂蚁和蝉》、《鹫与狐狸》
与《云雀搬家》，[④] 而张赓又为其撰写了一篇简短序言——《题〈五十言馀〉》。[⑤]

鸦片战争之后，中国被迫打开大门，但中西政治、经济与文化交流也得以发展起来。
福建翻译家队伍顺势崛起，成为中国翻译界的一股强大力量。不过，除了祖籍同安的辜鸿
铭，晚清时期走上历史舞台的福建翻译家基本上都是来自福州地区，如严复、林纾、陈季
同、陈寿彭、程树德、林长民、刘崇杰、陈衍、林白水等。[⑥] 这大概跟福州是福建省会，文化与
教育事业最为发达不无关系。

民国以后，泉籍翻译家也开始崛起。周辨明在西方发表了关于厦门方言的研究成果，
更在译介西方语言学文献方面用力颇勤。黄嘉历、黄嘉谟、黄嘉德、黄嘉音兄弟几个各有
成就，而尤以主持西风社的黄嘉德与黄嘉音二人名气最大，常被合称为"黄氏昆仲"。曾瑞
雯曾将《镜花缘》第 33 ～ 36 回译成英文，虽未正式出版，却是中国人英译《镜花缘》的最
早尝试。

新中国成立后，特别是改革开放以来，更多的泉籍翻译家涌现出来。他们当中，既有
在中国大陆土生土长者，也有归国华侨；既有港台同胞，也有旅居海外的华侨华人。傅子
祯翻译了一系列苏联生物学论著，为新中国生物学研究与教学的进步作出了重大贡献。
庄瑞源学医、从医多年，却仿鲁迅改行，致力于翻译欧美文学名著。旅居菲律宾的泉籍华
侨施颖洲与林健民在英译中国古诗方面成就显著，推动了中国文学在英语世界的传播。
身在台湾的王友钊长期从政，却翻译了两种美国经济学名著。同样长居台湾的余光中则
是集诗人、散文家、翻译家等头衔于一体，在整个汉语文化圈都极具影响力。归国华侨蔡
国栋长期翻译外国科技文献与情报信息。一生从事编辑出版工作的吴伯泽不仅翻译了一
大批极具影响力的科技论著与科普文章，还亲自撰写了颇有影响力的科幻小说《隐形人》。
杨仁敬则长期从事外语教学与科研，是当代著名的美国文学研究学者，更翻译了《店员》、
《基辅怨》、《末流演员》、《紫色》等多种欧美文学作品。

① 内田庆市. 谈《遐迩贯珍》中的伊索寓言——伊索寓言汉译小史 [C]// 松浦章，内田庆市，沈国
　威. 遐迩贯珍（附解题·索引）. 上海：上海辞书出版社，2005：68-70.
② 戈宝权. 中外文学因缘——戈宝权比较文学论文集 [M]. 北京：北京出版社，1992：435.
③ 李奭学. 中译第一首"英"诗《圣梦歌》[J]. 读书杂志，2008（3）：157-163.
④ 同①：70.
⑤ 徐宗泽. 明清间耶稣会士译著提要 [M]. 北京：中华书局，1989：330.
⑥ 岳峰，郑锦怀，王绍祥. 福建翻译史论（古近代卷）[M]. 厦门：厦门大学出版社，2013：44-62.

四、泉籍翻译家的整体特征分析

综观前面提及的这15位泉籍翻译家,我们可以发现以下几个具有共性的重要特征:

首先,泉籍翻译家大都在闽南地区度过青少年求学时期。

周辨明生于厦门,早年就读于厦门寻源书院(后改称寻源中学),读大学时才开始出省,到上海圣约翰大学求学。黄嘉历的早年求学情况不明,但从他的弟弟黄嘉谟与黄嘉德的求学经历来看,他也应当是在闽南地区读小学与中学的。黄嘉谟曾就读于集美师范与厦门大学预科,后来才转入福建协和大学。黄嘉德曾就读于厦门寻源中学,后考入福建协和大学,又转学到上海圣约翰大学。黄嘉音的早年求学经历不详,但应当跟黄嘉德相似,也是在闽南地区读小学与中学。林健民曾先后在泉州浮桥当地的一所私塾、新华小学与黎明高中就读。傅子祯早年的求学活动不详,但从他后来就读于福建协和大学来看,其青少年时期也应当是在家乡泉州度过的。曾瑞雯的中小学时期不详,但她是厦门大学毕业生。庄瑞源早年曾就读于泉州安海的铸英小学、厦门鼓浪屿的英华中学。王友钊早年先后就读于泉州衮绣小学、私立泉州中学与福建私立集美高级商业职业学校。吴伯泽早年先后就读于泉州培英女中、培元中学高中部与厦门大学。杨仁敬先后就读于晋江震瑶小学、南侨中学、泉州五中与厦门大学。只有施颖洲、蔡国栋与余光中三人的早年求学跟闽南基本上毫无关系。

其次,泉籍翻译家大都接受过正规的高等教育。

在这15位泉籍翻译家中,有12人具有本科学历。其中,3人(曾瑞雯、吴伯泽、杨仁敬)是厦门大学毕业生;2人(黄嘉历、傅子祯)是福建协和大学毕业生;3人(周辨明、黄嘉德、黄嘉音)是上海圣约翰大学毕业生;1人(庄瑞源)是同济大学毕业生;1人(施颖洲)是国立菲律宾大学毕业生;1人(王友钊)是台湾大学毕业生;1人(余光中)是金陵大学毕业生。此外,黄嘉谟曾就读于厦门大学预科,后转入福建协和大学,但不知何故中途离开,并未获得毕业文凭。林健民只是曾在夜间到菲律宾贺西·黎刹大学进修商科。蔡国栋曾就读于香港达德学院,可惜未及毕业就退学离开;他后来在华北人民革命大学接受过短期培训,又入哈尔滨外国语专门学校接受了外语专业教育。

不少泉籍翻译家还曾出国深造或讲学。周辨明先后在美国哈佛大学与德国汉堡大学深造,并在后者获得语言学专业的哲学博士学位,还曾到伦敦大学东方语言学院讲学一年。黄嘉历曾到菲律宾马尼拉大学执教两年。黄嘉德曾到美国哥伦比亚大学研究生院研习英美文学。王友钊两次赴美国爱荷华州立大学深造,先后获得硕士与博士学位。余光中在爱荷华州立大学获得艺术硕士学位,并曾两次赴美讲学。杨仁敬曾到哈佛大学当博士后,专攻比较文学。他们在西方汲取了丰富的文化养料,从而为其人生之路提供了强大动力。

第三,多位泉籍翻译家深受教会影响。

第一次鸦片战争结束以后,厦门成为首批五个通商口岸之一。受此影响,包括厦门、泉州与漳州在内的整个闽南地区成为中西交流的前沿阵地。许多国家不同教派的传教士纷纷来到闽南传教布道。西方传教士通过开教堂、设学校、刊印宗教读物等多种形式广泛播撒福音,对闽南地区各个阶层的民众产生了深远的影响。许多人成为虔诚的基督教信徒,有的甚至成为职业牧师,到各地传教。

仅就这 15 位泉籍翻译家来看,很多人与教会关系密切。其中,有 7 人出生在职业牧师或虔诚的基督信徒家庭。比如,周辨明的父亲周之德是一名职业牧师,长期在厦门与长汀两地传教,甚至还撰有《闽南伦敦会基督教史》。又如,黄氏四兄弟的父亲黄沧海也是一名职业牧师,长期在闽南各地传道。再如,曾瑞雯家中数代都是基督教信徒,她本人还曾译过《约拿书释义》。

另外,有 8 人曾在各类教会学校就读。比如,周辨明与黄嘉德所就读的厦门寻源书院就是一所教会学校,由基督教美国归正教会与英国长老会联合创办于 1881 年。再如,庄瑞源所就读的厦门鼓浪屿英华中学也是一所教会学校,由英国伦敦会始创于 1898 年。此外,黄嘉历、黄嘉谟与傅子祯就读的福建协和大学,周辨明、黄嘉德与黄嘉音就读的上海圣约翰大学以及余光中就读的金陵大学,也都是由西方教会创办的教会大学。

众所周知,教会学校的宗旨是为基督教在中国的传播服务。为了达到这一根本目的,教会学校十分重视英语教育,不仅引进了许多西方人及具有留洋经历的中国人来执教,还长期使用英文原版教材。这也是许多教会学校毕业生具有较高的英语水平,能读能写能译,在各个领域都能打出一片天地的原因所在。不能不说,周辨明、黄氏四兄弟、傅子祯、庄瑞源与余光中 8 人之所以能够走上翻译大舞台并成为译有所成的翻译名家,无疑跟他们在教会学校的求学经历有着很深的关系。

第四,翻译是融入多数泉籍翻译家骨子里的兴趣与爱好。

这 15 位泉籍翻译家的本职工作五花八门。有人曾是大学教授(周辨明、黄嘉德、傅子祯、王友钊、蔡国栋、余光中、杨仁敬),也有人只是普通的中学英语教师(曾瑞雯);有人从政(王友钊),有人从事社会公益事业(黄嘉历、黄嘉谟),有人从商(林健民),也有人从医(庄瑞源);有人是职业出版家(黄嘉音、施颖洲),有人则是普普通通的出版社编辑(吴伯泽)。

几位大学教授,尤其是周辨明、黄嘉德、余光中与杨仁敬这四位长期从事外语教育的教授,在教学之余翻译一些外国文字,那是极其自然而然的事情。但是,难就难在坚持。从步入翻译大舞台开始,直到晚年,尽管可能因为各种缘故而暂时中断其翻译事业,但是一有机会,他们仍会重拾译笔。至于从事其他行业的几位泉籍翻译家,在完成繁忙的本职工作之余,居然还能产出许多有影响力的翻译成果,实属难得。像林健民与施颖洲这样在海外打拼多年并已功成名就之人,居然能潜下心来将中国古代诗词瑰宝译成英文,推动了中国文化在英语世界的传播,更是难能可贵。如果他们不是将翻译当成难以割舍的兴趣与爱好,是很难做到这一点的。

我们必须承认,由于信息不畅,除了前面提及的这 15 人,极可能还会有其他泉籍翻译家尚未被发现或受到关注,但那只能留待后续挖掘与考察了。囿于篇幅,本书仅将对前面提到的这 15 位泉籍翻译家进行个案研究,在广泛搜集各类相关的文献资料的基础上,尽可能详细而准确地介绍其生平活动、著译成就与译学观点。每位泉籍翻译家各辟一章,按其出生先后排列,依次详述。

此外,有必要指出,早期很多翻译作品的署名形式各不相同,而且通常都很不规范。

比如,有的翻译作品只署译者的姓名或笔名,而未标注原作者姓名;有的甚至连"译"、"译述"、"编译"等表明翻译性质的文字都没有标注。又如,有的翻译作品只标注原作者的外文原名,而未附其中文译名;有的则只标注原作者的的中文译名,而未附其外文原名。而且,早期使用的很多译名跟当前的通用译名迥异。为行文统一起见,书中首次出现某个外国人名时,一律采用"中文译名(外文原名)"的形式。如果这个外国人是文中介绍的某种翻译作品的原作者,而原书或原文已经标注了其外文原名与中文译名,则按其原初形式著录;如果原书或原文仅标注其外文原名,则附上其当前通用的中文译名;如果原书或原文仅标注其中文译名,则尽量考出其外文原名;如两者均不可考,则付之阙如。当某个外国人名在书中第二次(及以后)出现时,则仅列出其中文译名。

第一章

语言学家、翻译家——周辨明

第一节　周辨明生平简介

周辨明(1891—1984),字忏民,英文名初为 Tseu Bien-ming、①Chou Pien-ming,② 后来则改为 Benjamin E. Chiu③ 或 Benjamin Eng-un Chiu,④ 祖籍泉州惠安,生于厦门,是中国现代著名的语言学家。其妻名叫朱秀鸾,两人育有三个儿子,分别叫做周颐西、周显东和周颖南。⑤

周辨明的祖父是晚清举人,生有两子,名叫周之德与周寿卿(原名周之祯⑥)。⑦ 周之

---

① St. John's University. *Catalogue of the Officers and Students of St. John's University 1908-1909 and Rules & Regulations*[M]. Shanghai:North-China Daily News & Herald Ltd. , 1908:51.

② St. John's University. *Catalogue of the Officers and Students of St. John's University September 1910-July 1911 and Rules & Regulations*[M]. Shanghai:North-China Daily News & Herald Ltd. , 1910:40.

③ St. John's University. *Catalogue of the Officers and Students of St. John's University September 1911-July 1912 and Rules & Regulations*[M]. Shanghai:North-China Daily News & Herald Ltd. , 1911:58.

④ Harvard University. *Catalogue of Names 1917-18*[M]. Cambridge:Harvard University, 1917:109.

⑤ 龚小莞,黄秋苇. 造化钟神秀　地灵出人杰——《探访周廷旭的踪迹》后续报道 [EB/OL]. [2015-08-08]. http://library. xmu. edu. cn/news/detail. asp? serial=28209.

⑥ 同⑤。

⑦ 詹朝霞. 晃岩路 35 号,另一个周氏传奇——现代汉语言学家周辨明的故事 [N]. 厦门晚报,2010-12-26(15).

德,或误写成周芝德,① 字捷三,② 是一名职业牧师。他于1881年当选为厦门泰山礼拜堂牧师,至1883年春被正式按立授职。③1892年,周之德受中华基督教会闽南大会派遣,率布道团到长汀传教,开启了长汀的基督教事业,同年即成立汀州区会。④1896年起,周之德致力于在长汀传教。⑤1907年,汀州教区获得25万英镑的捐款,由周之德、胡修德、赖查理等人经手,⑥ 创办了神道学院、福音医院、华英女校(后改为乐育女校)、中西中学、亚盛顿医馆等。⑦1918年前后,周之德曾出面向南洋华侨募捐,以便为长汀四堡的传教事业提供经费支持。为此,四堡教堂大门上写有"中华基督教会周之德牧师纪念堂"14个大字,而教堂所办小学也取名为捷三初级小学,以示纪念。⑧

周之德娶妻谢氏,生有两男三女,即长子周宗侨(森友)、次子周辨明、长女周淑奋(嫁黄潮清)、次女周淑俭(嫁陈秋卿)、幼女周淑安(嫁胡宣明)。⑨ 其中,周辨明生于1891年11月13日。⑩ 结合周之德的传教履历,周辨明应当是出生在厦门。他早年曾求学于厦门鼓浪屿寻源书院。⑪1908年,他考入上海圣约翰大学,⑫ 至1911年夏毕业,获得文学士学位。⑬ 据称他的毕业考试成绩名列第一,因而获得的是极其难得的荣誉学士学位。⑭ 毕业之后,他留在圣约翰大学教授英语。⑮1914年秋,他到北京清华学校担任英文教员兼秘书。⑯

---

① 陈全忠. 在鼓浪屿创业的惠安人 [C]// 鼓浪屿申报世界文化遗产系列丛书编委会. 鼓浪屿文史资料(下). 厦门:鼓浪屿申报世界文化遗产系列丛书编委会,1999:264.

② 龚小莞,黄秋苇. 造化钟神秀 地灵出人杰——《探访周廷旭的踪迹》后续报道 [EB/OL]. [2015-08-08]. http://library. xmu. edu. cn/news/detail. asp? serial=28209.

③ 周之德. 闽南伦敦会基督教史 [M]. 厦门:圣教书局,1934:6.

④ 福建省长汀县地方志编纂委员会. 长汀县志 [M]. 北京:生活•读书•新知三联书店,1993:863.

⑤ 同③。

⑥ 王尊旺,李颖. 医疗慈善与明清福建社会 [M]. 天津:天津古籍出版社,2010:6.

⑦ 同④。

⑧ 邹降瑞. 四堡基督教会 [C]// 中国人民政治协商会议福建省连城县委员会文史资料委员会. 连城文史资料(第十一辑). 龙岩:中国人民政治协商会议福建省连城县委员会文史资料委员会,1989:74-75.

⑨ 同②。

⑩ 郑宏. 厦门大学文化的历史与解读 [M]. 厦门:厦门大学出版社,2010:253.

⑪ 詹朝霞. 晃岩路35号,另一个周氏传奇——现代汉语言学家周辨明的故事 [N]. 厦门晚报,2010-12-26(15).

⑫ St. John's University. *Catalogue of the Officers and Students of St. John's University 1908-1909 and Rules & Regulations* [M]. Shanghai:North-China Daily News & Herald Ltd. , 1908:51.

⑬ St. John's University. *Catalogue of the Officers and Students of St. John's University September 1911-July 1912 and Rules & Regulations* [M]. Shanghai:North-China Daily News & Herald Ltd. , 1911:58.

⑭ 黄典诚. 春风化雨忆周师 [M]// 周辨明,黄典诚译. 语言学概论. 福州:福建教育出版社,1985:2.

⑮ 同⑫。

⑯ St. John's University. *Catalogue of St. John's University, Academic Year Sept. 1914-July 1915* [M]. Shanghai:St. John's University, 1914:84.

　　1917 年,周辨明获得清华学校庚款津贴留美的机会。1917 年 8 月 18 日,在时任清华学校校长周诒春的率领下,周辨明等留美学生乘坐"委内瑞拉"号(S. S. Venezuela)轮船从上海出发,至 9 月 3 日抵达旧金山。旅行途中,周诒春因事务繁忙,委派周辨明与吴宓分别担任其英文与中文秘书,主要负责为其起草、缮写公私回复信件等。[①]抵美后,周辨明进入哈佛大学就读,但他居然改修数学。[②]在校期间,他结识了赵元任等人,此后交情莫逆。不过,他似乎并未获得学位,即于 1919 年离开了哈佛大学。[③]

　　1921 年,周辨明回国,转到新成立的厦门大学担任学生生活指导长兼预科高等几何学教授。1923 年,厦门大学创建了外国语言文学系,由他担任第一任系主任。[④]1926 年 8 月8 日起,他担任总务主任一职,[⑤]曾为短暂在该校执教的鲁迅提供方便,留下了一段佳话。[⑥]

　　1928 年,周辨明到德国汉堡大学攻读语言学和实验语音学,至 1931 年获得语言学专业的哲学博士学位。1932 年回国后,他担任厦门大学英文教授兼注册部主任,1933 年兼任文学院院长,1937 年任嘉庚讲座教授兼教务长,1941 年改任文学院院长。[⑦]

　　1948 年,周辨明赴英国伦敦大学东方语言学院讲学一年。1949 年,他启程回国,途经新加坡时被那里的厦门大学校友挽留,受聘为新加坡中华大学语言学教授。[⑧]此后,他就定居在新加坡。1954 年起,他在新加坡马来西亚大学教授中文。1962—1976 年,他改任新加坡政府职员训练中心训练专员,主要教授英汉翻译课程。[⑨]

　　尽管身在新加坡,周辨明十分关心中国的语言学事业。1980 年 10 月 21 日,中国语言学会在武汉成立,周辨明特意致信表示祝贺。[⑩]1984 年 4 月 28 日,周辨明逝世。[⑪]

① 吴宓. 吴宓自编年谱(1894—1925)[M]. 北京:生活·读书·新知三联书店,1995:161-162.
② Harvard University. *Catalogue of Names 1917-18*[M]. Cambridge:Harvard University, 1917: 109.
③ Harvard University. *Harvard Alumni Directory 1937*[M]. Cambridge:Harvard University, 1937: 218.
④ 颜如璇,颜园园. 鼓浪屿侨客 [M]. 厦门:厦门大学出版社,2010:5.
⑤ 刘树杞. 代理秘书布告 [J]. 厦大周刊,1926(156):1.
⑥ 陈梦韶. 鲁迅在厦门所接触的人物 [C]// 薛绥之. 鲁迅生平史料汇编(第 4 辑). 天津:天津人民出版社,1983:163-164.
⑦ 周川. 中国近现代高等教育人物辞典 [M]. 福州:福建教育出版社,2012:423.
⑧ 陈方,黄夏莹. 闽南现代史人物录 [M]. 北京:中国华侨出版社,1992:280.
⑨ 陈建初,吴泽顺. 中国语言学人名大辞典 [M]. 长沙:岳麓书社 1997:781;周川. 中国近现代高等教育人物辞典 [M]. 福州:福建教育出版社,2012:423.
⑩ 李行健. 中国语言学年鉴(1992)[M]. 北京:语文出版社,1993:121.
⑪ 黄典诚. 春风化雨忆周师 [M]// 周辨明,黄典诚译. 语言学概论. 福州:福建教育出版社,1985:6.

第二节　周辨明的学术成就

一、周辨明对民国时期国语运动的贡献

周辨明在上海圣约翰大学与北京清华学校执教期间都是教授英语课程,在哈佛大学就读时却改修数学专业。留美归国后,周辨明又对语言学产生了持续而浓厚的兴趣,后来还在汉堡大学获得了语言学专业的哲学博士学位。

周辨明是民国时期国语运动尤其是国语罗马字运动的主将之一。早在 1922 年,他就在《国语月刊》第 1 卷第 10 期上发表了《中华国语音母和注声的刍议》一文,主张用国际音标来标注音母,另用 I、II、III、X 来标注平、上、去、入四种声调。1923 年,他撰写了《中华国语音声字制》一文,先是发表在《国语月刊》第 1 卷第 12 期上,后又由厦门大学语言科学系刊印单行本。他在文中提出了一种采用拼音字兼有形义字的文字改革方案,主张使用罗马字拼音,令人一看即知字音、字声,还可就体取义。

1936 年,周辨明在《厦大周刊》第 15 卷第 28 期上发表了《拉丁化呢？国语罗马字？》一文。他在文中通过对拉丁化与国语罗马字学者的观点进行对比,论述了他主张采用国语罗马字的理由。同年,厦门大学语言学系又将该文刊印成册。1937 年,他在《语文》第 1 卷第 3、第 6 期上分别发表了《携手一同走上拼音文字的大路——从汉字的不能彻底通俗化说到调解国语罗马字和拉丁化的办法》与《拼音路上的里程石》。同年,他还在华南区第一届大学学生夏令会演讲《新文字问题》,经朱兆祥笔记,发表在《厦大校刊》第 1 卷第 8 期上。1939 年,他又在《教务杂志》(*The Chinese Recorder*)第 70 卷上发表了英文文章"Progress in Romanization: Q. R. 1937-38"(中译为《国语罗马字的进展: Q. R. 1937-38》)。

除了在报纸杂志上发表相关文章,周辨明还编撰了多种国语罗马字工具书、教材等。1930 年,他编有英文小册子 *A Phonogram in Chinese with a Guoryu Romanisation System*（中译为《国语罗马字表音符号》）。1934 年,他编有《前驱国语罗马字读本》与《前驱国语罗马字标准国语教本》,均署名"前驱国语社"。1937 年,他编有《国音字汇及电码书(半周钥笔索引法编排)》与《国语罗马字基本字汇》(内附《标准语罗马字词汇初稿》)。1939 年,他与黄典诚合编了《国语罗马字新读本》与《在迈进中的中国罗马字: Q. R. 1937-38》。1945 年,他编撰了《国语罗马字新读本: Q. R. 1937—1945》与《八年抗战中国语文国际化的进展: Q. R. 1937—1945》。1947 年,他编有《Q. R. 步上了最后的一阶段》。1948 年,他编有《中华民国宪法穿上国际的服装——及其他》。旅居新加坡之后,他还编撰了《字母记调法大全》、《海南话记调标音罗马化》、《古音罗马字记调拼音》等。

因其在国语运动中的突出表现,周辨明先于 1923 年与钱玄同、黎锦熙、赵元任、林语堂、汪怡、叶谷虚、易作霖、朱文熊、张远萌等人被指定为罗马字拼音研究委员会委员,后又于 1925 年被吸收加入了刘复(字半农)倡议成立的"数人会"。①1945 年,他与黎锦熙、林语堂、赵元任、魏建功、汪怡等著名语言学家一同被国民政府教育部聘为新成立的国语推

---

① 苏金智. 赵元任传——科学、语言、艺术与人生 [M]. 南京:江苏文艺出版社,2012:97-98.

行委员会方音注音符号修订委员会委员。① 此外,国民政府教育部在 1947 年 7 月 10—12 日在南京召开召开了远东区基本教育研究会的准备会,周辨明受邀参加,并提交了一份提案,建议采用国语罗马化拼音,以迅速解决中国的文盲问题。②

二、周辨明与厦语研究

由于长期在厦门生活与工作,周辨明对厦语(闽南语厦门音)深感兴趣,并且展开了深入的研究。早在 1920 年,他就编有《厦语入门》,由厦语社刊印成书。到了 1949 年,厦门大学书同文社又推出周辨明所编《厦语拼音之改进》一书,即为《厦语入门》的修订本。

1931 年,周辨明的博士学位论文发表在著名的汉学杂志《通报》(T'oung Pao)新第 28 卷第 3 ~ 5 期合刊上(Second Series, Vol. 28, No. 3/5),题为"The Phonetic Structure and Tone Behaviour in Hagu(Commonly Known as the Amoy Dialect)and Their Relation to Certain Questions in Chinese Linguistics"。到了 1934 年,这篇论文又刊登在《厦门大学学报》第 2 卷第 2 期上,并加注中文题名《厦语音韵声调之构造与性质及其于中国音韵学上某项问题之关系》。1934 年前后,周辨明还计划编辑一本《国语厦语注音汉英对译辞典》,③ 但后来似乎并未出版。

旅居新加坡后,周辨明又根据哈罗德•E. 帕尔默(Harold E. Palmer)与 F. G. 布兰福德(F. G. Blandford)合作完成的 *Everyday Sentences in Spoken English*（中译为《英语口语日常会话》)修订本,编译了《英语口头日用语:中英会话三用教本》一书,由新加坡书同文馆于 1951 年出版。这是一个"国语厦语新文字对照"版本,内附《新文字"拉丁化"与"罗马字"之合流》、《厦语拼音"字母标声"法》与《海南话拼音"字母标声"法》三篇文章。

三、周辨明的其他成果

周辨明长期从事英语教学,有时也教授德语和法语。为了配合教学,周辨明独立或与人合作译编了数种英文和德文教材。

1934 年前后,周辨明就编撰了《英语口授法课本》,并计划编撰《基本德文科学文(德汉对照)》,④ 但似乎未能完成。1947 年,他又主编了"大学初年级英文复习手册",由厦门大学文学院刊印。其中,上册为周辨明编纂的《英文文法纲要(附练习)》;中册为周辨明根据哈罗德•E. 帕尔默所著 *Everyday Sentences in Spoken English*（初版本)编译的《英语

① 教育部聘请周辨明院长为方音注音符号修订委员会委员 [C]// 厦门大学校史编委会. 厦大校史资料(第 2 辑). 厦门:厦门大学出版社,1988:116.
② 周辨明院长提案以国语罗马化拼音迅速扫除文盲 [C]// 厦门大学校史编委会. 厦大校史资料(第 2 辑). 厦门:厦门大学出版社,1988:294-296;周辨明博士赴京参加远东基本教育会议 朱保训、陈世昌应聘赴美讲学 [C]// 厦门大学校史编委会. 厦大校史资料(第 2 辑). 厦门:厦门大学出版社,1988:300.
③ 厦门大学语言学系出版书籍 [M]// 周辨明. 厦语音韵声调之构造与性质及其于中国音韵学上某项问题之关系. 厦门:厦门大学语言学系,1934:无页码.
④ 同③。

口头日用语（国语对照）》；下册则是林玉霖译注的《英文基础词汇及成语》。1947 年，他还跟同事李庆云合编了《大学初年级英文选读》与《大学二年级英文选读》，亦由厦门大学文学院刊印。1948 年，他编撰的《英文复习课本》又由厦友补习学校刊印。

周辨明还在检字法与索引法方面略有所得。1923 年，他撰有《半周检字制》，发表在《厦门大学季刊》第 1 卷第 3 期上。1928 年，他著有《半周字汇索引》，书中包括索引法说明与字表两部分，收 6915 字，并使用半周索引法检字。1934 年，他出版了《半周钥笔索引法》一书，正式发明了"半周钥笔索引法"这种被后人评价为富有创意的汉字索引法。[①] 他主要是利用钟表长短针在半圆形内的推进态势，确立了 10 种钥笔的次序，以便让汉字的基本笔画也跟西方文字一样拥有可以理喻的顺序。1934 年，他还根据半周钥笔索引法编撰了《国音字汇及电码书》一书。1935 年，他又撰有《中文图书索引与"半周钥笔法"》，载于《厦大图书馆》第 1 卷第 3 期。此外，周辨明还曾计划编撰《说文解字新通检》与《辞通通检》，[②] 但未见出版。

第三节　周辨明对西方语言学的译介

目前所见，周辨明一生完成的译作并不算多。由于长期专注于语言学研究，他翻译的大多是西方语言学文献。早在 1932 年，周辨明就编译了《万国通语论》，先是发表在《厦门大学学报》第 1 卷第 2 期上，次年又由商务印书馆推出了单行本。这本书大半是根据 E. 西尔维亚·潘克赫斯特（E. Sylvia Pankhurst）所著《国际语之将来》（*The Future of International Language*）编译而成，关于"创新语"（Novial）的部分则译自奥托·叶斯柏森（Otto Jespersen）的著述。周辨明编译该书，旨在让国人了解所谓的"世界语"（Esperanto）究竟是什么，进而为汉语的罗马字改革提供借鉴与思路。他指出，Esperanto 译成"世界语"有混淆视听之嫌，应当译成"通语"。他认为，通语的目的不是要吞并各国现存的各种语言，而是想让各国人民在本国语之外只需学习一种第二语言，方便国际交流与合作；未来的通语必定是以罗马字母为文字的，其文法则必定是分析式而非综合式的。他进一步指出，由于汉字是意象字，不易让外国人学会与使用，所以应当改用罗马字母进行改造。[③] 从这一点上来看，周辨明编译《万国通语论》的根本目的还是为中国的国语罗马字运动提供理论支撑。不过，当时也有人认为，周辨明编译该书，是为创新语作宣传，所以他戴着有色眼镜看世界语，对世界语大加指摘，其中存谬，不值一辩。[④]

---

① 周长楫. 我所知道的周辨明教授 [C] // 中国人民政治协商会议厦门市鼓浪屿区委员会. 鼓浪屿文史资料（第六辑）. 厦门：中国人民政治协商会议厦门市鼓浪屿区委员会，2001：51.

② 厦门大学语言学系出版书籍 [M] // 周辨明. 厦语音韵声调之构造与性质及其于中国音韵学上某项问题之关系. 厦门：厦门大学语言学系，1934：无页码.

③ 周辨明编译. 万国通语论 [J]. 厦门大学学报，1932，1（2）：1-2.

④ 傅振伦. 五四以后之北大世界语宣传运动 [C] // 肖卫. 北大岁月——北大名流与北大精神. 海拉尔：内蒙古文化出版社，2001：219.

抗战期间，周辨明还与黄典诚合作，综合 L. R. 帕尔默（L. R. Palmer）的 *An Introduction to Modern Linguistics*（中译为《现代语言学导论》）、弗雷德里克·博德默（Frederick Bodmer）的 *The Loom of Language*（中译为《语言的编织》）与潘克赫斯特的 *The Future of International Language*（中译为《国际语的未来》）三本著作，编译了《语言学概要》一书，[①] 由厦门大学于 1945 年 12 月刊印。该书卷首收有两位译者于"民国卅四年十一月廿三日于长汀国立厦门大学"撰写的弁言。正文内分"引论：基础的原理"、"语言的原料和取材"、"在演化中的语音"、"形态与功用之相应"、"意谓与意谓的变迁"、"文字"、"语言的地理"、"语言的分类"与"大同世界的语言计划"等九章。卷末收有"中国古今方言注音记调字母调符的研究"、"转注抉原"、"汉字半周钥笔索引法说明"、"八年抗战中国语文国际化的进展：Q. R. 1937-45"、"国语罗马字的方案"、"国语罗马字基本字汇"、"编后附言"、"中国语言文字学会章程草案"与"教育部国语推行委员会组织条例"等九种附录，其中有些文章采用的是中文与国语罗马字对照的形式。

1985 年 8 月，《语言学概要》改名为《语言学概论》，由福建教育出版社出版，内容有所删改。该书卷首收录了吕叔湘于 1981 年 8 月 16 日撰写的序，黄典诚于 1983 年 8 月 30 日撰写、1984 年 10 月 18 日补充的《春风化雨忆周师》，以及黄典诚于"一九八〇年十二月于厦门大学中文系"修订的弁言。正文包括"导论：基础的原理"、"语言的原料和取材"、"在演化中的语言"、"形态与功用之相应"、"意谓与意谓的变迁"、"文字"、"语言的地理"、"语言的分类"等八章。卷末则附"中国古今方言注音记调实用字母调符的研究"与"转注抉原"。

附：周辨明翻译成果一览

一、译著

1.《万国通语论》，周辨明编译，商务印书馆 1933 年出版。

2.《语言学概要》，周辨明、黄典诚译著，国立厦门大学 1945 年刊印。后改题为《语言学概论》，由福建教育出版社于 1985 年出版。

3.《英语口头日用语（国语对照）》，哈罗德·E. 帕尔默原著，周辨明译，厦门大学文学院 1947 年刊印。

4.《英语口头日用语：中英会话三用教本》，哈罗德·E. 帕尔默、F. G. 布兰福德著，周辨明编译，新加坡书同文馆 1951 年出版。

二、报刊译文

《万国通语论》，周辨明编译，载于《厦门大学学报》1932 年第 1 卷第 2 期。

---

① 周辨明，黄典诚. 弁言 [M]// 周辨明，黄典诚译. 语言学概论. 福州：福建教育出版社，1985：1-2.

第二章

传记翻译家——黄嘉历

第一节　黄嘉历生平简介

黄嘉历,泉州晋江人,现代著名翻译家黄嘉德与黄嘉音的二哥。[①]其妻名叫陈珊梅。[②]夫妻两人生了五个子女,一人留在香港,一人去了日本,三人去了美国。[③]

关于黄嘉历的生平活动,记载很少。我们至今甚至都还不清楚其生卒日期。我们查到,1925年正月,黄嘉历从福建协和大学毕业,[④]所学专业是教育。[⑤]至于他的小学、中学时期的求学情况,则有待进一步查考。

大学毕业之后,黄嘉历曾到菲律宾工作两年,[⑥]任马尼拉大学讲师。[⑦]随后,他前往上海,进入大哥黄嘉惠服务的中华国民拒毒会工作。中华国民拒毒会于1924年3月在上海成立。[⑧]该会总干事初为钟可托,黄嘉惠则为副总干事。1929年,钟可托辞职,改任该会名

---

① 陈震宇. 黄嘉音与《西风》二三事 [C]//《出版广角》编辑部. 同步的足音(C卷). 南宁:广西人民出版社,2000:536.

② 金墩郎 _579. [转载]16日收到黄嘉德生前整理的家族联络图表,做研究有用 [EB/OL]. [2015-08-10]. http://blog.sina.com.cn/s/blog_c296e27301019g99.html;伟蓝. 寻找潘湖田洋四房(房叔——当代翻译家黄嘉德、黄嘉音)的后裔亲人 [EB/OL]. [2015-08-10]. http://hqmokok. blog.163.com/blog/static/33510795201403181026535.

③ 茫眼. 黄嘉历——黄氏五兄弟老二:翻译卢威特著《罗斯福传》[EB/OL]. [2015-08-10]. http:// blog.sina.com.cn/s/blog_5f07c1960100e4e2.html.

④ 黄涛. 大德是钦——记忆深处的福建协和大学 [M]. 北京:中国大百科全书出版社,2007:177.

⑤ 同④:635.

⑥ 黄嘉历. 碧瑶逭暑记 [J]. 旅行杂志,1941,15(11):63.

⑦ 刘宗岳. 德国海通社在华活动亲历记 [C]// 全国政协文史资料委员会. 文史资料选辑(第143辑). 北京:中国文史出版社,2000:148.

⑧ 中华国民拒毒会. 中华国民拒毒会五年大事记(自民国十三年八月至民国十八年十月)[M]. 上海:中华国民拒毒会,1929:1.

誉副会长,黄嘉惠先是暂行代理总干事一职,很快又正式接任该职。① 大概是因为黄嘉惠在中华国民拒毒会担任要职,他的两个弟弟黄嘉历与黄嘉谟得以先后进入其中服务。

据中华国民拒毒会于 1929 年编印的《拒毒运动指南》,该会干事黄嘉历与季世英于1929 年 1 月 4 日到武进参加征文颁奖大会,同月 13 日又到奉贤参加同志社成立大会,并宣传拒毒事业。② 另据《中华国民拒毒会五年大事记(自民国十三年八月至民国十八年十月)》所载一张摄于 1929 年 12 月的"本会干事部全体合影",身为总干事的黄嘉惠与身为干事的黄嘉谟均出现在这张合影中,但黄嘉历却已经不在其中,应当是已经离职。③

1931 年 3 月中旬,福建协和大学校长林景润到上海开会。时任该校驻沪通讯处主任的黄嘉历函请旅沪校友于 3 月 20 日下午 6 点在福州路味雅酒楼开会,计有林景润、许绍珊、叶在兹、黄嘉历等 20 人到会,议决成立了上海协大校友分会。④ 在黄嘉历、许绍珊、叶在兹等人的发动与组织下,上海协大校友分会积极向母校捐赠图书。⑤

1938 年前后,黄嘉历曾在上海德国海通社远东总社翻译部担任编辑。⑥ 1938 年 11 月,上海防痨协会成立,会址设在池浜路(现慈溪路)原中华医学会内,施肇基、颜惠庆先后担任会长,富文寿、黄嘉历先后担任总干事。⑦ 直到 1948 年 4 月,黄嘉历仍任上海防痨协会总干事。⑧

1945 年 9 月,张圣才、陈乃昌、黄嘉历等人在上海创办《真理与自由》半月刊,陈乃昌为发行人,黄嘉历任经理。该刊响应中国共产党的号召,要求国民党当局履行诺言,开放政权,释放政治犯,反对内战。⑨ 所以,该刊 1946 年 1 月发刊,同年 6 月即被勒令停刊。不过,该刊也因此受到地下党员张执一的赞扬,被追认为中国共产党的地下刊物。⑩

新中国成立后,黄嘉历赴香港定居。曾有人冒用其名义在香港出版《西风》杂志,给黄嘉德与黄嘉音二人带来了很大压力。黄嘉历只得在香港登报声明,才将误会平息下来。⑪

---

① 中华国民拒毒会. 拒毒运动指南 [M]. 上海:中华国民拒毒会, 1929:153-154.

② 同①:153.

③ 本会干事部全体合影(十八年十二月)[M]// 中华国民拒毒会. 中华国民拒毒会五年大事记(自民国十三年八月至民国十八年十月). 上海:中华国民拒毒会, 1929:无页码.

④ 黄涛. 大德是钦——记忆深处的福建协和大学 [M]. 北京:中国大百科全书出版社, 2007:261-262.

⑤ 同①:128.

⑥ 刘宗岳. 德国海通社在华活动亲历记 [C]// 全国政协文史资料委员会. 文史资料选辑(第 143 辑). 北京:中国文史出版社, 2000:148.

⑦ 陈湘泉. 忆上海防痨协会 [C]// 中国防痨协会. 中国防痨史料(第一辑). 北京:中国防痨协会, 1983:53.

⑧ 黄伞. 中国防痨协会简史 [J]. 中国科技史料, 1985(4):49.

⑨ 蔡燕生. 爱国奇人张圣才 [M]. 北京:当代中国出版社, 2003:233.

⑩ 张圣才. 我与民联(民革)的关系和工作情况 [C]// 福建省政协文史资料委员会. 文史资料选编. 第 4 卷,政治军事编. 第 5 册. 福州:福建人民出版社, 2006:17.

⑪ 陈震宇. 黄嘉音与《西风》二三事 [C]//《出版广角》编辑部. 同步的足音(C 卷). 南宁:广西人民出版社, 2000:538.

第二节　黄嘉历的翻译成就

目前所见，黄嘉历的翻译活动始于1928年。1928年12月，他在《美育杂志》第2期上发表了《乐器的进化》与《琵讴铃的起源和沿革》两篇译文。据查，《美育杂志》为不定期刊物，1928年1月在上海创刊，由李金发主编、商务印书馆印刷发行，以艺术（主要是美术）欣赏和评论为主，附有大量插图，印刷精良。[①] 在黄嘉历所译两文中，《乐器的进化》的出处不详，而《琵讴铃的起源和沿革》则是译自美国音乐学校的函授教材。1929年10月，黄嘉历又在《美育杂志》第3期上发表了《意大利的音乐》一文。该文乃是译自 *Music Lovers' Cyclopedia*（中译为《音乐爱好者百科全书》）一书。

此后大约10年，未见黄嘉历再发表过翻译成果。直到1941年2月，他才在《旅行杂志》第15卷第2期上发表了弗雷德里克·辛皮奇（Frederick Simpich）著的《马尼拉重旅记》一文。同年11月，他还在《西风》第63期上发表了A. H. 怀沃德（A. H. Whyward）原著的《我是自杀者！》一文。

1941年8月，西风社出版了德国传记作家卢特威原著、萨缪尔（Maurice Samuel）英译、黄嘉历汉译的《罗斯福传》。书中附有黄嘉历于1941年5月14日在上海撰写的译者序，[②] 可见他应当是在1941年5月初完成了《罗斯福传》的翻译任务。该译本颇受读者欢迎，至1943年3月又由内迁至桂林的西风社推出"桂一版"。1943年，《中央周刊》第6卷第7、8、9期及第10～11期合刊也分四次连载了《罗斯福传》。

1942—1945年间，黄嘉历似乎并未发表过什么翻译成果。但在抗战结束后的1946年，他发表的翻译成果骤增。是年，他在《西风》、《家》、《真理与自由》、《民言》、《风光》、《大侦探》等不同类型的期刊上发表了十多篇译文。其中，《西风》所载译文包括美国麦恩蒂尔（外文名不详）原著的《不屈不挠的罗斯福》（第88期）、詹姆斯·L. 赫德（James L. Harte）原著的《为善最乐》（第90期）。《家》所载译文包括F. 卢米斯（F. Loomis）原著的《不折不扣全部偿还》（第7期）、萨缪尔·特南鲍姆（Samuel Tenenbaum）原著的《战时婚姻的命运》（第3期）与劳拉·朗·布鲁克曼（Laura Lon Brookman）原著的《战后东京访问记》（第11期）。《真理与自由》所载译文包括《新欧洲的动向》（第1期）、《西班牙的爆发前夕》（第2期）、《英国首相艾德礼》（第3期）、萧伯纳（Bernard Shaw）原著的《我的民主观》（第6期）。《大侦探》所载译文包括汤普森·霍尔（Thompson Hall）原著的《脂粉虎》（第4期）、阿伦·海因德（Alan Hynd）原著的《富翁暴死记》（第7期）。黄嘉历还在《风光》上发表了多篇西方传奇故事或幽默笑话，包括伊莎贝尔·曼宁·休森（Isabel Manning Hewson）原著的《为人类解答了生死循环的谜，一个死后转生的奇女子》（第17期），《年纪够大了》、《天真话》、《不能等那么久》、《年轻二十年》与《看法不同》（均载于第27期），《闪电许婚》与《九死一生之英首相邱吉尔》（均载于第31期）。此外，黄嘉历还发表了《杜鲁门的生活和作风》（载

① 吴俊等. 中国现代文学期刊目录新编（中）[M]. 上海：上海人民出版社，2010：1235-1236.
② 黄嘉历. 译者序 [M]// 卢特威（Emil Ludwig）. 罗斯福传. 黄嘉历译. 上海：西风社，1941：VI-VII.

于《民言》创刊号）及保罗·波普诺(Paul Popenoe)原著的《结婚成功的三部曲》（载于《伉俪月刊》创刊号）。

1947 年，黄嘉历继续发表了七篇译文，包括《一根蓝白绳子》（载于《大侦探》第 12 期）、刘易斯·布罗姆菲尔德(Louis Bromfield)著的《告青年作家》（载于《青年界》新第 4 卷第 2 期）、《美国名人年鉴》（载于《西风》第 94 期）、莱纳德·艾伦(Leonard Allen)著的《老人工厂》（载于《西风》第 96 期）、霍华德·惠特曼(Howard Whitman)著的《立身处世的教育》（载于《西风》第 100 期）、《领港海豚》（载于《天下》新第 1 卷第 1 期）、伊莎贝尔·曼宁·休森的《印度妇转世》（载于《觉有情》第 189～190 期合刊）。

1948 年，黄嘉历仅在《西风》上发表了四篇译文，即科利·斯莫尔(Collie Small)著的《饥寒交迫的柏林》（第 107 期）、查尔斯·D. 莱斯(Charles D. Rice)与约翰·E. 吉普森(John E. Gibson)合著的《亲吻史语》（第 109 期）、《以色列国父卫斯门》（第 112 期）、伊戈尔·卡西尼(Igor Cassini)著的《失业的帝王群》（第 113 期）。

1949 年，黄嘉历又在《西风》上发表了三篇译文，即埃德加·斯诺(Edgar Snow)著的《甘地继承人尼赫鲁》（第 116 期）、L. 阿尔文·库格尔马斯(L. Alvin Kugelmass)著的《盲文发明人勃莱尔》（第 117 期）、纳雷特·库特纳(Narette Kutner)著的《我的丈夫肺病康复》（第 118 期）。此后，未见他再有什么翻译成果发表在报纸杂志上。

第三节　黄嘉历译《罗斯福传》简析

在黄嘉历所译《罗斯福传》（以下简称黄译本）出版后不久，周竞中、李秉钧与董履常合作完成的《罗斯福传》（以下简称周译本）由重庆的青年书店于 1942 年出版，但原作者姓名则译为卢杜易煦。周译本亦颇受读者欢迎，至 1946 年 1 月由青年书店再版。

黄译本与周译本的出版时间相距不过一年，译者所处的社会历史环境亦基本相同。因此，对这两个译本进行对比分析还是比较合理可行的。

一、译者情况分析

如上所见，黄嘉历是福建协和大学毕业生。福建协和大学是一所教会大学，聘有大量外籍教员或有留学经历的中国教员，并且十分重视英语教学，校内的英语氛围较为浓烈，师生之间常用英语进行交流。因此，虽然黄嘉历学的是教育专业而非英语专业，但他也同样具有较高的英文水准。对此，可以从黄嘉历在翻译《罗斯福传》之前就已经在《美育杂志》第 2、3 期上发表了三篇译文略见一斑。不过，在翻译《罗斯福传》之前，黄嘉历的翻译经验显然并不是那么丰富。

据周译本所载写于 1941 年 9 月的译序，该书第一部及第二部第一、二节由周竞中翻译，第二部第三节至第三部第五节及第十三节至十四节由李秉钧翻译，第三部第六至十二节由董履常翻译。[①] 在这三个译者中,周竞中是中国现代著名书法家、诗人与小说家潘伯鹰的夫人,也是大学毕业生,熟谙译事。[②] 除了《罗斯福传》,她还曾独立翻译 R. R. 拉斯克(R. R. Rusk)的《幼稚教育史》(商务印书馆 1939 年出版,列入"师范丛书")与 J. 巴里斯(J. Parnish)的《伦敦人》(中国书店 1942 年出版,列入"战争文学文库"),与董履常合作翻译了英国驻德大使韩德森(Sir Nicholas Henderaon)的《柏林回忆录》与美国学者毕生(T. A. Bisson)的《美国远东政策》(均由时与潮社 1940 年出版,列入"时与潮译丛"),与李秉钧合译了英国军事学者文德林哈姆(T. Wintringham)的《反闪击战》(五十年代出版社 1941 年出版,列入"五十年代翻译文库")与费虚等人的《克利浦斯访印之谜》(五十年代出版社 1943 年出版,列入"五十年代翻译文库")。李秉钧别号叔衡,河北高阳人,保定陆军军官学校第九期步兵科毕业生,曾任国民政府参谋本部参谋、科长等职。除了《罗斯福传》,他还曾与郭森麟合译英国军事学者 A. C. 哈第(A. C. Hardy)的《世界的海军》(中国书店 1942 年出版,列入"战争文学文库"),并独立翻译了苏联对外文化协会(VOKS)编的《德兵日记》(五十年代出版社 1945 年出版)。[③] 董履常曾任国民政府交通部云南电政管理局报务处科长,[④] 除《罗斯福传》外未再翻译过其他作品。总体而言,周译本的三个译者都具有较强的翻译实力。特别是周竞中与李秉钧,在翻译《罗斯福传》以前,两人就已经独立或合作翻译了《幼稚教育史》(1939)、《柏林回忆录》(1940)、《美国远东政策》(1940)、《反闪击战》(1941),可谓经验丰富。

二、翻译动机分析

黄译本的译者序称:"罗斯福能够在美国的历史上创连任三届总统的记录;在今日逆流汹涌的世界中,作中流的砥柱;撑民治的巨纛,为人类的自由搏斗,无论在那一方面,不佞都觉得有将他的生平介绍给国人的必要,爰将本书译成中文。"[⑤] 从中可以看出,黄嘉历主要是从当时中国所处的时代背景出发,认为罗斯福是世界反法西斯斗争的中流砥柱,有必要让中国读者对其有更为深刻的了解与认识,所以才决定翻译《罗斯福传》。

至于周译本,其译序称:"本书《罗斯福传》写于 1938 年,作者曾亲自观察罗氏言行,并由各方面搜集有关材料,征询罗氏好友及政敌对彼之批判,藉以分析罗氏之个性与人格,故内容极为翔实。本书笔调轻松,描写深刻,由罗氏私人生活至美国内政皆阐述无遗。复以社会学观点说明罗氏人格发展之经过及其成为世界伟人之远因,实为不可多得之

① 译者. 译序 [M]// 卢杜易煦(Emil Ludwig). 罗斯福传. 周竞中等译. 重庆:青年书店, 1942:1-2.

② 荥阳潘氏文化研究会. 荥阳墨韵(五)祖德传芳 [M]. 荥阳:荥阳潘氏文化研究会, 2012:134.

③ 陈予欢. 保定军校将帅录 [M]. 广州:广州出版社, 2006:312-313.

④ 尹维宁. 抗战期间滇西电信情况 [C]// 中国人民政治协商会议云南省大理市委员会文史资料委员会. 大理市文史资料(第五辑). 大理:中国人民政治协商会议云南省大理市委员会文史资料委员会, 1994:19;王兆文,常泽鸿. 忆奉调入缅协调军地通讯的一段经历 [A]. 中国人民政治协商会议云南省大理市委员会文史资料委员会. 大理市文史资料(第五辑)[C]. 大理:中国人民政治协商会议云南省大理市委员会文史资料委员会, 1994:45.

⑤ 黄嘉历. 译者序 [M]// 卢特威. 罗斯福传. 黄嘉历译. 上海:西风社, 1941:VII.

作。"①由此可见，周竞中、李秉钧与董履常强调的是《罗斯福传》自身的文本价值，而非其文本外价值。

三、所据底本分析

黄译本载有黄嘉历所撰译者序，内中称："本书原本是德文，由美国萨缪尔译成英文。"②由此可知，黄译本是根据萨缪尔的英译本转译而成的。

周译本亦载有一篇译序，但文中没有明确说明所据底本。③不过，我们注意到，周竞中、刘秉钧与董履常三人独立或与人合作完成的翻译成果均是从英文翻译而来。因此，我们相信，周译本就是由萨缪尔的英译本转译而成，而非根据德文版本直接翻译而成。

四、译文质量评析

《罗斯福传》内容丰富，有很多值得深入分析、解读的地方。但限于篇幅，我们只择取两种译本中的序言部分略作评析。

例 1：

英文原文：The portraitist of a living personality must manage as best he can without those private documents which illumine the character of his subject for future historians. ④

黄译本：为活人作传的人，最好不用那种私人的文件，因为这是将来历史家用以描写他的主人翁的性格的。⑤

周译本：要替一个尚活在人世上的人写传很难，因为缺乏私人的纪录做参考。不比未来历史家可从这些纪录中看出他们所想论述之主人翁的性格。⑥

分析：portraitist 原指肖像画家或人像摄影家，文中则指为他人立传之人，也就是传记作家。private documents 指传主的私人文件或材料，如日记、书信、手稿等。illumine 原指照亮、启发，文中则引申为呈现、描绘。his subject 指传主。全句可试译为："为在世之人立传者，必须在没有用到私人文件的情况下尽可能地做到最好，因为私人文件是留给未来的历史学家用来呈现传主性格的。"由此可见，黄译本对原文的理解基本准确，而周译本对 without 一词的理解有误。同时，两个译本将 his subject 译为"他的主人翁"与"他们所想论述之主人翁"的表述均有点累赘。

---

① 译者. 译序 [M] // 卢杜易煦. 罗斯福传. 周竞中等译. 重庆：青年书店，1942：1.

② 同①。

③ 同①：1-2.

④ Ludwig, Emil & Samuel, Maurice tr. *Roosevelt*: *A Study in Fortune and Power* [M]. London：Hamish Hamilton, 1938：Foreword.

⑤ 卢特威. 著者序 [M] // 卢特威. 罗斯福传. 黄嘉历译. 上海：西风社，1941：Ⅰ.

⑥ 卢杜易煦. 弁言 [M] // 卢杜易煦. 罗斯福传. 周竞中等译. 重庆：青年书店，1942：1.

例2：

英文译文：In the same way the subsequent career of his subject, and above all the time and manner of his death—the very key to the significance of his life—are withheld from the contemporaneous biographer.[1]

黄译本：同样的，他的主人翁的后来经历，尤其是他死的日子和状态——他一生意义的关键——都是同时代的传记家所不能知道的。[2]

周译本：而且，他后来的事业，及其死亡时期与死亡状态——这与他一生的意义很有关系——我们替他作传，当然无从预知。[3]

分析：career 指生涯、职业、事业等。above all 指最为重要的是、尤其。manner 指方式、方法等。the very key 中的 very 表强调，指恰恰就是。withheld 是 withhold 的被动语态，而 withhold 指扣留、保留、拒绝给予等。全句可试译为："同样地，与传主同时代的传记作家也不能预知传主后来的人生经历，尤其是他的逝世时间与方式，而这恰恰是呈现其人生意义的关键。"由此可见，两种译本对 the time and manner of his death 的翻译均不准确，周译本对 withheld from the contemporaneous biographer 一句的理解似有随意发挥之嫌，谈不上忠实。

例3：

英文译文：These circumstances limit the value of a work in which, with the exception of a few character sketches, I have for the first time sought to portray a living activity; for the career of man in the full tide of his activity; for the career of Wilhelm II closed with his fight.[4]

黄译本：这种情形把一本传记的价值限制了，其余，只有一些性格的描写。是我初次描写一个全盛时代的活人；因为威廉二世的终身事业，到他出逃荷兰之时，就算结束了。[5]

周译本：因此，本书的价值，受了很明显的限制。我前此虽曾著文描写若干时人的性格，但替一位事业正在全盛时期的人立传，这算是第一次。[6]

分析：黄译本对 with the exception of 的理解有误，而且译文中"一个全盛时代的活人"容易让人产生误读。周译本将 limit 译为"受了很明显的限制"，有夸大之嫌，而与威廉二世相关的那句也被删去未译。此外，译文中应补出原作者曾为威廉二世（Wilhelm II）立传这一背景，否则 for the career of Wilhelm II closed with his fight 一句直译的话会导致普通读者摸不着头脑。全句试译为："这些情形限制了传记的价值。除了一些性格描写，这还是我首次尝试在传记中描写一个处在事业巅峰时期的人物；因为，我之前为之立传的威廉二世的事业在其出逃荷兰时就已经结束了。"

[1] Ludwig, Emil & Samuel, Maurice tr. Roosevelt: *A Study in Fortune and Power*[M]. London: Hamish Hamilton, 1938: Foreword.

[2] 卢特威. 著者序 [M]// 卢特威. 罗斯福传. 黄嘉历译. 上海: 西风社, 1941: I.

[3] 卢杜易煦. 弁言 [M]// 卢杜易煦. 罗斯福传. 周竞中等译. 重庆: 青年书店, 1942: 1.

[4] 同[1]。

[5] 同[2]。

[6] 同[3]。

通过以上简短的文本对比分析,我们可以看出,在忠实与准确方面,黄译本与周译本均有不尽如人意之处。但相对而言,黄译本无疑要优于周译本。恰如黄嘉历在其译者序中所说:"挂一漏万,在所难免。"① 任何译本均难以十全十美。它们的译出与出版,自有其历史意义,我们不能毫无原则地吹毛求疵。

附:黄嘉历翻译成果一览

一、译著

《罗斯福传》,卢特威著,萨缪尔英译,黄嘉历译,西风社 1941 年 8 月出版。

二、报刊译文

1.《乐器的进化》,黄嘉历译,载于《美育杂志》1928 年第 2 期。

2.《琵讴铃的起源和沿革》,译自美国音乐学校(U. S. School of Music)的函授教材,黄嘉历译,载于《美育杂志》1928 年第 2 期。

3.《意大利的音乐》,译自 *Music Lovers' Cyclopedia*(《音乐爱好者百科全书》),黄嘉历译,载于《美育杂志》1929 年第 3 期。

4.《马尼拉重旅记》,弗雷德里克·辛皮奇原著,黄嘉历译,载于《旅行杂志》1941 年第 15 卷第 2 期。

5.《我是自杀者!》,A. H. 怀沃德原著,嘉历译,载于《西风》1941 年第 63 期。

6.《罗斯福传》(一),卢特威著,黄嘉历译,载于《中央周刊》1943 年第 6 卷第 7 期。

7.《罗斯福传》(二),卢特威著,黄嘉历译,载于《中央周刊》1943 年第 6 卷第 8 期。

8.《罗斯福传》(三),卢特威著,黄嘉历译,载于《中央周刊》1943 年第 6 卷第 9 期。

9.《罗斯福传》(四),卢特威著,黄嘉历译,载于《中央周刊》1943 年第 6 卷第 10 ～ 11 期合刊。

10.《不屈不挠的罗斯福》,麦恩蒂尔(外文名不详)原著,黄嘉历译,载于《西风》1946 年第 88 期。

11.《不折不扣全部偿还》,F. 卢米斯著,黄嘉历译,载于《家》1946 年第 7 期。

12.《杜鲁门的生活和作风》,黄嘉历编译,载于《民言》1946 年第 1 期(创刊号)。

13.《新欧洲的动向》,黄嘉历译,载于《真理与自由》1946 年第 1 期(创刊号)。

14.《西班牙的爆发前夕》,黄嘉历译,载于《真理与自由》1946 年第 2 期。

15.《英国首相艾德礼》,黄嘉历译,载于《真理与自由》1946 年第 3 期。

16《我的民主观》,萧伯纳著,黄嘉历译,载于《真理与自由》1946 年第 6 期。

17.《战时婚姻的命运》,萨缪尔·特南鲍姆原著,黄嘉历译,载于《家》1946 年第 3 期。

18.《战后东京访问记》,劳拉·朗·布鲁克曼原著,黄嘉历译,载于《家》1946 年第 11 期。

---

① 黄嘉历. 译者序 [M]// 卢特威. 罗斯福传. 黄嘉历译. 上海:西风社,1941:VII.

19.《为人类解答了生死循环的谜,一个死后转生的奇女子》,伊莎贝尔·曼宁·休森原著,黄嘉历译,载于《风光》1946年第17期。

20.《年纪够大了》,嘉历译,载于《风光》1946年第27期。

21.《天真话》,嘉历译,载于《风光》1946年第27期。

22.《不能等那么久》,嘉历译,载于《风光》1946年第27期。

23.《年轻二十年》,嘉历译,载于《风光》1946年第27期。

24.《看法不同》,嘉历译,载于《风光》1946年第27期。

25.《闪电许婚》,嘉历译,载于《风光》1946年第31期。

26.《九死一生之英首相邱吉尔》,黄嘉历编译,载于《风光》1946年第31期。

27.《脂粉虎》,汤普森·霍尔原著,黄嘉历译,载于《大侦探》1946年第4期。

28.《富翁暴死记》,阿伦·海因德原著,黄嘉历译,载于《大侦探》1946年第7期。

29.《结婚成功的三部曲》,保罗·波普诺原著,黄嘉历译,载于《伉俪月刊》1946年第1期(创刊号)。

30.《为善最乐》,詹姆斯·L. 赫德原著,黄嘉历译,载于《西风》1946年第90期。

31.《一根蓝白绳子》,黄嘉历译,载于《大侦探》1947年第12期。

32.《告青年作家》,刘易斯·布罗姆菲尔德原著,黄嘉历译,载于《青年界》1947年新第4卷第2期。

33.《美国名人年鉴》,黄嘉历译,载于《西风》1947年第94期。

34.《老人工厂》,莱纳德·艾伦原著,黄嘉历译,载于《西风》1947年第96期。

35.《立身处世的教育》,霍华德·惠特曼原著,黄嘉历译,载于《西风》1947年第100期。

36.《领港海豚》,黄嘉历译,《天下》1947年新第1卷第1期。

37.《印度妇转世》,伊莎贝尔·曼宁·休森原著,黄嘉历译,载于《觉有情》1947年第189～190期合刊。

38.《饥寒交迫的柏林》,科利·斯莫尔原著,黄嘉历译,载于《西风》1948年第107期。

39.《亲吻史语》,查尔斯·D. 莱斯、约翰·E. 吉普森著,黄嘉历译,载于《西风》1948年第109期。

40.《以色列国父卫斯门》,黄嘉历译,载于《西风》1948年第112期。

41.《失业的帝王群》,伊戈尔·卡西尼原著,黄嘉历译,载于《西风》1948年第113期。

42.《甘地继承人尼赫鲁》,埃德加·斯诺原著,黄嘉历译,载于《西风》1949年第116期。

43.《盲文发明人勃莱尔》,L. 阿尔文·库格尔马斯原著,黄嘉历译,载于《西风》1949年第117期。

44.《我的丈夫肺病康复》,纳雷特·库特纳原著,黄嘉历译,载于《西风》1949年第118期。

第三章

海明威小说的第一个汉译者——黄嘉谟

第一节　黄嘉谟生平简介

　　黄嘉谟，笔名贝林，泉州晋江人，中国现代著名的电影编剧与词作者。他是现代泉州著名的黄氏五兄弟中的老三。他的大哥名叫黄嘉惠，二哥是黄嘉历，四弟为黄嘉德，五弟叫黄嘉音。他的妻子名叫杨淑静。[①]

　　黄嘉谟早年曾就读于集美师范，17 岁时就创作了小说《女子剪发》，并发表在报纸上，在社会上产生了很人的反响。18 岁毕业之后，他先为一位华侨筹办报纸，兼为《思明日报》撰写文章。筹备两月之后，报馆因故停办，黄嘉谟只得到集美师范女学部执教，但不久即因升学而离职。[②]据《厦门大学校史资料（第六辑）》，黄嘉谟当时应当是升入厦门大学预科就读，其籍贯或居住地登记为"福建龙溪"。[③]他当时就读的专业是国文。[④]这为他后来从事电影剧本与歌词创作打下了良好的语言基础。

　　1925 年春，黄嘉谟从厦门大学教授毛常那里借得苏曼殊的自传体小说《断鸿零雁》，[⑤]并与郑江涛合作，花了两个星期的时间将其改为剧本，前七幕由黄嘉谟改编，后两幕由郑江

---

① 金墩郎 _579.［转载］16 日收到黄嘉德生前整理的家族联络图表，做研究有用［EB/OL］.［2015-08-10］. http://blog. sina. com. cn/s/blog_c296e27301019g99. html；伟蓝. 寻找潘湖田洋四房（房叔——当代翻译家黄嘉德、黄嘉音）的后裔亲人［EB/OL］.［2015-08-10］. http://hqmokok. blog. 163. com/blog/static/33510795201403181026535.

② 飘零生. 断鸿零雁剧本序［C］// 柳亚子. 曼殊全集（四）. 上海：北新书局，1928：64-65.

③ 翁勇青等. 厦门大学校史资料（第六辑）［M］. 厦门：厦门大学出版社，1990：83.

④ 陈梦韶. 忆鲁迅为《绛洞花主》剧本作《小引》的经过［C］// 上海文艺出版社. 中国现代文艺资料丛刊第四辑（复刊号）. 上海：上海文艺出版社，1979：149.

⑤ 郑江涛. 断鸿零雁剧本序［C］// 柳亚子. 曼殊全集（四）. 上海：北新书局，1928：66-67.

涛续完。① 剧本完成之后,适逢厦门大学创办四周年纪念,于是在群贤楼大礼堂演出,② 郑江涛亲自饰演苏曼殊,颇受赞誉。③ 演出结束后,黄嘉谟又对剧本加以增删润饰,发表在《思明日报》上。④ 其后不久,这个剧本连同毛常(1925 年 4 月 8 日)、飘零生(1925 年 4 月 4 日)、郑江涛(1925 年 4 月 25 日)与黄嘉谟(1925 年 5 月)分别写的一篇《断鸿零雁剧本序》,由思明报社正式刊印,列入"思明报社丛书",在社会上引起了不小的反响。1927 年 11 月,柳亚子在日本东京撰成《关于断鸿零雁剧本》一文,对剧本存在的若干问题加以剖析。⑤ 1928 年 9 月,上海第一线书店再版了这个剧本,改为六幕,而且只保留了毛常的序。1929 年,秦荫人将黄嘉谟的《断鸿零雁剧本》内容概要译成英文,发表在《四中周刊》第 72 期上。

1925 年 6 月 4 日,厦门学生会总委员会第 17 次会议召开,推举刘大业、郑江涛等 12 人为新一届总委员会委员。当日下午,新一届总委员会召开会议,17 人到会,议决组织庶务、文书、交际、宣传四股,黄嘉谟被推为文书股三位成员之一。⑥

1925 年秋,黄嘉谟进入福建协和大学就读。入学之初,他便撰写了《科学救国与新青年之重任》一文,寄回厦门,在《集美周刊》1925 年第 119 期发表,但未连载完毕。⑦

1925 年 10 月 10 日,《闽潮》周刊在福建协和大学内创办,由该校学生组织"学生共和国"(相当于学生会)负责编辑。黄嘉谟担任该刊的主要负责人,并撰写了发刊词,内称:"《闽潮》之刊,所以介绍新潮,促省闽人猛进。"也就是说,《闽潮》旨在以新思潮来冲击守旧势力,唤醒尚在梦中的福建人,使其适应日新月异的 20 世纪。围绕这一宗旨,《闽潮》征集并发表了以收回教育权运动问题、教会学校问题、中国青年问题、国际问题、人生观研究等为主的一系列文章,包括《驳斥反对学生运动的三口号》、《鸦片问题之国际观》、《收回教育权运动的几句平话》、《收回教育权之讨论》等。其撰稿人来自五湖四海,包括黄嘉惠与黄嘉谟兄弟、江浔东、叶昆高等,多用笔名。⑧ 可惜的是,该刊只创办了不到一年即停办。⑨

在校期间,黄嘉谟积极参加了福建省的收回教育权运动。⑩ 黄嘉谟还专门在 1925 年 11 月 21 日出版的《闽潮》第七期上开辟了"收回教育权之讨论"专栏,刊载福建学生联合会收回教育权运动委员会领袖翁良毓给他的来信及他给翁良毓的回信。黄嘉谟坚持需要辩证地看待教会学校与来华的外国人(特别是传教士),并指出:"帝国主义者固然很多

① 黄嘉谟. 断鸿零雁剧本序 [C]// 柳亚子. 曼殊全集(四). 上海:北新书局,1928:68-69.
② 陈梦韶. 忆鲁迅为《绛洞花主》剧本作《小引》的经过 [C]// 上海文艺出版社. 中国现代文艺资料丛刊第四辑(复刊号). 上海:上海文艺出版社,1979:149.
③ 郑江涛. 断鸿零雁剧本序 [C]// 柳亚子. 曼殊全集(四). 上海:北新书局,1928:66-67.
④ 同③.
⑤ 柳亚子. 关于断鸿零雁剧本 [C]// 柳亚子. 曼殊全集(四). 上海:北新书局,1928:432-435.
⑥ 汪方文. 近代厦门教育档案资料 [C]. 厦门:厦门大学出版社,1997:637-638.
⑦ 黄嘉谟. 科学救国与新青年之重任(未完)[J]. 集美周刊,1925(119):7-9.
⑧ 剑诚,郭天. 评协大学生创办的《闽潮》周刊 [J]. 党史资料与研究,1987(5):61-62.
⑨ 杨齐福. 近代福建社会史论 [M]. 北京:社会科学文献出版社,2011:72-74.
⑩ 陈明鉴. 收教育权运动的经过 [C]// 中国人民政治协商会议福建省委员会文史资料研究委员会. 福建文史资料(第十三辑). 福州:中国人民政治协商会议福建省委员会文史资料研究委员会,1986:157.

数是欧美人,然而欧美人却并不个个都是帝国主义者,五卅惨案发生后,有许多英美的教士和教授们主张公道,痛斥英日帝国主义者之无理,这已足证明欧美人并不都是帝国主义者。"他还认为,收回教育权运动要做到合理有度,不宜一刀切、一步到位,因为中国政府太穷,无法维持收回全部教会学校后所需的教育经费。①

黄嘉谟后来似乎并未在福建协和大学完成学业,因为我们根本就无法在《大德是钦——记忆深处的福建协和大学》一书所载福建协和大学历届毕业生名录中找到他的名字。但究竟发生了什么事情,导致黄嘉谟被开除或退学,尚需进一步核查。

其后,黄嘉谟来到上海,进入其兄黄嘉惠与黄嘉历所在的中华国民拒毒会工作,担任干事一职,并且出现在《中华国民拒毒会五年大事记(自民国十三年八月至民国十八年十月)》所载的摄于 1929 年 12 月的"本会干事部全体合影"中。② 在职期间,他为该会主办的《拒毒月刊》编述了大量介绍国内外拒毒活动的文字,为民国时期拒毒事业的宣传工作作出了不小的贡献。

1932 年,缅甸华侨杨元通与新加坡华侨谢镜波等人募集资金在厦门创办了《华侨日报》,同年 10 月 16 日起开始发行。该报设在夏禾路 305 号,谢镜波任董事长,杨元通任社长兼经理,黄嘉谟任总编辑,李铁民为主笔兼本埠新闻编辑。③

1933 年初,黄嘉谟辞职,再次前往上海。他与刘呐鸥、陈炳洪、黄天始、吴云梦、宗惟赓六人共同创办了现代电影杂志社,地址为上海北京路 64 号,主要编辑、发行了《现代电影》(*Modern Screen*: *Chinese Movie Magazine*)杂志。该刊仅出了七期。其中,第一至第三期为月刊,出版时间分别是 1933 年 3 月 1 日、4 月 1 日、5 月 1 日。此后,该刊改为不定期刊物,第四至第七期分别出版于 1933 年 7 月、1933 年 10 月 1 日、1933 年 12 月与 1934 年 6 月 15 日。

大约在 1935 年春,黄嘉谟进入艺华影业公司工作。④ 此后,他创作了不少电影剧本,成为当时炙手可热的电影编剧。

至于黄嘉谟的晚年,少有记载,或说他在新中国成立前即已逝世。其妻杨淑静赴德国,女儿黄黛儿则去了美国。⑤ 更有学者将其与出生在广西都安的同名历史学家黄嘉谟混为一谈,将后者的履历套在他身上。⑥ 但是,由于第一手档案资料的缺失,我们确实无法全面而准确地呈现其生平活动,实是遗憾。

① 剑诚,郭天. 评协大学生创办的《闽潮》周刊 [J]. 党史资料与研究,1987(5):61-62.

② 本会干事部全体合影(十八年十二月)[M] // 中华国民拒毒会. 中华国民拒毒会五年大事记(自民国十三年八月至民国十八年十月). 上海:中华国民拒毒会,1929:无页码.

③ 胡立新,杨恩溥. 厦门报业 [M]. 厦门:鹭江出版社,1998:97-98;福建省档案馆. 老新闻图像——福建晚清民国报纸刊头集萃 [M]. 福州:福建人民出版社,2010:120.

④ 吴贻弓. 上海电影志 [M]. 上海:上海社会科学院出版社,1999:123.

⑤ 茫眼. 黄嘉谟——黄氏五兄弟老三:《何日君再来》[EB/OL]. [2015-08-10]. http://blog.sina. com. cn/s/blog_5f07c1960100e0r4. html.

⑥ 张煊. 左翼电影时期闽籍影人行述考辨 [J]. 当代电影,2014(22):56.

第二节 黄嘉谟的电影评论与研究

早在 1927 年,黄嘉谟对电影的兴趣就已经显露无遗。同年,他在《银星》第 15 期上发表了所译金·维多(King Vidor)的《制片家的经验谈》一文。《银星》是一本颇有影响的电影月刊,于 1926 年 9 月 1 日在上海创刊,其宗旨是"提倡电影艺术"、"引进阅者研究电影艺术的兴趣",主要发表电影图文介绍文字与电影评论等。[①]

1928 年,黄嘉谟火力全开,在《银星》《电影月报》《中国电影杂志》等电影专业杂志上发表了 13 篇电影介绍、评论或研究文字。《银星》所载文章包括《西片漫评》(第 16 期)与《评〈七重天〉》(第 18 期)。《电影月报》所载文章包括《影戏价值与摄制投责问题》与《银幕隽语》(均载于第 1 期)、《观影指迷录》(未完)(第 2 期)、《观影指迷录》(续第二期)(第 3 期)、《黄阿媚女士的烦闷》(第 5 期)、《今日美国的电影及其明星》(第 6 期)、《现代日本电影之一瞥:地球的周转及其它》(第 7 期)等七篇。《中国电影杂志》所载文章则有《评〈水上英雄〉影片》(第 1 卷第 11 期)、《关于影剧的吹毛求疵》(第 1 卷第 12 期)、《记占宁斯与刘别谦的新片》(第 1 卷第 13 期)与《观〈情海贞禽〉后》(第 1 卷第 14 期)等四篇。

1929 年,黄嘉谟继续在《电影月报》上发表了《论有声电影》(第 9 期)与《关于电影演员》(第 10 期)两篇文章。此后大约四年间,他暂停发表电影评论与研究文字。

1933 年 3 月,黄嘉谟与刘呐鸥等六人合办《现代电影》杂志。同年,他亲自撰文,在该刊上发表了六篇文章,包括《现代电影与中国电影界》(第 1 期)、《电影女明星作风的分析》(第 2 期)、《现代的观众感觉》(第 3 期)、《电影之色素与毒素》与《导演先生的智力测验》(均载于第 5 期)与《硬性影片与软性影片》(第 6 期)。同年 11 月,黄嘉谟又在《矛盾月刊》第 2 卷第 3 期上发表了《〈春蚕〉的检讨》一文,对电影《春蚕》进行了批判。其中,《硬性影片与软性影片》在 20 世纪 30 年代中国电影界掀起了关于电影品性的"软硬之争"。论争的一方是黄嘉谟、刘呐鸥等以《现代电影》为主要阵地的"软性电影论者",另一方则是以左翼文人为主的"影评人"小组。双方争论的焦点是电影的本性和价值到底是功用为上还是艺术至上。这一论争持续经年,对当时的电影创作产生了巨大的影响。[②]

1934 年,黄嘉谟发表了七篇电影相关文章,包括《中国电影发达的必然性及其将来》(载于《时代》第 6 卷第 10 期)与《一九三四年好莱坞男明星的新典型》(载于《时代》第 6 卷第 12 期)、《挣扎中的中国歌舞:中国歌舞剧的前途》(载于《良友》第 99 期)、《欧美影片的比重及其分野》(载于《万象》第 2 期)、《美俄复交与人才交换:苏俄影坛与好莱坞之合作新讯》与《最近国片一览(由廿二年九月一日起)》(均载于《现代电影》第 7 期)、《国产电影业的展望》(载于《时代电影》第 1 期)。

1935 年,黄嘉谟又发表了七篇电影相关文章,包括《英国电影事业之飞跃》(载于《万象》第 3 期)、《中国有声电影与当前的音乐问题》(载于《电影画报》第 18 期)与《好莱坞临时演员的悲惨生活》(载于《电影画报》第 21 期)、《英国新兴影业的企业大家》(载于

① 吴俊等. 中国现代文学期刊目录新编(下)[M]. 上海:上海人民出版社,2010:2664.
② 李勇. 媒介时代的审美问题研究[M]. 郑州:河南人民出版社,2009:27.

《电影周》第 3 期)、《梅蕙丝的神秘生活》(载于《时代电影》复刊号)与《瑙玛希拉奋斗史(未完)》(载于《时代电影》第 8 期)、《中国电影演员的酬报及其挣扎》(载于《人言周刊》第 2 卷第 23 期)。

1936 年,黄嘉谟发表了六篇电影相关文章。其中,《艺华》刊载了两篇,即《〈化身姑娘〉编剧谈:由剧本谈到摄制经过》(第 1 期)与《谈〈新婚大血案〉的演技》(第 2 期)。《时代电影》则刊登了四篇,即《好莱坞之女子职业观:女性在银幕后之活跃:摄影场的工作门类及其周薪》(第 4 期)、《一九三六年度英国影业新片之阵容》(第 7 期)、《欧美影坛之新人发掘谈》(第 8 期)、《小范朋克谈自办制片厂的原因》(第 9 期)。

1937 年,黄嘉谟在《时代电影》发表了五篇电影相关文章,包括总题为《银市散步》的《生意眼》、《论强制戏院选映国片》与《从业员的分野》(均载于第 3 期),《波兰大艺人不幸陨没——李却包来斯劳斯基小传》(第 4 期)以及《好莱坞韵事录:明星们的一封情书》(第 7 期)。

1938 年,黄嘉谟发表的电影相关文章屈指可数。1939 年,他在《艺华画报》第 8 卷第 3 期上发表了《剧作者言:瞎三话四集》一文。1944 年,他在《新影坛》第 2 卷第 5 期上发表了《〈盖世匹夫〉观后感》。其余各年,则无电影相关文章发表。

第三节　黄嘉谟的剧本与歌词创作

在厦门大学预科就读期间,黄嘉谟就开始了剧本创作。如前文所述,他撰写的第一个剧本是根据苏曼殊自传体小说《断鸿零雁》改编的悲剧《断鸿零雁剧本》,先由厦门思明报社于 1925 年出版,后又由上海第一线书店于 1928 年 9 月再版。

1927 年,黄嘉谟应邀为中华国民拒毒会创作旨在向民众宣传拒毒事业的剧本。他先是写了《芙蓉花剧本本事》,也就是剧本的内容梗概,发表在中华国民拒毒会会刊《拒毒月刊》1927 年第 15 期上。1928 年,中华国民拒毒会出版了黄嘉谟创作的这个拒毒剧本,但题名改为《芙蓉花泪》。剧本出版之后,颇受欢迎。仅过了三个月,初版全部售完,各地书店、学校、团体等纷纷汇款订购。国内外 20 多家机构、团体,如菲律宾宿务中华青年会、国民党开封党部宣传股、厦门嘉禾大学新剧团、南京汇文女学、广州振南剧社等,也陆续排演该剧。[①]1936 年,国民党汉口特别市党部宣传科再次刊印了《芙蓉花泪》。1934 年,《拒毒月刊》第 75 期再次刊登了《芙蓉花泪本事(未完待续)》。1935 年,黄嘉谟又创作了一个禁烟电影剧本《黑白阵线》,发表在《拒毒月刊》第 93 期。

进入艺华影业公司之后,黄嘉谟致力于电影剧本创作。他先后承担了《化身姑娘》(1936)、《化身姑娘(续集)》(1936)、《百宝图》(1936)、《喜临门》(1936)、《满园春色》(1937)、《海天情侣》(1937)、《化身姑娘(第三集)》(1939)、《化身姑娘(第四集)》(1939)《王先生夜探殡仪馆》(1940)、《凤还巢》(1944)等电影的剧本创作,成为当时极具影响力

---

① 芙蓉花泪风行海内外 [J]. 拒毒月刊,1927(227):40.

的电影编剧。

除了创作剧本,黄嘉谟还写过不少脍炙人口的歌词。1936—1937 年间,艺华影业公司投资拍摄电影《三星伴月》。导演方沛霖邀请著名作曲家刘雪庵用探戈节奏创作了一首插曲,然后在未知会刘雪庵的情况下,便交由黄嘉谟填词,取名为《何日君再来》,并交由影片女主角周璇演唱。随着电影上映,这首《何日君再来》传播开来,变得十分流行。1938 年,这首歌曲曾刊登在《歌曲精华》第 1 期与《银花集》第 2 期上。到了 20 世纪七八十年代,经台湾著名歌星邓丽君的演绎,《何日君再来》更是火遍华语文化圈。

1937 年,黄嘉谟又为艺华影业公司拍摄的《掌上珠》创作了《岁月悠悠》,由江定仙作曲,先载于《音乐教育》第 5 卷第 3 期,后又载于 1938 年出版的《银花集》第 4 期。直到今日,这首歌曲依然被选入许多教程或歌曲集中。

1939 年,黄嘉谟为华成电影公司拍摄的《云裳仙子》的同名主题歌作词,由黎锦光作曲,交由陈云裳演唱。这首歌曲还曾刊登在 1939 年出版的《银花集》第 14 期、《新华画报》"号外:云裳仙子特刊"、《歌曲精华》第 3 期、《青青电影》第 4 卷第 6 期、《爵士歌选》第 2 期以及 1940 年出版的《电影新歌集》第 4 期等音乐杂志上。

1940 年,黄嘉谟又为联美电影公司拍摄的电影《梁山伯与祝英台》的主题歌《长亭十送》与插曲《怀春曲》作词,由金玉谷作曲、张翠红等演唱。《长亭十送》曾刊登在 1940 年出版的《电影新歌集》第 4 期、《影城新曲》第 3 期、《电影生活》第 5 期、《青青电影》第 5 卷第 16 期以及 1941 年出版的《银星歌选》第 2 期上。《怀春曲》曾刊登在 1940 年出版的《电影新歌集》第 8 期、《影城新曲》第 3 期、《大同新歌选》创刊号、《歌曲精华·银花集合刊》第 6 期、《银幕名歌》第 1 期、《电影生活》第 8 期以及 1941 年出版的《银星歌选》第 2 期上。

第四节　黄嘉谟的翻译成就

目前所见,黄嘉谟从 1927 年起开始从事翻译活动。前文提到的金·维多原著的《制片家的经验谈》(载于《银星》第 15 期)是黄嘉谟的第一篇译文,译自美国《电影画报》(*Motion Picture*)第 31 卷第 1 期。其后,他根据外国报刊翻译或编译了不少介绍外国电影、影星等的文章,发表在各种期刊上面。这些文章,有的在署名中就标有"译"字,有的没有明确说明,但根据其内容可以判断应属于编译或译述性质。

1928 年,黄嘉谟翻译或编译了《观影指迷录》(连载于《电影月报》第 2 期、第 3 期)、《今日美国的电影及其明星》(载于《电影月报》第 6 期)、《现代日本电影之一瞥:地球的周转及其它》(载于《电影月报》第 7 期)、《关于影剧的吹毛求疵》(载于《中国电影杂志》第 1 卷第 12 期)、《记占宁斯与刘别谦的新片》(载于《中国电影杂志》第 1 卷第 13 期)。此外,他还翻译了日本人菊地酉治所撰《鸦片问题和日本人的责任》一文,发表在《拒毒月刊》第 17 期上。

1929 年,黄嘉谟的译文集《别的一个妻子——美国现代短篇选集》由水沫书店出版。

同年,他还为菊池酉治讲、朱元文译的《日本专家对于中日鸦片问题之观察》做了校对工作,后发表在《拒毒月刊》第 27 期上面。

此后数年间,黄嘉谟似乎未再翻译。直到 1934 年,他才又在《时代》第 6 卷第 12 期上发表了《一九三四年好莱坞男明星的新典型》一文。1935 年,他发表了《好莱坞临时演员的悲惨生活》(载于《电影画报》第 21 期)、《梅蕙丝的神秘生活》(载于《时代电影》复刊号)与《瑙玛希拉奋斗史》(未完)(载于《时代电影》第 8 期)。1936 年,他在《电影画报》第 27 期发表了《导演的自由权(名导演弗兰考泼拉的自白)》,又在《时代电影》上发表了《好莱坞之女子职业观:女性在银幕后之活跃——摄影场的工作门类及其周薪》(第 4 期)、《一九三六年度英国影业新片之阵容》(第 7 期)、《欧美影坛之新人发掘谈》(第 8 期)与《小范朋克谈自办制片厂的原因》(第 9 期)。1937 年,他继续在《时代电影》上发表了两篇译文,即《波兰大艺人不幸陨没——李却包来斯劳斯基小传》(第 4 期)与《好莱坞韵事录:明星们的一封情书》(第 7 期)。此后,再未见黄嘉谟在报纸杂志上发表属于翻译或编译性质的文章。

第五节　黄嘉谟所译《两个杀人者》翻译史价值评析

黄嘉谟于 1929 年出版的译文集《别的一个妻子——美国现代短篇选集》共收录了五位美国作家的各一种短篇小说作品,分别是舍伍德·安德森(Sherwood Anderson)的《别的一个妻子》("Another Wife")、詹姆斯·霍珀(James Hopper)的《邂逅》("When It Happens")、哈罗德·W. 布莱希特(Harold W. Brecht)的《维也纳的熏炙品》("Vienna Roast")、欧内斯特·海明威(Ernest Hemingway)的《两个杀人者》("The Killers")与奥利弗·拉法奇(Oliver La Farge)的《北地艳迹》("North Is Black")。

黄嘉谟翻译的这五种短篇小说都具有较大的翻译史价值。尤其值得注意的是,《两个杀人者》一文是海明威小说作品在中国的第一种汉译版本。黄嘉谟也因此被载入中国现代翻译文学史与中美文化交流史中。比如,邱平壤编著的《海明威研究在中国》就指出:"中国最早译介海明威作品的则是黄嘉谟(1906—1954)。1929 年上海水沫书店出版的黄嘉谟翻译的美国小说集《别的一个妻子》里,就有海明威的短篇小说《两个杀人者》。"[①] 又如,马祖毅等合著的《中国翻译通史(现当代部分第二卷)》也指出:"最早于 1929 年上海水沫书店出版了黄嘉谟翻译的美国现代短篇小说集《另一个妻子》,中收海明威短篇《两个杀人者》。"[②]

《两个杀人者》的对应英文题名为 "The Killers"。这是海明威于 1927 年 3 月在美国《斯克里布纳杂志》(Scribner's Magazine)第 81 卷第 3 期上发表的短篇小说。海明威在这部小说中实践了他的"冰山理论",所以它成为海明威最著名的短篇小说代表作,后被收入各种

---

① 邱平壤. 海明威研究在中国 [M]. 哈尔滨:黑龙江教育出版社,1990:10.
② 马祖毅等. 中国翻译通史(现当代部分第二卷)[M]. 武汉:湖北教育出版社,2006:699.

文集中。在黄嘉谟之后,黄源也曾将其译成中文,发表在 1933 年《文学》第 1 卷第 3 期上。不过,黄源将题名译为《暗杀者》,原作者名也译成了汉敏威。1941 年,三通书局又将其列入"三通小丛书"出版。这两种译文的发表时间相继不远,我们在此拟对其进行简要的对比分析。

例 1:

英文原文:The door of Henry's lunchroom opened and two men came in. They sat down at the counter. [1]

黄嘉谟译文:亨利的大餐室的门开了,走进两个人来,他们就在近帐台的地方坐下。[2]

黄源译文:亨利点心店的门开着,有两个人走进来,在柜台前坐下了。[3]

分析:lunchroom 指餐厅,而非点心店。opened 在文中并不是表示门处于开着的状态,而是表示门被推开了。显然,黄源对海明威原文的理解并不透彻,黄嘉谟的译文相对更为准确。这两句可试译为:"亨利餐厅的门打开了,进来了两个男人。他们坐到柜台边上。"

例 2:

英文原文:Outside it was getting dark. The street-light came on outside the window. [4]

黄嘉谟译文:屋外已经黑了下来。外面街灯的光线从窗门中射了进来。[5]

黄源译文:屋外天色渐渐暗了。窗外路灯亮了。[6]

分析:原文中的 it was getting dark 以过去进行时表示天色渐渐变暗,而不是说天色已经完全暗了下来。come on 有"开始"之意,表示路灯开始亮了。显然,黄源对海明威原文的理解较为准确,而黄嘉谟所译有误。这两句可试译为:"屋外的天色渐渐暗了下来。窗外的那盏路灯亮了。"

例 3:

英文原文:From the other end of the counter Nick Adams watched them. He had been talking to George when they came in. [7]

黄嘉谟译文:掌柜的那一边立克亚当斯在注视着他们。当他们进来的时候他已经同乔治说过了。[8]

黄源译文:尼克·亚当斯在柜台另一头注视他们。他在他们进来时,一迳在和佐治谈

---

[1] Hemingway, Ernest. The Killers[J]. *Scribner's Magazine*, 1927, 81(3):227.

[2] 黄嘉谟译. 两个杀人者 [M]// 黄嘉谟译. 别的一个妻子——美国现代短篇选集. 上海:水沫书店, 1929:77.

[3] 黄源译. 暗杀者 [J]. 文学, 1933, 1(3):453.

[4] 同[1]。

[5] 同[2]。

[6] 同[3]。

[7] 同[1]。

[8] 同[2]。

话。^①

分析：原文中"He had been talking to George when they came in."使用了过去完成进行时，表明在那两个新顾客进门前，尼克·亚当斯一直在跟乔治聊天。黄源译文中的"一迳"恰恰是"一直"之意。因此，黄源的译文相对更为准确。这两句可试译为："坐在柜台另一头的尼克·亚当斯注视着他们。他们进来之前，他一直都在跟乔治闲聊。"

例4：

英文原文："I'll have a roast pork tenderloin with apple sauce and mashed potato,"the first man said.^②

黄嘉谟译文："我要一个豚排腰肉和苹果汁和蕃薯。"第一个说。^③

黄源译文："我来个炒牛腰，加点苹果沙水和马铃薯面，"第一人说。^④

分析：原文中的pork专指猪肉，黄嘉谟理解正确，而黄源则译错了该词。apple sauce现在一般译为"苹果泥"，但黄嘉谟与黄源均大致译出了该词的意思，只不过当时的译法跟现在的通用表达有所不同。mashed potato指土豆泥，黄嘉谟未将mashed一词译出。这句可试译为："'我来一份烤猪里脊配苹果泥和土豆泥。'第一个男人说道。"

例5：

英文原文："What the hell do you put it on the card for?"^⑤

黄嘉谟译文："那末你们菜单上这多捞什子是做什么的？"^⑥

黄源译文："那么写在菜单上干么的？"^⑦

分析：原文the hell主要用于加强语气，表示咒骂。黄源的译文像是普通的口语表达，黄嘉谟"捞什子"一词则能大略呈现出说话者的咒骂语气。这句可试译为："那你们往菜单上写这道菜要死啊？"

例6：

英文原文："That's the dinner,"George explained."You can get that at six o'clock."^⑧

黄嘉谟译文："那是大餐的，"乔治这样说明。"你们等到六点钟就可以吃到。"^⑨

黄源译文："那是晚餐的菜，六点钟就有。"佐治这样说明。^⑩

---

① 黄源译. 暗杀者 [J]. 文学, 1933, 1（3）：453.

② Hemingway, Ernest. The Killers[J]. *Scribner's Magazine*, 1927, 81（3）：227.

③ 黄嘉谟译. 两个杀人者 [M]// 黄嘉谟译. 别的一个妻子——美国现代短篇选集. 上海：水沫书店, 1929：78.

④ 同①。

⑤ 同②。

⑥ 同③。

⑦ 同①。

⑧ 同②。

⑨ 同③。

⑩ 同①。

分析：原文中 dinner 可译成"正餐、主餐、晚餐、宴会"等，但当时天色渐晚，所以它显然应当译为"晚餐"。explain 应当译成"解释"更妥当。"You can get that at six o'clock."指的是顾客在傍晚六点以后才可以点这道菜。这两句可试译为："'那是晚餐菜式。'乔治解释道：'六点以后才可以点这道菜。'"

例7：

英文原文：George looked at the clock on the wall behind the counter. "It's five o'clock."[1]

黄嘉谟译文：乔治望着账台后面的壁上的时钟。"是五点钟了。"[2]

黄源译文：于是他望一望挂在柜台后面墙上的钟，又说："现在还只五点钟。"[3]

分析：黄嘉谟与黄源两人对海明威原文的理解都较为准确，但译文表达则不尽妥当。这两句可试译为："乔治看了看挂在柜台后面墙壁上的时钟，又说道：'现在才五点呢。'"

通过以上简要的对比分析，我们可以看到，黄嘉谟与黄源的译文均未能臻于至善，各有所长，亦各有所短。但考虑到他们所处的时代背景，考虑到当时各类工具书与参考资料的匮乏，我们还是应当客观看待其译文中存在的不足与瑕疵。毕竟，他们在译介海明威作品方面发挥了不可磨灭的先驱作用。

附：黄嘉谟翻译成果一览

一、译著

《别的一个妻子——美国现代短篇选集》，黄嘉谟译，水沫书店1929年7月出版。内收《别的一个妻子》、《邂逅》、《维也纳的熏炙品》、《两个杀人者》与《北地艳迹》。

二、报刊译文

1.《制片家的经验谈》，金·维多原著，嘉谟译，载于《银星》1927年第15期。

2.《观影指迷录》（未完），黄嘉谟编译，载于《电影月报》1928年第2期。

3.《观影指迷录》（续第二期），黄嘉谟编译，载于《电影月报》1928年第3期。

4.《今日美国的电影及其明星》，黄嘉谟编译，载于《电影月报》1928年第6期。

5.《现代日本电影之一瞥：地球的周转及其它》，黄嘉谟编译，载于《电影月报》1928年第7期。

6.《关于影剧的吹毛求疵》，黄嘉谟译，载于《中国电影杂志》1928年第1卷第12期。

7.《记占宁斯与刘别谦的新片》，黄嘉谟译，载于《中国电影杂志》1928年第1卷第13期。

8.《鸦片问题和日本人的责任》，菊地酉治著，黄嘉谟译，载于《拒毒月刊》1928年第

---

[1] Hemingway, Ernest. The Killers[J]. *Scribner's Magazine*, 1927, 81(3): 227.

[2] 黄嘉谟译. 两个杀人者[M]// 黄嘉谟译. 别的一个妻子——美国现代短篇选集. 上海：水沫书店, 1929：78.

[3] 黄源译. 暗杀者[J]. 文学, 1933, 1(3): 453.

17 期。

9.《一九三四年好莱坞男明星的新典型》，黄嘉谟编译，载于《时代电影》1934 年第 6 卷第 12 期。

10.《好莱坞临时演员的悲惨生活》，嘉谟译，载于《电影画报》1935 年第 21 期。

11.《梅蕙丝的神秘生活》，黄嘉谟编译，载于《时代电影》1935 年复刊号。

12.《瑙玛希拉奋斗史》（未完），嘉谟编译，载于《时代电影》1935 年第 8 期。

13.《导演的自由权（名导演弗兰考泼拉的自白）》，黄嘉谟编译，载于《电影画报》1936 年第 27 期。

14.《好莱坞之女子职业观：女性在银幕后之活跃——摄影场的工作门类及其周薪》，黄嘉谟编译，载于《时代电影》1936 年第 4 期。

15.《一九三六年度英国影业新片之阵容》，黄嘉谟编译，载于《时代电影》1936 年第 7 期。

16.《欧美影坛之新人发掘谈》，黄嘉谟译，载于《时代电影》1936 年第 8 期。

17.《小范朋克谈自办制片厂的原因》，嘉谟译，载于《时代电影》1936 年第 9 期。

18.《波兰大艺人不幸陨没——李却包来斯劳斯基小传》，黄嘉谟编译，载于《时代电影》1937 年第 4 期。

19.《好莱坞韵事录：明星们的一封情书》，嘉谟译，载于《时代电影》1937 年第 7 期。

三、校阅的译文

《日本专家对于中日鸦片问题之观察》，菊池酉治讲，朱元文译，黄嘉谟校，载于《拒毒月刊》1929 年第 27 期。

第四章

文学翻译家——黄嘉德

第一节　黄嘉德生平简介

黄嘉德(1908—1992),英文名为 Chia-Teh Huang,笔名有蓝萍心、萍心、嘉德、默然、马默然等。他原籍泉州晋江,1908 年 10 月 15 日生于泉州安溪。①

黄嘉德的曾祖父与祖父都是贫农,祖母则做过女传道。②黄嘉德的父亲名叫黄沧海,是一名牧师,曾在闽南各地传道。早在 1893 年,黄沧海就已经在深沪传教布道。③1899 年,经英国长老公会(简称英公会)泉属大会批准,溪美、安溪、湖头、英内、东田、大宇、长坑自立安溪堂会,与泉南堂会分立,④黄沧海受聘为首任牧师,⑤在安溪城关南街主持建造教堂及开办安邑学校。⑥后来,他还担任过漳州东坂后礼拜堂牧师。⑦

---

① 黄嘉德. 英语教育五十五年 [C]// 上海外语教育出版社. 外语教育往事谈——教授们的回忆. 上海:上海外语教育出版社,1988:86;陈爱钗. 西风乍起　黄氏昆仲——记翻译家黄嘉德及其胞弟黄嘉音 [C]// 林本椿. 福建翻译家研究. 福州:福建教育出版社,2005:205.

② 黄嘉德. 从检查编辑《西风》杂志事实中彻底清算我的买办思想 [C]// 山东大学教务处校刊编辑室. 山东大学思想改造文集. 青岛:山东大学教务处校刊编辑室,1952:168.

③ 李叔静. 金井基督教会百年简史 [C]// 中国人民政治协商会议福建省晋江市委员会文史资料委员会. 晋江文史资料选辑(修订本·六至十辑). 泉州:中国人民政治协商会议福建省晋江市委员会文史资料委员会,1999:183.

④ 郑炳山. 近代基督教传入泉州史略(续) [C]// 中国人民政治协商会议福建省泉州市委员会文史资料研究委员会. 泉州文史资料(第四辑). 泉州:中国人民政治协商会议福建省泉州市委员会文史资料研究委员会,1988:69;吴炳耀. 百年来的闽南基督教会 [C]// 厦门市政协文史和学习宣传委员会. 鹭江春秋——厦门文史资料选萃. 北京:中央文献出版社,2003:625.

⑤ 同④。

⑥ 泉州市民族与宗教事务局. 泉州宗教志 [M]. 泉州:泉州市民族与宗教事务局,2005:155.

⑦ 张连金. 漳州基督教会学校述要 [C]// 中国人民政治协商会议福建省漳州市委会文史资料研究委员会. 文史资料选辑(总第 8 辑). 漳州:中国人民政治协商会议福建省漳州市委会文史资料研究委员会,1982:105.

46

黄沧海先娶妻郑氏，生有一女，名叫黄玛惜。黄玛惜的丈夫名叫杨世潮，曾主持信心儿童教养院。[①] 郑氏逝世后，黄沧海续娶了蓝氏。蓝氏后来曾被人称为黄沧海牧师娘，[②] 也是一位虔诚的基督教徒，[③] 曾在闽南一所教会女校担任校长。[④] 两人生育了五男三女。其中，五个儿子分别是黄嘉惠（妻子为白施英）、黄嘉历（妻子为陈珊梅）、黄嘉谟（妻子为杨淑静）、黄嘉德（妻子为罗道爱）、黄嘉音（妻子为朱绮，有时称黄朱绮）。三个女儿分别是黄仁爱（丈夫为陈学依）、黄仁慈（丈夫为彭文余）、黄仁华（后去美国，嫁给外国人）。[⑤]

尽管家中没有不动产，主要靠微薄的薪金维持生计，但黄沧海夫妇却十分重视子女教育，省吃俭用供子女上学。[⑥] 包括黄嘉德在内的 9 个兄弟姐妹中有 7 人接受过高等教育，这无论是在当时，还是现在，都十分难得。[⑦]

众所周知，厦门在鸦片战争之后就被开辟为第一批五个通商口岸之一，闽南地区也因此在经济与文化上跟外国联系密切。再加上其父母宗教背景的影响，黄嘉德从小就有更多的机会接触西方文化。他喜欢看书，尤其喜欢文学作品。[⑧]

黄嘉德从中学到大学都是就读于教会学校。1921 年，13 岁的黄嘉德小学毕业，升入厦门鼓浪屿的寻源中学读书。[⑨] 据查，寻源中学的前身为寻源书院，1881 年由基督教美国归正教会与英国长老会联合创办。1907 年，该校改由美国归正教会、英国长老会与英国伦敦会合办，并改称协和中学。辛亥革命后，学校开始实行新学制。1914 年，该校改名为寻源中学。1918 年起，该校兼授大学一、二年级课程，后因师资缺乏而并入福建协和大学。1923 年，该校开始在漳州芝山兴建校舍，次年竣工，但直到 1925 年才从鼓浪屿迁到新校址。该校十分重视数理化与英语教学，教师常利用课余时间给学生进行个别辅导，所以学生的英语基础都比较扎实，出过诸如林语堂这样的知名翻译家校友。[⑩]

---

① 陈震宇. 黄嘉音与《西风》二三事 [C]//《出版广角》编辑部. 同步的足音（C 卷）. 南宁：广西人民出版社，2000：535.

② 同①：537.

③ 黄嘉德. 批判我办《西风》杂志替美帝国主义作宣传工具的反动买办思想 [C]// 五十年代出版社. 批判我的资产阶级思想. 北京：五十年代出版社，1952：246.

④ 黄嘉德. 文教工作五十年 [C]// 北京图书馆《文献》丛刊编辑部，吉林省图书馆学会会刊编辑部. 中国当代社会科学家（第 3 辑）. 北京：书目文献出版社，1983：281.

⑤ 金墩郎 _579. [转载]16 日收到黄嘉德生前整理的家族联络图表，做研究有用 [EB/OL]. [2015-08-10]. http://blog.sina.com.cn/s/blog_c296e27301019g99.html；伟蓝. 寻找潘湖田洋四房（房叔——当代翻译家黄嘉德、黄嘉音）的后裔亲人 [EB/OL]. [2015-08-10]. http://hqmokok.blog.163.com/blog/static/33510795201403181026535.

⑥ 同④。

⑦ 施扣柱. 青春飞扬——近代上海学生生活 [M]. 上海：上海辞书出版社，2009：456-457.

⑧ 同④：281-282.

⑨ 黄嘉德. 英语教育五十五年 [C]// 上海外语教育出版社. 外语教育往事谈——教授们的回忆. 上海：上海外语教育出版社，1988：86.

⑩ 吴向国，郭上人. 寻源中学断记 [C]// 中国人民政治协商会议福建省漳州市委员会文史资料委员会. 漳州文史资料第 18 辑（总第 23 辑）. 漳州：中国人民政治协商会议福建省漳州市委员会文史资料委员会，1993：66-68.

1925 年,黄嘉德从寻源中学毕业。[①]他随后考入了美国教会在福州创办的福建协和大学,主修医预科,学了不少数理化方面的课程,但他的主要兴趣还是语言与文学。[②]1928 年夏天,黄嘉德的父亲因病退休,打算到上海养老,于是全家从漳州迁居上海,而黄嘉德也就从福建协和大学转到上海圣约翰大学。[③]他决定放弃读医,改习文科,主修英语,兼修教育学。当时,圣约翰大学实行学分制。除英语、外国文学等必修课外,学生还可以任意选修社会科学方面的其他课程。黄嘉德在两年半的时间内广泛选修了西方哲学、外国历史、新闻学、心理学、政治学、经济学、社会学等课程。其中不少课程都是使用英语教材,课堂上也是以英文教授。这使得黄嘉德的英语水平提到了大幅度的提升,更对英语语言与外国文学等产生了浓厚兴趣。[④]他的学习成绩也十分优秀,曾连续四个学期获得助学金。[⑤]

1931 年 1 月,黄嘉德从上海圣约翰大学英文系毕业,并因成绩优异而留校任教,[⑥]历任圣约翰大学附属高中英语教师(1931—1934)、圣约翰大学本部助教(应当是讲师,1934—1938)、副教授(1938—1942)、教授(1942—1951)。[⑦]他先在中文系讲授《史记》、《汉书》等课程,后在文学院讲授翻译课程。[⑧]他也由此成为一名少见的精通国学的英语教授,曾在 1935 年《约翰声》第 45～46 卷上发表了《中国文学上的女性描写》一文。1942 年 3 月升任教授后,[⑨]他开始担任行政职务,历任文理学院副院长(1942—1947)、文学院副院长(1947—1959),[⑩]并以英语讲授新闻学方面的课程,如新闻学概论、编辑、采访、写作等。[⑪]

1947 年初,美国在华教会大学董事会在上海招考留美生,应考者必须是未曾出国留过学的教会大学教授。1947 年 3 月,共有 40 多位教授参加考试,只有包括黄嘉德在内的 12 人被录取。[⑫]

1947 年 8 月 24 日,黄嘉德乘坐"W. H. 戈登将军"号轮船从上海前往美国,同年 9 月 8 日抵达旧金山入境。在游览旧金山市区后,他乘坐火车横贯美国,最后抵达纽约。[⑬]随后,

① 黄嘉德. 黄嘉德自传 [C]// 王寿兰. 当代文学翻译百家谈. 北京:北京大学出版社,1989:751.
② 黄嘉德. 英语教育五十五年 [C]// 上海外语教育出版社. 外语教育往事谈——教授们的回忆. 上海:上海外语教育出版社,1988:86-87.
③ 黄嘉德. 文教工作五十年 [M]// 北京图书馆《文献》丛刊编辑部,吉林省图书馆学会会刊编辑部. 中国当代社会科学家(第 3 辑). 北京:书目文献出版社,1983:282;施扣柱. 青春飞扬——近代上海学生生活 [M]. 上海:上海辞书出版社,2009:457.
④ 黄嘉德. 文教工作五十年 [M]// 北京图书馆《文献》丛刊编辑部,吉林省图书馆学会会刊编辑部. 中国当代社会科学家(第 3 辑). 北京:书目文献出版社,1983:282;黄嘉德. 英语教育五十五年 [M]// 上海外语教育出版社. 外语教育往事谈——教授们的回忆. 上海:上海外语教育出版社,1988:86-87.
⑤ 黄嘉德. 文教工作五十年 [C]// 北京图书馆《文献》丛刊编辑部,吉林省图书馆学会会刊编辑部. 中国当代社会科学家(第 3 辑). 北京:书目文献出版社,1983:282.
⑥ 黄嘉德. 留美回忆 [C]// 山东省政协文史资料委员会. 山东文史资料选辑(第 33 辑). 济南:山东人民出版社,1992:106.
⑦ 黄嘉德. 黄嘉德自传 [C]// 王寿兰. 当代文学翻译百家谈. 北京:北京大学出版社,1989:751.
⑧ 同⑤:282-283.
⑨ 同②:87.
⑩ 同⑦。
⑪ 同②:87.
⑫⑬ 同⑥。

他进入哥伦比亚大学研究生院研习英美文学。

由于工作需要,黄嘉德需要在最多一年半的时间内获得硕士学位,然后回到圣约翰大学继续执教。为此,在哥伦比亚大学研究生院就读的 13 个月内,他除了听课,几乎都是泡在图书馆参考室查阅图书资料,做读书笔记,以便为硕士论文的撰写打下良好的基础。当然,他也特别注意劳逸结合,曾利用周日和假期到纽约市区、波士顿、华盛顿哥伦比亚特区、尼亚加拉瀑布城等处游览。①

经过一年多的学习与钻研,黄嘉德在课程考试中取得了优异成绩。他还撰写了题为《中外文化和文学的交流》的硕士论文,得到导师的好评,并顺利地通过了答辩,获得了文学硕士学位。②

黄嘉德原本计划于 1948 年 9 月乘坐"总统"号轮船回国,但不巧碰上了船员罢工,只得于 10 月初改乘从纽约到上海的货船。货船经巴拿马运河进入太平洋,途经越南海防、新加坡、香港等海港,最终于 12 月中旬抵达上海。③

1949 年 1 月,他继续回到圣约翰大学执教,任文学院副院长兼任新闻系代系主任。④1949 年 5 月上海解放后,黄嘉德在圣约翰大学担任校务委员、文学院院长兼新闻系系主任,主要从事新闻学的教学工作。⑤1951 年 9 月,他奉派到设在苏州的华东人民革命大学政治研究院学习。⑥1952 年 1 月结业之后,他调往山东大学(当时设在青岛,1958 年10 月主体迁至济南)外文系任教。⑦其后,他历任外文系代系主任,校图书馆馆长,《文史哲》编委,英语教研室、外国文学教研室、欧美文学教研室主任,校学术委员会委员,校学位委员会委员等职。⑧

其中,在 1952—1966 年间,他除担任行政工作和开设英语课程外,主要在外文系和中文系讲授外国文学课程,并进行外国文学研究,发表了一系研究论文与译文。"文革"期间,他受到冲击。1978—1989 年,他主要在山东大学外文系负责指导英语语言文学专业中主攻英国文学方向的硕士研究生。1987 年 7 月,黄嘉德退休,结束了长达 58 年的教学生涯。⑨

1992 年 4 月 26 日,黄嘉德逝世。⑩

① 黄嘉德. 留美回忆 [C]// 山东省政协文史资料委员会. 山东文史资料选辑(第 33 辑). 济南:山东人民出版社,1992:107.

② 同①:108.

③ 同①:108-109.

④ 黄嘉德. 英语教育五十五年 [C]// 上海外语教育出版社. 外语教育往事谈——教授们的回忆. 上海:上海外语教育出版社,1988:87.

⑤ 同①:109.

⑥ 徐友春. 民国人物大辞典(下)[M]. 石家庄:河北人民出版社,2007:1617.

⑦ 黄嘉德. 黄嘉德自传 [C]// 王寿兰. 当代文学翻译百家谈. 北京:北京大学出版社,1989:751.

⑧ 同⑥。

⑨ 同①:110.

⑩ 郑维汉,李玉明. 黄嘉德 [C]// 梁自洁. 山东现代著名社会科学家传(第二集). 济南:山东教育出版社,1992:47.

第二节　黄嘉德的编辑出版成就

黄嘉德在编辑出版方面的成就主要体现在《西风》系列刊物的创办与出版上。其中，最为重要的一种刊物当属《西风》月刊(有一段时间改为半月刊)。该刊创办于 1936 年 9 月，至 1949 年 4 月上海解放前夕停刊，前后长达 13 年，共计 118 期。[①]

《西风》封面竖印着"译述西洋杂志精华"、"介绍欧美人生社会"两行文字。这两行文字来自《西风》第一期扉页所登《〈西风〉月刊征稿启事》："本刊以译述西洋杂志精华，介绍欧美人生社会，提倡有思想有情感有个性有趣味的通俗文章为宗旨，……凡与本刊性质相合之稿件，只要文笔清隽流丽，无论创作翻译，均所欢迎。"[②] 不过，《西风》并不局限于介绍欧美的相关情况。事实上，《西风》从第一期起就开始连载林语堂英译的《浮生六记》，并将其列为读者订阅该刊的"四大利益"之一。[③]

《西风》的创办跟林语堂关系至深。据林语堂所撰《〈西风〉发刊词》一文，他在《宇宙风》创刊之前就有感于中国杂志取材单调、文体刻板、范围拘束，认为有必要从西洋杂志上译述各种精彩文章，以飨读者。因为个人精力有限，他便力邀黄嘉德与黄嘉音兄弟二人共同参与创办《西风》。[④] 另据徐訏所撰《我所知道的〈西风〉》，林语堂当时共计邀请陶亢德、黄嘉德、黄嘉音与徐訏四人共同创办《西风》，但徐訏要去欧洲留学，于是拒绝了邀请，所以《西风》其实是由林语堂、陶亢德、黄嘉德与黄嘉音四人各自出资 250 块大洋创办而成。[⑤] 其中，林语堂任顾问编辑，黄嘉德与黄嘉音任编辑，陶亢德与黄嘉音任发行人。[⑥] 不过，陶亢德后来退出，林语堂则远走美国，《西风》基本上就是由黄氏兄弟主持。[⑦]

《西风副刊》是黄嘉德编辑的第二种刊物。该刊于 1938 年 9 月在上海创刊，至 1942 年 1 月出至第 41 期后停刊。[⑧]

在 1938 年 9 月、1939 年 7 月、1940 年 4 月，西风月刊社分别出版了《西风精华》第 1～3 期，各期文章均选自《西风》，多为介绍欧美社会风情的译文。[⑨] 其中，该刊第 1～2 期的总编辑兼发行人为英国人马彬和，黄嘉德与黄嘉音任编辑，林语堂任顾问编辑；第 3 期则未

---

① 黄嘉德. 从检查编辑《西风》杂志事实中彻底清算我的买办思想 [C] // 山东大学教务处校刊编辑室. 山东大学思想改造文集. 青岛：山东大学教务处校刊编辑室，1952：168；黄嘉德. 批判我办《西风》杂志替美帝国主义作宣传工具的反动买办思想 [C] // 五十年代出版社. 批判我的资产阶级思想. 北京：五十年代出版社，1952：247-248.

② 西风月刊征稿启事 [J]. 西风，1936(21)：扉页.

③ 订阅本刊四大利益 [J]. 西风，1936(21)：275.

④ 林语堂. 西风发刊词 [J]. 西风，1936(21)：6-7.

⑤ 徐訏. 我所知道的《西风》[C] // 徐訏. 徐訏文集(第 9 卷). 北京：生活·读书·新知三联书店，2012：460.

⑥ 张泽贤. 民国出版标记大观(精装本) [M]. 上海：上海远东出版社，2012：476.

⑦ 同⑤：461.

⑧ 丁守和等. 抗战时期期刊介绍 [M]. 北京：社会科学文献出版社，2009：868-869.

⑨ 同⑧.

设总编辑,改由黄氏兄弟任编辑兼发行人。[①]

1940 年 3 月,西风月刊社又在上海创办了《西书精华》季刊,至 1941 年秋出到第 7 期后终刊。黄嘉德与黄嘉音出任该刊的编辑兼发行人,林语堂任顾问编辑。[②]

除了承担《西风》系列刊物的编辑与出版工作,黄嘉德还为其译述了大量欧美作品,是最为重要的撰稿人之一。他翻译的《萧伯纳情书》从《西风》创刊起就开始连载,并被写入该刊的征订启事中用以吸引读者。[③]若没有黄嘉德的积极参与,《西风》系列刊物的生存恐怕都会遇上难题,更遑论发展。

此外,黄嘉德还曾担任上海《平论》发行人以及上海《侨声报》社论委员会主任委员兼副刊《南风》主编。[④]《平论》是 1945 年抗战胜利后上海的几个教授集资创办的一份半月刊,由刘大杰、陈选善与傅统先担任主编,[⑤]标榜不左不右,要求民主,只出了 12 期即被禁止出版。[⑥]《侨声报》则于 1943 年 3 月 18 日起由侨声报社在重庆创办,朱培璜担任发行人,原为中英对照双语周刊,至 1945 年 6 月出至第 2 卷第 6 期(总第 28 期),后迁上海改出日报。[⑦]

第三节　黄嘉德的外国文学研究成就

黄嘉德从小就对英语语言文学很感兴趣。他在上海圣约翰大学就读时主修英语,后来又赴哥伦比亚大学研究生院研习英美文学。不过,在圣约翰大学执教期间,他仅在早期教授过几年的英语教程,后来则主要教授新闻学课程。因此,在 1949 年以前,他发表的外国文学研究论文屈指可数,目前仅见 1934 年《论语》第 50 ～ 52 期上分三期连载的《赫理斯笔下的萧伯纳》一文。

1952 年转到山东大学外文系执教后,黄嘉德专门从事外国文学的教学与研究工作。受其学术兴趣、专业背景与工作环境的影响,他不仅翻译了苏联学者撰写的多篇文学研究论文,更独立或与人合作撰写并发表了一系列外国文学研究论文。其研究对象涵盖美国、英国、俄国(苏联)、德国、法国、西班牙等国家的作家作品,而以英美作家作品为主。

在英国文学研究方面,黄嘉德的研究对象较为集中,主要包括萧伯纳、亨利·菲尔丁(Henry Fielding)、威廉·莫理斯(William Morris,或译威廉·莫里斯)。黄嘉德称得上是萧伯纳研究专家,曾发表一系列论文,主要包括《伟大的英国戏剧家萧伯纳——纪念萧伯纳

① 吴俊等. 中国现代文学期刊目录新编(下)[M]. 上海:上海人民出版社,2010:2199.
② 同①:2202.
③ 订阅本刊四大利益 [J]. 西风,1936(21):275.
④ 《中国文学家辞典》编委会. 中国文学家辞典(现代第 2 分册)[M]. 香港:文化资料供应社,1980:683-684;林煌天. 中国翻译词典 [M]. 武汉:湖北教育出版社,1997:299.
⑤ 《中国社会科学家辞典》(现代卷)编委会. 中国社会科学家辞典(现代卷)[M]. 兰州:甘肃人民出版社,1986:759.
⑥ 葛剑雄. 谭其骧日记(珍藏版)[M]. 广州:广东人民出版社,2013:221.
⑦ 王绿萍. 四川报刊五十年集成(1897—1949)[M]. 成都:四川大学出版社,2011:658.

诞生一百周年》（载于《文史哲》1956 年第 7 期）、《萧伯纳论"生命力"——评喜剧〈人与超人〉》（载于《文史哲》1981 年第 1 期）、《论萧伯纳的代表作〈伤心之家〉》（载于《山东大学文科论文集刊》1981 年第 1 期）、《萧伯纳的遗产》（载于《书林》1981 年第 1 期）、《军火商与救世军——评萧伯纳的〈巴巴娜少校〉》（载于《文史哲》1982 年第 4 期）、《萧伯纳的〈苹果车〉评介》（载于《文史哲》1983 年第 5 期）、《肖伯纳的散文作品》（载于《外语教学》1984 年第 2 期）、《评萧伯纳的历史剧〈圣女贞德〉》（载于《文史哲》1984 年第 6 期）、《萧伯纳论莎士比亚》（载于《文史哲》1986 年第 4 期、《外国文学研究》1986 年第 6 期）、《萧伯纳年谱——纪念萧伯纳诞辰一百三十周年》（载于《外国文学研究》1986 年第 4 期）、《从作品分期看萧伯纳戏剧的特点——纪念萧伯纳诞辰一百三十周年》（载于《山东外语教学》1986 年第 2 期）、《萧伯纳的戏剧理论及其实践》（载于《外语教学》1987 年第 2 期）等。1989 年 4 月，黄嘉德的专著《萧伯纳研究》由山东大学出版社出版。他在书中重点论述了英国伟大的戏剧家萧伯纳的思想、著作、戏剧理论及其对西方现代戏剧的贡献，并对萧伯纳的 12 种剧本进行了细致的分析。关于菲尔丁，他发表了《菲尔丁和他的代表作〈汤姆·琼斯〉——纪念亨利·菲尔丁逝世二百周年》（载于《文史哲》1954 年第 12 期）。关于威廉·莫理斯，他发表的论文则有《英国作家威廉·莫理斯》（载于《文史哲》1962 年增刊）。

在美国文学研究方面，黄嘉德的研究对象包括斯托夫人（Harriet Beecher Stowe）、惠特曼（Walt Whitman）、杜波依斯（William Edward Burghardt Du Bois，或译为杜波伊斯）、尤金·奥尼尔（Eugene O'Neill）、霍华德·法斯特（Howard Fast）、伯纳德·马拉默德（Bernard Malamud）、约瑟夫·海勒（Joseph Heller）、斯太伦（William Styron，现一般译为威廉·斯泰伦）、约翰·厄普代克（John Updike）等。他发表的相关论文包括《杜波依斯及其新著〈在争取和平的战斗中〉》（载于《文史哲》1953 年第 4 期）、《法斯特的历史小说〈奴隶起义〉》（载于《文史哲》1953 年第 6 期）、《美国民主诗人惠特曼——纪念〈草叶集〉初版一百周年》（载于《文史哲》1955 年第 10 期）、《论斯托的〈汤姆叔叔的小屋〉》（载于《文史哲》1963 年第 6 期）、《马拉默德的新小说〈杜宾的传记〉》（载于《现代美国文学研究》1979 年第 1 期）、《评海勒的〈象戈尔德那样好〉——一部黑色幽默的新小说》（载于《现代美国文学研究》1979 年第 2 期）、《评约翰·厄普代克的〈莱比特，跑吧〉》（载于《文史哲》1979 年第 6 期）、《斯太伦的新小说〈苏菲的抉择〉》（载于《书林》1980 年第 2 期）、《十年沧桑——评约翰·厄普代克的小说〈莱比特回来了〉》（载于《文史哲》1981 年第 2 期）、《尤金·奥尼金和他的四幕剧〈黄金〉》（载于《美国文学》1987 年第 2 期）、《尤金·奥尼尔的〈最初的人〉评介——纪念尤金·奥尼尔诞生一百周年》（载于《美国文学》1989 年第 2 期）等。

在俄国（苏联）文学研究方面，黄嘉德发表的论文包括《契诃夫的思想和创作》（与曾宪溥合撰，载于《文史哲》1954 年第 7 期）、《世界文学在苏联》（上、下）（载于《文史哲》1954 年第 10～11 期）。在德国文学研究方面，他发表的论文有《席勒的创作道路——纪念席勒逝世一百五十周年》（载于《文史哲》1955 年第 5 期）、《德国民主诗人海涅——纪念亨利·海涅逝世一百周年》（载于《文史哲》1956 年第 2 期）。在法国文学研究方面，他发表过《法国启蒙运动奠基者孟德斯鸠——纪念孟德斯鸠逝世二百周年》（载于《文史哲》1955 年第 2 期）与《司汤达和他的代表作〈红与黑〉》（载于《文史哲》1958 年第 3 期）两篇文章。在西班牙文学研究方面,他发表过《〈吉诃德先生传〉简论——纪念〈吉诃德先生传〉出版三百五十周年》(载于《文史哲》1955年第7期)。

此外,黄嘉德还发表过《由宗教唯心论到科学无神论——学习辩证唯物论和唯物辩证法的体会》(载于《文史哲》1955年第1期)、《要正确评价西方现代文学》(载于《现代美国文学研究》1979年第2期)、《关于提高英语教学质量的几点意见》(载于《山东外语教学》1980年第1期)、《应当进行实事求是的分析》(载于《文史哲》1980年第3期)等论文。

因其在外国文学研究方面取得的成绩,黄嘉德曾当选全国美国文学研究会理事,并被聘为山东省外国文学研究会与山东省比较文学学会的顾问。[①]

第四节　黄嘉德的翻译成就

目前所见,黄嘉德的翻译活动始于1933年。同年,他在《论语》第31期上发表了斯蒂芬·利科克(Stephen Leacock)的幽默短文《照相馆中》。此后,他几乎每年都在各种报纸杂志上发表大量译文,并有多种译著单行本出版。

1934年,黄嘉德在《论语》上发表了斯蒂芬·利科克的两篇幽默短文《外交事件》(第36期)与《医生与病人》(第43期),在《人间世》发表了多萝西·邓巴·布罗姆利(Dorothy Dunbar Bromley)的《法国的女人》(第15期)、《还债》(第15期)、《好孩子的后悔》(第16期)、劳拉尔·L. 斯特奇斯(Laural L. Sturgis)的《结婚第一年》(第17期),在商务印书馆《出版周刊》新第103期发表了赫理斯(Frank Harris)的《萧伯纳的两性观》。其中,《萧伯纳的两性观》一文是赫理斯所著《萧伯纳传》的部分内容。黄嘉德将该书全部译为中文,由商务印书馆于1934年8月出版,列入"汉译世界名著"丛书。这个译本十分流行,至1948年8月出至第六版。外国文学出版社也于1983年5月重排出版了该书。

1935—1949年,黄嘉德又陆续在《论语》、《人间世》、《宇宙风》、《妇人画报》、《西风》、《快乐家庭》、《西风副刊》、《西风精华》、《西书精华》、《战时记者》、《众生》、《西洋文学》、《作风》、《沙漠画报》、《健与力》、《书报精华》等杂志上发表了大量译文。其中,分量最大的无疑是W. H. 戴维斯(W. H. Davies)的《流浪者自传》(连载于《宇宙风》),以及萧伯纳的《萧伯纳情书》与林语堂的《生活的艺术》(均连载于《西风》)。此外,黄嘉德还有数篇译文被收入各种文集,如《现代创作分类文库(第十至十二集)》(中央图书公司1937年8月出版)收录的《贼》(戴维斯著)、《近人传记文选》(商务印书馆1938年2月出版)收录的《肖伯纳传二则》、《淡写人生》(智仁勇出版社1943出版)收录的《有意义的人生》等。

除了在报纸杂志上发表译文外,黄嘉德还有多种译著单行本陆续出版。1935年5月,萧伯纳的《乡村求爱》由商务印书馆出版,被列入"世界文学名著"丛书。1935年9月,美国学者麦理安(Charles Edward Merriam)所著《公民教育》亦由商务印书馆出版,列入中山

[①] 黄嘉德. 留美回忆 [C]// 山东省政协文史资料委员会. 山东文史资料选辑(第33辑). 济南:山东人民出版社,1992:110.

文化教育馆编辑的"中山文库"。1936 年 4 月,美国学者海士(Carlton J. H. Hayes)的《现代民族主义演进史》由商务印书馆出版,列入"中山文库"。1938 年 9 月,结束连载的《萧伯纳情书》由西风社结集出版。同年,美国学者高士(J. M. Gaus)的《英国公民教育》亦由商务印书馆出版,列入"公民教育丛书"。1939 年 11 月,结束连载的《流浪者自传》由西风社出版,列入"西风丛书"。1940 年 10 月,美国作家馥德夫人(Julia Ellsworth Ford)的《下场》亦由西风社出版。1941 年 2 月,林语堂的《生活的艺术》由西风社出版,封面标明为"特许全译本"。后来,有两家出版社未经黄嘉德许可就重排出版了这个译本,其实仅仅删去译者姓名与译者序,并对部分字句进行变动。这无疑是对黄嘉德翻译成果的无耻剽窃,但也从另一方面证明了其译本的影响力。

新中国成立后,受当时大环境的影响,黄嘉德的翻译活动急剧减少。他先是翻译了法国作家 A. 斯梯(Andre Stil)撰写的《战斗的作家》一文,载于《文史哲》1952 年第 6 期。此后,他陆续翻译了多篇苏联文艺理论与文艺批评文章,均发表在《文史哲》上,包括华西留斯卡(外文名不详)的《作家与艺术家对和平事业的贡献》(1954 年第 1 期)、B. 伊萨可夫(B. Izakov)的《法斯特的新著〈沙可与范捷第受难记〉》(1954 年第 4 期)、Y. 康特拉特叶夫(外文名不详)的《苏联关于英国文学史的论著》(1954 年第 4 期)、柯兹优拉(外文名不详)与西多罗夫(外文名不详)的《普列汉诺夫的美学观点》(1955 年第 12 期)。

"文革"期间,黄嘉德的翻译活动基本停止。"文革"结束后,黄嘉德才又继续翻译外国文献,但数量依旧不多。1979 年,他翻译了英国作家威廉·骚墨赛·毛姆(William Somerset Maugham)的短篇小说《风筝》。这篇译文先是跟曹庸译的《红毛》、屠珍译的《赴宴之前》与陈焘宇译的《舞男与舞女》一起,以《毛姆短篇小说四篇》为总题,发表在《世界文学》1979 年第 1 期上,后又收入李文俊主编的《世界文学精粹——四十年佳作(小说卷)》(浙江文艺出版社 1993 年 6 月出版)一书。

1980 年,黄嘉德翻译了爱尔兰作家詹姆斯·乔伊斯(James Joyce)的《悲痛的往事》,发表在《译林》1980 年第 4 期上,后又收入上海译文出版社于 1984 年 10 月出版的《都柏林人》一书中。

1981 年 2 月,商务印书馆出版了英国作家威廉·莫里斯的《乌有乡消息(附:〈梦见约翰·鲍尔〉)》,内含黄嘉德翻译的《乌有乡消息》与包玉珂翻译的《梦见约翰·鲍尔》,并将其列入"汉译世界学术名著"丛书。

1984 年,黄嘉德翻译了联邦德国学者弗·丹宁豪斯(Friedhelm Denninghaus)的《论萧伯纳与莎士比亚——萧伯纳的决定论与莎士比亚的唯意志论》一文,发表在《外国文学季刊》1984 年第 1～2 期合刊上。此外,1983—1984 年,以黄嘉德为主译人员的山东大学外文系英语教师集体用了一年的时间翻译了美国学者 C. E. 布莱克(C. E. Black)与 E. C. 赫尔姆赖克(E. C. Helmreich)合著的《二十世纪欧洲史》一书,由人民出版社于 1984 年 4 月出版,该书后来获得山东省高校社科优秀成果一等奖。[①]不过,该译本出版时仅署名"山东大学外文系英语翻译组译"、"黄嘉德校"。

① 李乃坤. 黄嘉德先生与萧伯纳研究 [J]. 文史哲,2011(5):255.

1986 年，黄嘉德翻译了美国学者阿瑟•密勒（Arthur Miller）的《作家多，戏剧少》一文，先是刊登在山东大学美国现代文学研究所主办的《美国文学》1986 年第 2 期（总第 18 期）（山东大学出版社 1986 年出版），后又收入文化艺术出版社于 1988 年 6 月出版的《阿瑟•密勒论戏剧》一书中。

大约在 1988 年，黄嘉德翻译了美国作家尤金•奥尼尔的《黄金》与《最初的人》，后收入郭继德编、人民文学出版社于 2006 年 8 月出版的《奥尼尔文集（第 2 卷）》。

此外，黄嘉德还曾将林语堂的多种英文著述译成中文，但基本上都是在其逝世之后才正式出版。其中，《吾国与吾民》先由东北师范大学出版社于 1994 年 11 月出版，列为《林语堂名著全集第 20 卷》，后由陕西师范大学出版社于 2006 年 2 月出版，列入"林语堂文集"。《孔子的智慧》与《老子的智慧》均由陕西师范大学出版社于 2004 年 5 月出版，列入"林语堂文集"。2009 年 4 月，当代世界出版社也出版了黄嘉德翻译的《吾国与吾民》《孔子的智慧》与《老子的智慧》。

因其在翻译实践方面取得的丰硕成果，黄嘉德在 1951 年就被吸收为上海翻译工作者协会会员。[①]1979 年 9 月，他加入了中国作家协会。1984 年以后，他还受聘担任了山东省翻译工作者协会顾问。[②]

第五节　黄嘉德的翻译观

在上海圣约翰大学教授翻译课程时，黄嘉德就开始收集材料，至 1939 年 10 月编选完毕，[③]结集为《翻译论集》，由西风社于 1940 年 1 月出版。该书收录了严复、林语堂、胡适、周作人、傅斯年、艾伟、鲁迅、曾虚白、陈西滢、吴稚晖、郭沫若、朱经农、吴挚甫、胡以鲁、容挺公、章行严、曾孟朴、成仿吾、刘半农、郑鹤声与郑鹤春等名家的译论，因而在很大程度上代表了清末与民国时期中国翻译理论发展的最高水平。虽然书中并未收入他本人的译论，但黄嘉德在其撰写的编者序中其实也论及了翻译问题。该文同时还以《〈翻译论集〉编者序》为题发表在 1940 年 1 月 1 日出版的《西风》第 41 期上。

黄嘉德在文中强调翻译的文化功能。他指出，通过翻译活动，既可以把本国文化介绍到外国，使对方认识本国文化的真实面目，也可以将外国文化输入进来，用以改造本国固有文化，使之进步、完善。[④]

关于译者应当具备的基本素质，黄嘉德也有所阐述。他认为，译者应当"能够理解，并且能够运用，两种或两种以上的语言文字"，并拥有"冷静的头脑，忍耐的精神，苦干的毅

① 黄嘉德. 留美回忆 [C]// 山东省政协文史资料委员会. 山东文史资料选辑（第 33 辑）. 济南：山东人民出版社，1992：110；《中国社会科学家辞典》（现代卷）编委会. 中国社会科学家辞典（现代卷）[M]. 兰州：甘肃人民出版社，1986：72.

② 林煌天. 中国翻译词典 [M]. 武汉：湖北教育出版社，1997：298.

③ 黄嘉德. 编者序 [C]// 黄嘉德. 翻译论集. 上海：西风社，1940：VII，X.

④ 同③：V.

力,忠实的态度,和负责的心机",才能胜任翻译。他指出,译者不仅需要具备充分的修养,还需要经过严格的训练,才能做到熟能生巧、触类旁通、运笔自如。①

黄嘉德还高度强调理论指导对于译者从事翻译活动的重要性。他指出:"从事翻译者在这过程中,不能缺少理论的指导。没有理论的指导,正如盲人骑瞎马,横冲直撞,结果必不能十分顺利圆满。别人在这方面的经验,理解,推论,研究,是极有参考的价值的。这种指导可使从事翻译者省却许多不必要的'尝试而错误'的程序。"所以,他认为,《翻译论集》收录的文章有助于读者增强对翻译的原理、方法与历史等方面的认识,并在翻译实践上间接受益。②

1982年5月3日,黄嘉德撰写了《翻译经验谈》一文,后收入王寿兰编选的《当代文学翻译百家谈》(北京大学出版社1989年出版)一书。黄嘉德在文中进一步阐述了他对翻译的认识。他给翻译下了一个定义,即:"翻译是用一种语言去表达另一种语言的思想内容的艺术。"他还总结了英译汉译者必须具备的五个基本条件,即:"(一)熟练运用汉语的能力;(二)真正理解英语原文的涵义;(三)把汉英两种语言进行对比,用汉语的词法和句法正确地、通顺地、流畅地表达英语原文的涵义;(四)懂得所译的专业;(五)具有专业以外的广博知识。"黄嘉德还指出,译者必须通过实践来提高其翻译技巧,同时还需要从翻译理论与翻译家的经验之谈中汲取养分。③

1983—1984年,在领衔翻译《二十世纪欧洲史》一书时,黄嘉德向其他译者指出,翻译该书的总原则是要"做到信、达、雅,艺术地再现原作"。在译文风格方面,他则主张"形神并重,形与神合"。④

▊ 附:黄嘉德翻译成果一览

一、译著

1.《萧伯纳传》,赫理斯著,黄嘉德译,商务印书馆1934年8月出版,1948年8月出至第六版,列入"汉译世界名著"丛书。外国文学出版社1983年5月重排出版。

2.《乡村求爱》,萧伯纳著,黄嘉德译,商务印书馆1935年5月出版,列入"世界文学名著"丛书。

3.《公民教育》,麦理安著,黄嘉德译,商务印书馆1935年9月出版,列入中山文化教育馆编辑的"中山文库"。

4.《现代民族主义演进史》,海士著,黄嘉德译,商务印书馆1936年4月出版,列入中山文化教育馆编辑的"中山文库"。

---

① 黄嘉德. 编者序 [C]// 黄嘉德. 翻译论集. 上海:西风社,1940:V-VI.
② 同①:VI-VII.
③ 黄嘉德. 翻译经验谈 [C]// 王寿兰. 当代文学翻译百家谈. 北京:北京大学出版社,1989:750-751.
④ 李乃坤. 黄嘉德先生与萧伯纳研究 [J]. 文史哲,2011(5):255.

5.《萧伯纳情书》,萧伯纳著,黄嘉德编译,西风社 1938 年 9 月出版。香港中英图书公司 1961 年 2 月重排出版。山东大学出版社 1985 年 7 月重排出版。

6.《英国公民教育》,高士著,黄嘉德译,商务印书馆 1938 年出版,列入"公民教育丛书"。

7.《流浪者自传》,戴维斯著,黄嘉德译,西风社 1939 年 11 月出版,至 1940 年 11 月出至第三版,列入"西风丛书"。

8.《下场》,馥德夫人著,黄嘉德译,西风社 1940 年 10 月出版。

9.《生活的艺术》,林语堂著,黄嘉德译,西风社 1941 年 2 月出版。

10.《乌有乡消息(附:〈梦见约翰·鲍尔〉)》,威廉·莫里斯著,黄嘉德、包玉珂译,商务印书馆 1981 年 2 月出版。

11.《吾国与吾民》,林语堂著,黄嘉德译,东北师范大学出版社 1994 年 11 月出版,为《林语堂名著全集第 20 卷》。

12.《孔子的智慧》,林语堂著,黄嘉德译,陕西师范大学出版社 2004 年 5 月出版。

13.《老子的智慧》,林语堂著,黄嘉德译,陕西师范大学出版社 2004 年 5 月出版。

二、收入各类文集的译文

1.《贼》,戴维斯著,黄嘉德译,载于洪子良编选的《现代创作分类文库(第十至十二集)》(中央图书公司 1937 年 8 月出版)。

2.《肖伯纳传二则》,赫理斯著,黄嘉德译,载于张越瑞选辑《近人传记文选》(商务印书馆 1938 年 2 月出版,列入张谷音、王云五与张寄岫主编的"中学国文补充读本"丛书)。

3.《有意义的人生》,朱利安·赫胥黎(Julian Huxley)著,黄嘉德译,载于《淡写人生》(智仁勇出版社 1943 年出版)。

4.《悲痛的往事》,黄嘉德译,载于乔伊斯著、孙梁等译《都柏林人》(上海译文出版社 1984 年 10 月出版,列入"外国文艺丛书")。

5.《作家多,戏剧少》,阿瑟·密勒著,黄嘉德译,原载于山东大学美国现代文学研究所主办、吴富恒与陆凡主编的《美国文学》1986 年第 2 期(总第 18 期)(山东大学出版社 1986 年出版),后载于郭继德等译的《阿瑟·密勒论戏剧》(文化艺术出版社 1988 年 6 月出版,列入"外国戏剧研究资料丛书")。

6.《风筝》,威廉·骚墨赛·毛姆著,黄嘉德译,载于李文俊主编《世界文学精粹——四十年佳作(小说卷)》(浙江文艺出版社 1993 年 6 月出版)。

7.《黄金》,尤金·奥尼尔著,黄嘉德译,载于郭继德编《奥尼尔文集(第 2 卷)》(人民文学出版社 2006 年 8 月出版)。

8.《最初的人》,尤金·奥尼尔著,黄嘉德译,载于郭继德编《奥尼尔文集(第 2 卷)》(人民文学出版社 2006 年 8 月出版)。

三、报刊译文

（一）载于《论语》的译文

1.《照相馆中》，斯蒂芬·利科克著，黄嘉德译，载于《论语》1933 年第 31 期。

2.《外交事件》，斯蒂芬·利科克著，黄嘉德译，载于《论语》1934 年第 36 期。

3.《医生与病人》，斯蒂芬·利科克著，黄嘉德译，载于《论语》1934 年第 43 期。

4.《小儿制造厂》，奥尔德斯·赫胥黎（Aldous Huxley）作，黄嘉德译，载于《论语》1935 年第 56 期。

5.《中彩票》，柴霍甫（Anton Chekhov）著，蓝萍心译，载于《论语》1935 年第 56 期。

（二）载于《人间世》的译文

1.《法国的女人》，多萝西·邓巴·布罗姆利著，黄嘉德译，载于《人间世》1934 年第 15 期。

2.《还债》，黄嘉德译，载于《人间世》1934 年第 15 期。

3.《好孩子的后悔》，黄嘉德译，载于《人间世》1934 年第 16 期。

4.《结婚第一年》，劳拉尔·L. 斯特奇斯著，黄嘉德译，载于《人间世》1934 年第 17 期。

5.《美国女大学生》，E. F. 巴纳德（E. F. Barnard）著，默然译，载于《人间世》1935 年第 19 期。

6.《卖文为生》，安·莫尔斯（Ann Morse）著，黄嘉德译，载于《人间世》1935 年第 19 期。

7.《德国拘留所的奇遇》，蓝萍心译，载于《人间世》1935 年第 19 期。

8.《监狱之夜》，维克多·F. 尼尔森（Victor F. Nelson）著，黄嘉德译，载于《人间世》1935 年第 21 期。

9.《军火机关的内幕》，蓝萍心译，载于《人间世》1935 年第 22 期。

10.《国际军火机关》，J. G. 布瓦西埃（J. G. Boissiere）、勒内·勒菲弗尔（Rene Lefebvre）著，黄嘉德译，载于《人间世》1935 年第 22 期。

11.《科学的讯鞫》，亨利·莫顿·罗宾逊（Henry Morton Robinson）著，黄嘉德译，载于《人间世》1935 年第 25 期。

12.《政治家教员与学校课本》，P. A. 诺尔顿（P. A. Knowlton）著，黄嘉德译，载于《人间世》1935 年第 25 期。

13.《口头宣传的生意经》，莱昂内尔·豪泽（Lionel Houser）著，蓝萍心译，载于《人间世》1935 年第 28 期。

14.《无辜受刑记》，M. 马基（M. Markey）著，默然译，载于《人间世》1935 年第 30 期。

15.《英法司法的比较》，皮埃尔·米尔（Pierre Mille）著，黄嘉德译，载于《人间世》1935 年第 35 期。

16.《天使寻萧记》，马丢斯（W. R. Matthews）著，黄嘉德译，载于《人间世》1935 年第 36 期。

17.《天使寻萧记》（二），马丢斯著，黄嘉德译，载于《人间世》1935 年第 37 期。

18.《班禅活佛访问记》，一个上海通信员著，黄嘉德译，载于《人间世》1935 年第 40 期。

19.《忆莫泊桑》，曼世（Axel Munthe）著，黄嘉德译，载于《人世间》1939 年第 1 期。

（三）载于《宇宙风》的译文

1.《流浪者自传》（一）（序），戴维斯著，黄嘉德译，载于《宇宙风》1935 年第 1 期。

2.《流浪者自传》（二），戴维斯著，黄嘉德译，载于《宇宙风》1935 年第 2 期。

3.《流浪者自传》（三）（第一章　幼年时代），戴维斯著，黄嘉德译，载于《宇宙风》1935 年第 3 期。

4.《流浪者自传》（四）（第二章　少年时代），戴维斯著，黄嘉德译，载于《宇宙风》1935 年第 4 期。

5.《流浪者自传》（五）（第三章　壮年时代），戴维斯著，黄嘉德译，载于《宇宙风》1935 年第 5 期。

6.《流浪者自传》（六）（第四章　布伦），戴维斯著，黄嘉德译，载于《宇宙风》1935 年第 6 期。

7《流浪者自传》（七）（第五章　流浪者的暑假），戴维斯著，黄嘉德译，载于《宇宙风》1935 年第 7 期。

8.《流浪者自传》（八）（第六章　趁夜车），戴维斯著，黄嘉德译，载于《宇宙风》1936 年第 8 期。

9.《流浪者自传》（九）（第七章　美国的法律），戴维斯著，黄嘉德译，载于《宇宙风》1936 年第 9 期。

10.《流浪者自传》（一○）（第八章　自判自的犯人），戴维斯著，黄嘉德译，载于《宇宙风》1936 年第 10 期。

11.《流浪者自传》（一一）（第九章　摘果实），戴维斯著，黄嘉德译，载于《宇宙风》1936 年第 11 期。

12.《流浪者自传》（一二）（第十章　牲畜转运局），戴维斯著，黄嘉德译，载于《宇宙风》1936 年第 13 期。

13.《流浪者自传》（一三）（第十一章　一个奇怪的看牛工人），戴维斯著，黄嘉德译，载于《宇宙风》1936 年第 14 期。

14.《流浪者自传》（一四）（第十二章　贼），戴维斯著，黄嘉德译，载于《宇宙风》1936 年第 15 期。

15.《流浪者自传》（一五）（第十三章　运河），戴维斯著，黄嘉德译，载于《宇宙风》1936 年第 16 期。

16.《流浪者自传》（一六）（第十四章　棚船），戴维斯著，黄嘉德译，载于《宇宙风》1936 年第 17 期。

17.《流浪者自传》（一七）（第十五章　私刑），戴维斯著，黄嘉德译，载于《宇宙风》1936 年第 18 期。

18.《流浪者自传》（一八）（第十六章　野营），戴维斯著，黄嘉德译，载于《宇宙风》1936 年第 19 期。

19.《流浪者自传》（一九）（第十七章　回家），戴维斯著，黄嘉德译，载于《宇宙风》1936年第21期。

20.《流浪者自传》（二〇）（第十八章　重上旅途），戴维斯著，黄嘉德译，载于《宇宙风》1936年第22期。

21.《流浪者自传》（二一）（第十九章　黑暗中的声音），戴维斯著，黄嘉德译，载于《宇宙风》1936年第23期。

22.《流浪者自传》（二二）（第二十章　厚遇），戴维斯著，黄嘉德译，载于《宇宙风》1936年第24期。

23.《流浪者自传》（二三）（第二十一章　伦敦），戴维斯著，黄嘉德译，载于《宇宙风》1936年第27期。

24.《流浪者自传》（二四）（第二十二章　救世军宿舍），戴维斯著，黄嘉德译，载于《宇宙风》1936年第28期。

25.《流浪者自传》（二五）（第二十三章　唱歌求乞），戴维斯著，黄嘉德译，载于《宇宙风》1936年第29期。

26.《流浪者自传》（二六）（第二十四章　每况愈下），戴维斯著，黄嘉德译，载于《宇宙风》1936年第30期。

27.《流浪者自传》（二七）（第二十五章　佃舍里的人物），戴维斯著，黄嘉德译，载于《宇宙风》1936年第31期。

28.《流浪者自传》（二八）（第二十六章　雨和穷），戴维斯著，黄嘉德译，载于《宇宙风》1937年第32期。

29.《流浪者自传》（二九）（第二十七章　泡影），戴维斯著，黄嘉德译，载于《宇宙风》1937年第33期。

30.《流浪者自传》（三〇）（第二十八章　再度流浪），戴维斯著，黄嘉德译，载于《宇宙风》1937年第34期。

31.《流浪者自传》（三一）（第二十九章　一天的伴侣），戴维斯著，黄嘉德译，载于《宇宙风》1937年第35期。

32.《流浪者自传》（三二）（第三十章　红运高照），戴维斯著，黄嘉德译，载于《宇宙风》1937年第36期。

33.《流浪者自传》（三三）（第三十一章　叫化门槛），戴维斯著，黄嘉德译，载于《宇宙风》1937年第37期。

34.《流浪者自传》（三四）（第三十二章　雨过天晴），戴维斯著，黄嘉德译，载于《宇宙风》1937年第38期。

35.《流浪者自传》（三五）（第三十三章　大功告成），戴维斯著，黄嘉德译，载于《宇宙风》1937年第39期。

36.《流浪者自传》（三六）（第三十四章　吉屋召租），戴维斯著，黄嘉德译，载于《宇宙风》1937年第40期。

（四）载于《西风》的译文

1.《洋鬼子眼中的中国人》，亨利·米修（Henri Michaux）著，嘉德译，载于《西风》1936年第1期。

2.《童话作家安徒生》，西涅·托克斯维格（Signe Toksvig）编著，黄嘉德译，载于《西风》1936年第1期。

3.《医院疗疾记》，C. W. W. 口述，埃德纳·B. 曼恩（Edna B. Mann）记录，蓝萍心译，载于《西风》1936年第1期，又载于《西风精华》1938年第1册。

4.《破坏罢工的机关》，爱德华·莱文森（Edward Levinson）著，默然译，载于《西风》1936年第1期。

5.《华人与洋化的华人》，布克夫人（Pearl S. Buck，即赛珍珠）著，萍心译，载于《西风》1936年第2期。

6.《〈萧伯纳情书〉序》，萧伯纳著，黄嘉德节译，载于《西风》1936年第2期。

7.《出狱的大学士》，蓝萍心译，载于《西风》1936年第2期，又载于《西风精华》1938年第1册。

8.《不屈不挠的居里夫》，伯纳德·贾菲（Bernard Jaffe）著，黄嘉德译，载于《西风》1936年第2期。

9.《破坏罢工的魔王》，默然译，载于《西风》1936年第2期。

10.《北京的街灯》，凯瑟琳·米切尔（Katherine Mitchell）著，默然译，载于《西风》1936年第3期。

11.《〈萧伯纳情书〉原序》（续完），萧伯纳著，黄嘉德节译，载于《西风》1936年第3期。

12.《怎样认识自己》，蓝萍心译，载于《西风》1936年第3期，又载于《飞燕丛刊》1940年第1期。

13.《节育专家山额夫人》，吉纳维芙·帕克赫斯特（Genevieve Parkhurst）著，黄嘉德译，载于《西风》1936年第3期。

14.《纽约的贪官污吏》，约翰·贝克利斯（John Bakeless）著，默然译，载于《西风》1936年第3期。

15.《萧伯纳情书》，萧伯纳著，黄嘉德译，载于《西风》1936年第4期。

16.《美国总统罗斯福》，黄嘉德译，载于《西风》1936年第4期。

17.《国联内景》，一个日内瓦人著，蓝萍心译，载于《西风》1936年第4期。

18.《萧伯纳情书》，萧伯纳著，黄嘉德译，载于《西风》1937年第5期。

19.《文明国的酷刑》，默然译，载于《西风》1937年第5期，又载于《月报》1937年第1卷第1期、《西风精华》1938年第1册。

20.《现代教育奇迹》，阿尔伯特·爱德华·韦更（Albert Edward Wiggam）著，蓝萍心译，载于《西风》1937年第6期。

21.《萧伯纳情书》，萧伯纳著，黄嘉德译，载于《西风》1937年第6期。

22.《相对论者爱因斯坦》，阿尔瓦·约翰斯顿（Alva Johnston）著，载于《西风》1937年第 6 期，又载于《西风精华》1938 年第 1 册。

23.《谎言检查器》，亨利·F. 普林格尔（Henry F. Pringle）著，默然译，载于《西风》1937 年第 6 期。

24.《钞票狂》，让·吉奥诺（Jean Giono）著，嘉德译，载于《西风》1937 年第 7 期，又载于《西风精华》1938 年第 1 册。

25.《萧伯纳情书》，萧伯纳著，黄嘉德译，载于《西风》1937 年第 7 期。

26.《何必生小孩》，蓝萍心译，载于《西风》1937 年第 7 期。

27.《洋鬼子的暴行》，默然译，载于《西风》1937 年第 7 期，又载于《西风精华》1938 年第 1 册。

28.《盗窃教育》，阿尔伯特·马尔兹（Albert Maltz）著，蓝萍心译，载于《西风》1937 年第 7 期。

29.《萧伯纳情书》，萧伯纳著，黄嘉德译，载于《西风》1937 年第 8 期。

30.《监狱内景》，奥斯汀·H. 麦考密克（Austin H. MacCormick）著，蓝萍心译，载于《西风》1937 年第 8 期。

31.《中国人与美国人》，索克思（George E. Sokolsky，又译为乔治·E. 索科尔斯基）著，嘉德译，载于《西风》1937 年第 9 期。

32.《萧伯纳情书》，萧伯纳著，黄嘉德译，载于《西风》1937 年第 9 期。

33.《我的中国老师》，纳桑尼尔·佩弗（Nathaniel Peffer）著，默然译，载于《西风》1937 年第 10 期，又载于《沙漠画报》1941 年第 4 卷第 28 期。

34.《萧伯纳情书》，萧伯纳著，黄嘉德译，载于《西风》1937 年第 10 期。

35.《四万万主顾》，卡尔·克罗（Carl Crow）著，默然译，载于《西风》1937 年第 11 期。

36.《萧伯纳情书》，萧伯纳著，黄嘉德译，载于《西风》1937 年第 11 期。

37.《狱中蜜月》，D. F. 维基茨（D. F. Wickets）著，蓝萍心译，载于《西风》1937 年第 11 期，又载于《沙漠画报》1941 年第 4 卷第 48 期。

38.《世界怪人列传》，欧文·华莱士（Irving Wallace）著，蓝萍心译，载于《风》1937 年第 12 期，又载于《飞燕丛刊》1940 年第 4 期。

39.《萧伯纳情书》，萧伯纳著，黄嘉德译，载于《西风》1937 年第 12 期。

40.《化病为福》，刘易斯·E. 毕什（Louis E. Bisch）著，黄嘉德译，载于《西风》1937 年第 12 期、1938 年第 18 期，又载于《西风精华》1939 年第 2 册、《沙漠画报》1941 年第 4 卷第 5 期。

41.《中国人的抗战精神》，M. J. 廷珀利（M. J. Timperley）著，黄嘉德译，载于《西风》1937 年第 13 期。

42.《美国苛捐杂税》，默然译，载于《西风》1937 年第 13 期，又载于《沙漠画报》1940 年第 3 期。

43.《萧伯纳情书》，萧伯纳著，黄嘉德译，载于《西风》1937 年第 13 期。

44.《萧伯纳情书》，萧伯纳著，黄嘉德译，载于《西风》1937 年第 14 期。

45.《二次欧战会暴发吗？》，路德维格·洛尔（Ludwig Lore）著，黄嘉德译，载于《西风》

1937 年第 15 期。

46.《苏联的间谍恐怖》，S. 乌拉诺夫（S. Uranov）著，默然译，载于《西风》1937 年第 15 期。

47.《萧伯纳情书》，萧伯纳著，黄嘉德译，载于《西风》1937 年第 15 期。

48.《报纸大王》，L. 马丁（L. Martin）著，黄嘉德译，载于《西风》1937 年第 16 期。

49.《萧伯纳情书》，萧伯纳著，黄嘉德译，载于《西风》1937 年第 16 期。

50.《萧伯纳情书》，萧伯纳著，黄嘉德译，载于《西风》1937 年第 17 期。

51.《告文学青年》，薇拉·布里顿（Vera Brittain）著，默然译，载于《西风》1937 年第 17 期。

52.《现代女子与贞操》，玛格丽特·卡尔金·班宁（Margaret Culkin Banning）著，蓝萍心译，载于《西风》1938 年第 18 期，又载于《西风精华》1939 年第 2 期、《沙漠画报》1940 年第 3 卷第 16 期。

53.《监狱岛》，詹姆斯·萨克逊·奇德斯（James Saxon Chiders）著，默然译，载于《西风》1938 年第 18 期，又载于《沙漠画报》1940 年第 3 卷第 16 期。

54.《萧伯纳情书》，萧伯纳著，黄嘉德译，载于《西风》1938 年第 18 期。

55.《慈善机关黑幕》，凯瑟琳·克罗斯（Kathryn Close）著，默然译，载于《西风》1938 年第 19 期。

56.《得业失业记》，汉斯·法拉达（Hans Fallada）著，黄嘉德译，载于《西风》1938 年第 19 期。

57.《麻风病人的哀音》，让·蒙迪迪耶（Jean Montdider）著，蓝萍心译，载于《西风》1938 年第 19 期，又载于《沙漠画报》1942 年第 5 卷第 1 期。

58.《萧伯纳情书》，萧伯纳著，黄嘉德译，载于《西风》1938 年第 19 期。

59.《寄亡夫》，米娜·多蒂斯（Mina Dortis）著，蓝萍心译，载于《西风》1938 年第 20 期，又载于《西风精华》1939 年第 2 册。

60.《电刑目击记》，查尔斯·弗朗西斯·波特（Charles Francis Potter）著，黄嘉德译，载于《西风》1938 年第 20 期，又载于《西风精华》1939 年第 2 册。

61.《萧伯纳情书》，萧伯纳著，黄嘉德译，载于《西风》1938 年第 20 期。

62.《舞男》，埃塞尔·曼宁（Ethel Mannin）著，默然译，载于《西风》1938 年第 21 期，又载于《沙漠画报》1940 年第 3 卷第 3 期。

63.《萧伯纳情书》，萧伯纳著，黄嘉德译，载于《西风》1938 年第 21 期。

64.《生活的艺术》（一），林语堂著，黄嘉德译，载于《西风》1938 年第 22 期。

65.《疯狂的世界》，默然译，载于《西风》1938 年第 22 期，又载于《战时记者》1938 年第 1 期（创刊号）。

66.《萧伯纳情书》，萧伯纳著，黄嘉德译，载于《西风》1938 年第 22 期。

67.《生活的艺术》（二），林语堂著，黄嘉德译，载于《西风》1938 年第 23 期。

68.《战地娼妓》，H. C. 恩格尔布莱希特（H. C. Engelbrecht）著，默然译，载于《西风》1938 年第 23 期，又载于《西风精华》1939 年第 2 册。

69.《生活的艺术》（三），林语堂著，黄嘉德译，载于《西风》1938 年第 24 期。

70.《生活的艺术》(四),林语堂著,黄嘉德译,载于《西风》1938年第25期。

71.《生活的艺术》(五),林语堂著,黄嘉德译,载于《西风》1938年第26期。

72.《生活的艺术》(六),林语堂著,黄嘉德译,载于《西风》1938年第27期。

73.《生活的艺术》(七),林语堂著,黄嘉德译,载于《西风》1938年第28期。

74.《生活的艺术》(八),林语堂著,黄嘉德译,载于《西风》1939年第29期。

75.《伟大的人》,刘易斯·E. 毕什著,黄嘉德译,载于《西风》1939年第29期,又载于《飞燕丛刊》1940年第1期。

76.《生活的艺术》(九),林语堂著,黄嘉德译,载于《西风》1939年第30期。

77.《生活的艺术》(十),林语堂著,黄嘉德译,载于《西风》1939年第31期。

78.《蛮人养成所》,埃里卡·曼恩(Erika Mann),默然译,载于《西风》1939年第31期。

79.《生活的艺术》(十一),林语堂著,黄嘉德译,载于《西风》1939年第32期。

80.《生活的艺术》(十二),林语堂著,黄嘉德译,载于《西风》1939年第33期。

81.《明日的世界》,H. G. 威尔斯(H. G. Wells)著,黄嘉德译,载于《西风》1939年第34期。

82.《生活的艺术》(十三),林语堂著,黄嘉德译,载于《西风》1939年第34期。

83.《生活的艺术》(十四),林语堂著,黄嘉德译,载于《西风》1939年第35期。

84.《干吗自杀》,刘易斯·E. 毕什著,黄嘉德译,载于《西风》1939年第36期,又载于《飞燕丛刊》1940年第3期、《西风精华》1940年第3册。

85.《生活的艺术》(十五),林语堂著,黄嘉德译,载于《西风》1939年第36期。

86.《罗丹的结婚》,安纳尔·莱斯利(Annel Lesilie)著,黄嘉德译,载于《西风》1939年第37期,后以《罗丹结婚》为题载于《沙漠画报》1942年第5卷第2期。

87.《生活的艺术》(十六),林语堂著,黄嘉德译,载于《西风》1939年第37期。

88.《有意义的人生》,裘利安·赫胥黎著,黄嘉德译,载于《西风》1939年第38期,又载于《西风精华》1940年第3册、《天地间》1940年第2期、《飞燕丛刊》1940年第1期。

89.《生活的艺术》(十七),林语堂著,黄嘉德译,载于《西风》1939年第38期。

90.《生活的艺术》(十八),林语堂著,黄嘉德译,载于《西风》1939年第39期。

91.《野蛮的文明人》,哈里·查兰·穆科吉(Hari Charan Mukerji)著,黄嘉德译,载于《西风》1939年第40期,又载于《西风精华》1940年第3册。

92.《生活的艺术》(十九),林语堂著,黄嘉德译,载于《西风》1939年第40期。

93.《生活的艺术》(二十),林语堂著,黄嘉德译,载于《西风》1940年第41期。

94.《象牙塔外》,蓝萍心译,载于《西风》1940年第41期,又载于《沙漠画报》1943年第6卷第12期。

95.《生活的艺术》(二十一),林语堂著,黄嘉德译,载于《西风》1940年第42期。

96.《欧洲的前途》,詹姆斯·B. 雷斯顿(James B. Reston)著,黄嘉德译,载于《西风》1940年第43期,又载于《华南公论》1940年第2卷第4期。

97.《生活的艺术》(二十二),林语堂著,黄嘉德译,载于《西风》1940年第43期。

98.《娼妓与嫖客》,W. 贝伦·伍尔夫(W. Beran Wolfe)著,蓝萍心译,载于《西风》

1940 年第 44 期。

99.《生活的艺术》（二十三），林语堂著，黄嘉德译，载于《西风》1940 年第 44 期。

100.《生活的艺术》（二十四），林语堂著，黄嘉德译，载于《西风》1940 年第 45 期。

101.《生活的艺术》（二十五），林语堂著，黄嘉德译，载于《西风》1940 年第 46 期。

102.《黎明前的黑暗》，R. H. 莫厄特（R. H. Mowat）著，黄嘉德译，载于《西风》1940 年第 47 期。

103.《生活的艺术》（二十六），林语堂著，黄嘉德译，载于《西风》1940 年第 47 期。

104.《生活的艺术》（二十七），林语堂著，黄嘉德译，载于《西风》1940 年第 48 期。

105.《生活的艺术》（二十八），林语堂著，黄嘉德译，载于《西风》1940 年第 49 期。

106.《生活的艺术》（二十九），林语堂著，黄嘉德译，载于《西风》1940 年第 50 期。

107.《生活的艺术》（三十），林语堂著，黄嘉德译，载于《西风》1940 年第 51 期。

108.《生活的艺术》（三十一），林语堂著，黄嘉德译，载于《西风》1940 年第 52 期。

109.《生活的艺术》（三十二），林语堂著，黄嘉德译，载于《西风》1941 年第 53 期。

110.《生活的艺术》（三十三），林语堂著，黄嘉德译，载于《西风》1941 年第 54 期。

111.《生活的艺术》（三十四），林语堂著，黄嘉德译，载于《西风》1941 年第 55 期。

112.《进化中的人类》，亨利·M. 刘易斯（Henry M. Lewis）著，载于《西风》1941 年第 61 期，又载于《沙漠画报》1941 年第 4 卷第 40 期。

113.《天才的培植》，布鲁斯·布利文（Bruce Bliven）著，默然译，载于《西风》1941 年第 61 期。

114.《甘地与尼赫鲁》，阿鲁普·辛格（Anup Singh）著，黄嘉德译，载于《西风》1941 年第 62 期。

115.《八十五岁的萧伯纳》，佐特（C. E. M. Joad）著，黄嘉德译，载于《西风》1941 年第 63 期。

116.《萧伯纳对美国人的宣言》，萧伯纳著，黄嘉德译，载于《西风》1941 年第 63 期。

117.《乱世哲学》，罗素（Bertrand Russell）著，黄嘉德译，载于《西风》1943 年第 65 期。

118.《延年益寿的新血清》，黄嘉德译，载于《西风》1944 年第 66 期。

119.《少年大学》，约翰·都尼士（John R. Tunis）著，黄嘉德译，载于《西风》1944 年第 67 期。

120.《中国与世界和平》，晏阳初著，黄嘉德译，载于《西风》1945 年第 81 期。

121.《关于人工受孕》，威廉·A. 利德盖特（William A. Lydgate）著，蓝萍心译，载于《西风》1945 年第 81 期。

122.《我所知道的美国人》，迦拉普（G. Gallup）著，黄嘉德译，载于《西风》1946 年第 82 期。

123.《不要等待明天》，伍尔夫（James D. Woolf）著，蓝萍心译，载于《西风》1946 年第 82 期，又载于《书报精华》1946 年第 16 期。

124.《当机立断》，莱亚特（Donald Laird）著，蓝萍心译，载于《西风》1946 年第 84 期。

125.《落伍的现代人类》，克新氏（Norman Cousins）著，黄嘉德译，载于《西风》1946 年第 84 期。

126.《结婚延长寿命！》，邓恩（Halbeit L. Dunn）著，蓝萍心译，载于《西风》1946 年第 85 期。

127.《人类在歧途上》，史汀生（Henry L. Stimson）著，黄嘉德译，载于《西风》1946 年第 87 期。

128.《女人终究是女人》，伟克卫尔（Francis Sill Wickware）著，蓝萍心译，载于《西风》1946 年第 89 期。

129.《少年早婚丑剧》，蓝萍心译，载于《西风》1947 年第 92 期。

130.《我的二姐》，林语堂著，黄嘉德译，载于《西风》1947 年第 93 期。

131.《出版事业国际化》，达雷·哈夫（Darrell Huff）、弗兰西斯·哈夫（Frances Huff）著，黄嘉德译，载于《西风》1947 年第 94 期。

132.《你要做男人还是女人》，堪朗（Poppy Cannon）著，蓝萍心译，载于《西风》1947 年第 94 期，又载于《现实文摘》1947 年第 1 卷第 4 期。

133.《教师罢教》，雷士（Bernard F. Riess）著，黄嘉德译，载于《西风》1947 年第 95 期。

134.《镇静的秘诀》，仑伯克（Margaret Lee Runbeck）著，蓝萍心译，载于《西风》1947 年第 96 期。

135.《美国婚姻真相》，路易斯·I. 都柏林（Louis I. Dublin）著，蓝萍心译，载于《西风》1949 年第 115 期。

136.《柏林女市长》，马默然译，载于《西风》1949 年第 115 期。

137.《奴隶贩卖》，约翰·刘易斯·卡弗（John Lewis Carver）著，蓝萍心译，载于《西风》1949 年第 116 期。

138.《罗米尔的下场》，华尔特伯爵夫人（Countess Waldeck）著，马默然译，载于《西风》1949 年第 116 期。

139.《为甚么会有娼妓》，布莱克·卡伯特（Black Cabot）著，马默然译，载于《西风》1949 年第 117 期。

（五）载于《西风副刊》的译文

1.《朴实的爱因斯坦》，埃德温·穆勒（Edwin Muller）著，默然译，载于《西风副刊》1938 年第 4 期，又载于《公余》1939 年复刊第 8 期。

2.《私生子族》，利利乌斯博士（Dr. Lilius）著，黄嘉德译，载于《西风副刊》1939 年第 6 期。

3.《不愿死的人》，鲍博·戴维斯（Bob Davis）著，黄嘉德译，载于《西风副刊》1939 年第 15 期。

4.《巴黎战时景象》，威廉·亨利·张伯伦（William Henry Chamberlain）著，黄嘉德译，载于《西风副刊》1939 年第 16 期。

（六）载于《西书精华》的译文

1.《活着的死人》，乔治·萨瓦（George Sava）著，蓝萍心译，载于《西书精华》1940 年第

1 期(创刊号)。

2.《人类的喜剧》,黄嘉德译,载于《西书精华》1940 年第 1 期(创刊号)。

3.《择业与从业的艺术》,威廉·J. 赖利(William J. Reily)著,黄嘉德译,载于《西书精华》1940 年第 2 期。

4.《乡村律师》,贝拉米·帕特里奇·豪斯(Bellamy Partridge House)著,黄嘉德译,载于《西书精华》1940 年第 3 期。

5.《我是瞎子》,爱丽丝·布雷茨(Alice Bretz)著,黄嘉德译,载于《西书精华》1940 年第 4 期。

6.《美国风光》,C. V. R. 汤普森(C. V. R. Thompson)著,黄嘉德译,载于《西书精华》1941 年第 6 期,又载于《读者文摘》1941 年第 1 期。

7.《你的婚姻》,N. E. 海姆斯(N. E. Himes)著,蓝萍心译,载于《西书精华》1941 年第 5 期。

8.《发明家自传》,蒲品(Michael Idvorsky Pupin)著,黄嘉德译,载于《西书精华》1941 年第 7 期。

(七)载于《妇人画报》的译文

1.《1934 年型的美国女大学生》,阿尔扎达·康姆斯托克(Alzada Comstock)著,黄嘉德译,载于《妇人画报》1934 年第 14 期。

2.《怎样向儿童讲故事》,海波士夫人(Mrgaret Stroh Hipps,音译为玛格丽特·斯特罗·希普斯)著,黄嘉德译,载于《妇人画报》1935 年第 28 期。

3.《梅蕙丝谈男人》,黄嘉德译,载于《妇人画报》1935 年第 31 期。

4.《今日美国的妇女运动与职业妇女(欧美妇女的新动向之二)》,吉纳维芙·帕克赫斯特著,黄嘉德译,载于《妇人画报》1935 年第 32 期。

(八)载于民国期间其他杂志的译文

1.《萧伯纳的两性观》,F. 哈里斯著,黄嘉德译,载于商务印书馆《出版周刊》1934 年新第 103 期。

2.《被讨厌的艺术》,西莱尔·贝洛克(Hilaire Belloc)著,黄嘉德译,载于《华安》1934 年第 2 卷第 10 期。

3.《九死一生的献技者》,乔·博诺莫(Joe Bonomo)著,黄嘉德译,载于《快乐家庭》1936 年第 1 卷第 4 期。

4.《中国要靠自己》,兰达尔·古德(Randall Goud)著,黄嘉德译,载于《宇宙风·逸经·西风》1937 年第 1 期(创刊号)。

5.《中国决心自救》,宋美龄著,黄嘉德译,载于《宇宙风·逸经·西风》1937 年第 3 期。

6.《疯狂的世界》,默然译,载于《战时记者》1938 年第 1 期(创刊号)。

7.《一支粉笔——现代西洋小品文杰作选之一》,G. K. 切斯特顿(G. K. Chesterton)著,黄嘉德译,载于《众生》1938 年第 2 期。

8.《记日记的习惯——现代西洋小品文杰作选之二》，A. A. 米尔恩（A. A. Milne）著，黄嘉德译，载于《众生》1938 年第 3 期。

9.《船上小景》，威廉·萨默塞特·毛姆著，黄嘉德译，载于《西洋文学》1940 年第 1 期。

10.《以"慈善"为生活的人们》，凯瑟琳·克罗斯著，默然译，载于《沙漠画报》1940 年第 3 卷第 5 期。

11.《祖父之死：独幕讽刺喜剧》，斯坦利·霍顿（Stanley Houghton）著，黄嘉德译，载于《作风》1941 年第 1 期（创刊号）。

12.《我怎样发达我的臂部》，J. C. 格里米克（J. C. Grimek）著，嘉德摘译，载于《健与力》1941 年第 3 卷第 7 期。

13.《你能够胜任这个程序么？》，杰克·拉塞尔（Jack Russell）著，嘉德节译，载于《健与力》1941 年第 3 卷第 8 期。

14.《第二瓶酒》，詹姆斯·罗纳德（James Ronald）著，黄嘉德译，载于《文选》1946 年第 1 期（创刊号）。

15.《美国大学婚姻教育》，蓝萍心编译，载于《家》1946 年第 4 期。

（九）新中国成立后发表的报刊译文

1.《战斗的作家》，A. 斯梯著，黄嘉德译，载于《文史哲》1952 年第 6 期。

2.《作家与艺术家对和平事业的贡献》，华西留斯卡著，黄嘉德译，载于《文史哲》1954 年第 1 期。

3.《法斯特的新著〈沙可与范捷第受难记〉》，B. 伊萨可夫著，黄嘉德译，载于《文史哲》1954 年第 3 期。

4.《苏联关于英国文学史的论著》，Y. 康特拉特叶夫著，黄嘉德译，载于《文史哲》1954 年第 4 期。

5.《普列汉诺夫的美学观点》，柯兹优拉、西多罗夫著，黄嘉德译，载于《文史哲》1955 年第 12 期。

6.《风筝》，威廉·骚墨赛·毛姆著，黄嘉德译，载于《世界文学》1979 年第 1 期。

7.《悲痛的往事》，詹姆斯·乔伊斯著，黄嘉德译，载于《译林》1980 年第 4 期。

8.《论萧伯纳与莎士比亚——萧伯纳的决定论与莎士比亚的唯意志论》，弗·丹宁豪斯著，黄嘉德译，载于《外国文学季刊》1984 年第 1 ～ 2 期合刊。

四、校阅的译著

《二十世纪欧洲史（上、下）》，C. E. 布莱克、E. C. 赫尔姆赖克著，山东大学外文系英语翻译组译，黄嘉德校，人民出版社 1984 年 4 月出版。

五、译论

1.《翻译论集》,黄嘉德编,西风社 1940 年 1 月出版。

2.《翻译经验谈》,黄嘉德撰,载于王寿兰编《当代文学翻译百家谈》(北京大学出版社 1989 年 5 月出版)。

第五章

独创"整齐美"译法的译诗名家——林健民

第一节　林健民生平简介

　　林健民(1912—),英文名为 Claro Ben Lim(简写为 C. B. Lim),[①] 笔名有但英、林孤帆等,泉州晋江人。[②]

　　因为家中赤贫,出生才 33 天,[③] 林健民就被亲生父母以 85 块大洋卖给一户林姓家庭为子,[④] 住在今泉州市鲤城区浮桥街道办事处霞州村。[⑤] 他得到养母的怜爱,却饱受养祖母的虐待与折磨,六岁起就要到处捡拾柴草,帮忙做家务。[⑥] 不过,在大哥林觉民的影响下,他从小就喜读诗书。[⑦]

　　八岁时,林健民被送入浮桥当地的一家私塾读了两年,[⑧] 塾师是施彻云先生。[⑨] 其后,

---

① 林健民译. 中国古诗英译——整齐美集 [M]. 马尼拉:艺联出版社,1988.

② 林敬初. 菲华资深儒商作家林健民 [C]// 中国人民政治协商会议泉州市鲤城区委员会文史资料委员会. 泉州鲤城文史资料第 17 辑(总第 35 辑). 泉州:中国人民政治协商会议泉州市鲤城区委员会文史资料委员会,1999:55.

③ 建丰. 回首平生无憾事——林健民印象 [C]// 林健民. 林健民文集. 南京:江苏文艺出版社,1991:2.

④ 郑楚. 晋江籍菲华作家及其贡献 [C]// 周仪扬,陈育伦,郭志超. 谱牒研究与华侨华人. 北京:新华出版社,2006:310.

⑤⑥ 同②。

⑦ 林健民. 我的自传 [C]// 阮温凌. 林健民学术生涯 65 周年创作研究文集. 广州:暨南大学出版社,1998:15.

⑧ 同⑦。

⑨ 同②。

他又在新华小学接受了两年的新式学校教育。①在大哥的督促下，他开始背诵《千家诗》《千字文》《古文观止》等，为日后的文学创作与翻译活动奠定了较为坚实的古典文学基础。②

11岁时，林健民随父兄赴菲律宾。③他先被送入马尼拉的一所侨校。不久，因为家中生计困难，他不得不转入夜校，白天当学徒，夜间才读书。④当时，菲律宾在政治、文化、教育等各个领域都深受美国的影响。菲律宾的侨校大多同时开设了中英文课程。所以，这段学习经历帮助林健民打下了较好的中英双语基础。

17岁时，林健民返回泉州，进入黎明高中就读。当时，一批颇有名气的青年文学家、艺术家等在黎明高中执教，包括小说家巴金（李芾甘）、散文家丽尼（郭安仁）、诗人梁披云等。在名师的影响下，黎明高中形成了相当浓厚的文学氛围，很多学生对文学创作产生了兴趣，开始自办文艺刊物，经常开展文学活动。受此影响，林健民最终也走上了文学道路。⑤

在黎明高中就读两年后，林健民返回菲律宾马尼拉。⑥工作之余，林健民与李法西一同组织了黑影文艺社，经常在《华侨商报》上发表文艺作品。一年后，林健民、李法西及几个文友共同创办了纯文学杂志《天马》月刊，由林健民担任主编，李法西负责发行。后来，随着李法西归国求学，《天马》在抗战前夕停刊。不过，林健民很快就与林一萍合办综合性杂志《海风》旬刊，由卢家沛与蔡远鹏负责发行，一年后因时局变化与经济困顿而停刊。⑦

抗战开始后的前两年，林健民半工半读。他白天在马尼拉的一家德国洋行担任华人部经理，夜里则到贺西·黎刹大学（又译何塞·黎刹大学）进修商科，攻读英语。⑧

二战结束后，林健民又开始创业。20世纪50年代初，林健民与朋友在马尼拉郊外创办了两家纱厂。60年代中期，他又创建了菲律宾第一家大规模的现代化纺织厂——太平洋纱厂，员工多达3000余人，实现了棉花—纺纱—织布—漂染—成品一条龙生产。⑨他由此成为菲律宾乃至华人商界的颇有名气的实业家，被誉为"南洋儒商典范"。⑩

办公之余，林健民经常撰写文章与新诗，发表在各华文报纸上。20世纪80年代初，他

① 林敬初. 菲华资深儒商作家林健民 [C]// 中国人民政治协商会议泉州市鲤城区委员会文史资料委员会. 泉州鲤城文史资料第17辑（总第35辑）. 泉州：中国人民政治协商会议泉州市鲤城区委员会文史资料委员会, 1999:55.

② 林健民. 我的自传 [C]// 阮温凌. 林健民学术生涯65周年创作研究文集. 广州：暨南大学出版社, 1998:15.

③ 同①。

④ 郑楚. 晋江籍菲华作家及其贡献 [C]// 周仪扬，陈育伦，郭志超. 谱牒研究与华侨华人. 北京：新华出版社, 2006:310.

⑤ 同②。

⑥ 建丰. 回首平生无憾事——林健民印象 [C]// 林健民. 林健民文集. 南京：江苏文艺出版社, 1991:3.

⑦⑧ 同②:16.

⑨ 阮温凌. 爱与善的交响曲——林健民评传 [C]// 阮温凌. 林健民学术生涯65周年创作研究文集. 广州：暨南大学出版社, 1998:25.

⑩ 杨松. 世纪华人风云实录（下）[M]. 北京：经济日报出版社, 1998:1135.

从工业界退休,转而代理英国金融公司在菲律宾的各种业务。他仍然笔耕不辍,注重撰写论文与批评文章,尤其是译评。1985 年 7 月,林健民参与组织菲华艺文联合会,担任常务理事,兼《艺文》月刊主编。①

1988 年 7 月 4 日,林健民花了三年多的时间完成的《中国古诗英译——整齐美集》(*Ancient Chinese Poems as Translated* [In Parallelism Style])由艺联出版社出版。1989 年 12 月,该译诗集改题为《中国古诗英译》,由中国华侨出版公司出版,亦为中英对照版本。1995 年 5 月,解放军文艺出版社也推出了中英文对照本,书名仍为《中国古诗英译——整齐美集》。

1988 年 10 月 31 日,菲华艺文联合会出版了林健民撰写的长达 2500 行的史诗《菲律宾不流血的革命》。该诗主要是为了纪念 1986 年 2 月在菲律宾发生的推翻了马科斯独裁政权的不流血革命。1989 年 12 月,中国华侨出版公司推出了该书的简体版。

1991 年 6 月,江苏文艺出版社推出了《林健民文集》,分论文、译评、散文三大部分,收录了林健民的大部分有代表性的作品。②

1998 年 12 月,阮温凌主编的《林健民学术生涯 65 周年创作研究文集》由暨南大学出版社出版,列入"海外华文文学研究丛书"。该书包括"林健民传记"、"林健民文学著译作品选编"、"海内外研究论文选编"、"作品研究史料选编"四部分,并有"附录:林健民著述中提供的研究史料(篇目)"。书中选录了林健民的大量古诗英译、新诗、散文、译评与回忆录作品,比较全面地呈现了他在创作与翻译方面的成果。同年,林健民的另外一本文集《处世文学》亦由菲华艺文联合会印行。③

因其在写作与翻译领域取得的巨大成就,菲律宾著作家联合会推荐林健民为 1991 年度全菲九个杰出作家之一。④ 同年 8 月 31 日,林健民又在菲律宾计顺市歌德馆获颁第四年度描辘沓斯诗人奖。⑤1993 年,他进入深圳天下名人馆。1994 年 5 月,他荣获台湾文艺作家协会颁发的中兴文艺奖与资深优秀文艺作家奖章。⑥

作为菲律宾华文文学界的代表人物,林健民很早就受到大陆学者的关注。1990 年,中国华侨出版公司出版了菲律宾现代诗研究会选编的《菲律宾万象诗选》,内收林健民的三篇诗作,即《珍珠港的凭吊》、《说谎》与《在东京上空》。1994 年,潘亚暾与汪义生合著的《海外华文文学名家》含有《林健民评传》,称他"为菲华文坛做出积极贡献,是位资深作家、诗人、翻译家和社会活动家"。⑦ 同年,暨南大学台港暨海外华文文学研究中心主编的

---

① 林健民. 我的自传 [C]// 阮温凌. 林健民学术生涯 65 周年创作研究文集. 广州:暨南大学出版社, 1998:16.

② 同①:17.

③ 阮温凌. 爱与善的交响曲——林健民评传 [C]// 阮温凌. 林健民学术生涯 65 周年创作研究文集. 广州:暨南大学出版社,1998:32.

④ 同③:34.

⑤ 同①:17.

⑥ 同③:34.

⑦ 潘亚暾,汪义生. 海外华文文学名家 [M]. 广州:暨南大学出版社,1994:247.

《海外奇葩——海外华文文学论文集》收录了潘亚暾撰写的《儒商风采——喜读〈林健民文集〉》,对林健民的文学作品进行了颇为细致的评析。[①]1998 年,秦牧等主编的《台港澳暨海外华文文学大辞典》收录了"林健民"词条,介绍了他的主要成就,称赞他是"亦商亦文成功者"。[②]1999 年,陈贤茂主编的《海外华文文学史》将林健民列为菲华文学的代表人物之一,专辟一节介绍其生平与成就。[③]2000 年,吴奕锜与赵顺宏合著的《菲律宾华文文学史稿》专辟一章介绍林健民其人其文。[④] 在他之外,仅施颖洲与王礼溥两人享有此等待遇。

作为旅菲华侨,林健民一直都心系故园,十分关心故乡泉州与母校新华小学、黎明高中。抗战胜利后,林健民就与几位同乡复办旅菲新华小学校董会,亲任董事长,积极开展募捐活动,以支持母校新华小学的办学与发展。改革开放后,他又捐资设立了新华学校奖学奖教基金,并担任学校董事会董事长、校友会理事长等职务。1984 年,在原黎明高中校长梁披云等人的努力下,黎明职业大学(现称黎明职业技术学院)成功创办。在该校的筹建过程中,林健民为之奔波,后又受聘为董事会董事。1994 年 10 月,他回泉州参加黎明职业大学创办十周年庆祝大会,并捐赠了一批总价值高达 1 万多美元的极其珍贵的英文图书。[⑤]

第二节　林健民的译作与译评

早在 1934 年 12 月,林健民就曾根据美国翻译家查尔斯·德比塞尔(Charles Derbyshire)的英译版本,将菲律宾民族英雄黎刹(Jose Rizal)的名诗"Mi Último Adiós"转译为白话汉诗,题为《我的诀别》,发表在同月 31 日出版的《新闻日报·民众周刊》新年号上,署以笔名林孤帆。[⑥] 这是目前所见林健民发表的第一首译诗暨第一种翻译成果。

1938 年,《每周导报》第 1 卷第 6 期刊登了一篇译文《一个外人对日本在华战争的论断》。原文载于美国《亚细亚月刊》(Asia)1938 年 4 月号,是一个身在华中地区的外国人寄发的文章,但为求安全,未署姓名。[⑦]译者则署名但英,恰与林健民的笔名相同。只不过,因为没有其他旁证,我们目前还不能确定这位"但英"是否就是林健民本人。

① 潘亚暾. 儒商风采——喜读《林健民文集》[C] // 暨南大学台港暨海外华文文学研究中心. 海外奇葩——海外华文文学论文集. 广州:暨南大学出版社,1994:338-344.

② 秦牧等. 台港澳暨海外华文文学大辞典 [M]. 广州:花城出版社,1998:948-949.

③ 陈贤茂. 海外华文文学史(第 3 卷)[M]. 厦门:鹭江出版社,1999:81-90.

④ 吴奕锜,赵顺宏. 菲律宾华文文学史稿 [M]. 北京:中国文联出版社,2000:56-65.

⑤ 林敬初. 菲华资深儒商作家林健民 [C] // 中国人民政治协商会议泉州市鲤城区委员会文史资料委员会. 泉州鲤城文史资料第 17 辑(总第 35 辑). 泉州:中国人民政治协商会议泉州市鲤城区委员会文史资料委员会,1999:59-60.

⑥ 林健民. 评析施译·菲国父黎刹名诗《我的诀别》[C] // 林健民. 林健民文集. 南京:江苏文艺出版社,1991:99.

⑦ 但英译. 一个外人对日本在华战争的论断 [J]. 每周导报,1938,21(6):7.

　　此后的很长一段时间内,未见林健民再发表什么翻译作品。这可能是因为他耽于生计,平日过于忙碌,或是因为他专注于创作,而疏于译事。当然,也有可能他其实还发表过其他译作,但在日军侵占菲律宾期间,这些著译成果遗失不存,[①] 而我们也未能查获确切情况。

　　据当前掌握的资料,林健民在 20 世纪 80 年代中期重启译事,经过三年多的努力,完成了一部译诗集《中国古诗英译——整齐美集》,由艺联出版社于 1988 年 7 月 4 日出版,后又由中国华侨出版公司于 1989 年 12 月、解放军文艺出版社于 1995 年分别推出简体版。此外,江苏文艺出版社 1991 年 6 月出版的《林健民文集》与阮温凌主编、暨南大学出版社 1998 年 12 月出版的《林健民学术生涯 65 周年创作研究文集》也都从该译诗集中选录了若干首中国古诗英译作品。

　　据统计,《中国古诗英译——整齐美集》共收录了 34 位唐代诗人的 56 首诗作以及 12 位宋代诗人的 14 首诗作。其中,唐诗包括孟浩然的《春晓》与《宿建德江》,陈子昂的《登幽州台歌》,崔护的《题都城南庄》,杜牧的《清明》、《泊秦淮》、《旅宿》与《赤壁》,张继的《枫桥夜泊》,王翰的《凉州词》,贺知章的《回乡偶书》,王维的《送别》、《杂诗》、《竹里馆》、《鹿砦》与《送别》,李白的《静夜思》、《萤火》、《怨情》、《送友人》与《下江陵》,刘长卿的《送上人》与《送灵澈》,杜甫的《月夜忆舍弟》与《绝句》,刘禹锡的《秋风引》、《杨柳枝》、《春词》与《乌衣巷》,李商隐的《无题》与《登乐游原》,曹幽的《春暮》,赵嘏的《江楼感旧》,刘方平的《春怨》,王之涣的《登鹳雀楼》,王驾的《春晴》,白居易的《宫词》,张纮的《闺怨》,金昌绪的《春怨》,岑参的《逢入京使》与《在沙漠中》,柳宗元的《行宫》与《江雪》,韦应物的《滁州西涧》与《秋夜寄丘员外》,孟郊的《游子吟》,高骈的《山居夏日》,耿湋的《秋日》,太上隐者的《答人》,刘方平的《月夜》,崔颢的《长干行》,贾岛的《寻隐者不遇》,薛莹的《秋日湖上》,贾至的《春思》,李涉的《登山》,韦庄的《别李秀才》。宋诗则有程颢的《春日偶成》,苏轼的《花影》与《春宵》,杜小山的《寒夜》,叶适的《游小园不值》,文天祥的《扬子江》,李清照的《春残》,卢梅坡的《雪与梅》,徐元杰的《湖上》,范仲淹的《赴桐庐郡淮上遇风》,许棐的《宫女词》,欧阳修的《梦中作》,王安石的《晚楼闲坐》与《春夜》。因此,这本译诗集或许改称《唐宋诗英译——整齐美集》才更为准确。

　　林健民的中国古诗英译作品在中国大陆传播甚广。据读秀的不完全统计,中国大陆至少有 115 家图书馆收藏了中国华侨出版社版《中国古诗英译》一书。艺联出版社版《中国古诗英译——整齐美集》也有多家图书馆收藏,包括华侨大学图书馆、黎明职业技术学院图书馆、浙江嘉兴学院图书馆等。

　　此外,林健民的译诗还成为一些学者的探讨对象。比如,徐振忠教授撰有《林健民和他的中国古诗英译艺术》一文,先是刊登在《黎明职业大学学报》2003 年第 4 期,[②] 后又收入其文集《黎耕集》。[③] 又如,戴桂珍撰有《林健民的文学翻译风格及其文学贡献》与《许渊冲、

---

① 林健民. 评析施译·菲国父黎刹名诗《我的诀别》[C]// 林健民. 林健民文集. 南京:江苏文艺出版社,1991:99.

② 徐振忠. 林健民和他的中国古诗英译艺术 [J]. 黎明职业大学学报,2003(4):17-22,31.

③ 徐振忠. 黎耕集 [M]. 香港:拓文出版社,2004:175-182.

曹顺发和林健民的唐诗英译比较:以〈春晓〉和〈回乡偶书〉为例》两篇论文,分别发表在《黎明职业大学学报》2006 年第 1 期与 2015 年第 1 期上。① 以上三篇论文都比较详细地分析了林健民英译中国古诗的翻译方法、风格、特征等,很有启发意义。再如,郦青在其《李清照词英译对比研究》(上海三联书店 2009 年 1 月出版)一书中介绍了林健民在《中国古诗英译——整齐美集》中发表的译诗观,并引用了由他完成的李清照《春残》英译版本。②

翻译之余,林健民还撰写过若干翻译评论。1985 年,施颖洲在报纸上发表了黎刹《我的诀别》的 11 种汉译版本。林健民见猎心喜,很想再尝试翻译一次。1986 年夏,他特地从施颖洲处借来报纸,对 11 种《我的诀别》汉译版本详加比对,认为施颖洲据阿苏娜博士(Dr. Encarnacion Alzona)的英译版本所译《我的诀别》质量最佳,但仍存有若干问题。于是,林健民再次尝试翻译该诗,将阿苏娜英译、施颖洲汉译及他本人所译同时抄录,并加注释、分析,以《评析施译·菲国父黎刹名诗〈我的诀别〉》为题,分三次连载于《艺文》杂志上。③ 其后,他又陆续发表了《评完〈我的诀别〉以后》、《评错译〈我的诀别〉余言》、《黎刹一句诗被十人错译》、《立此存照——又是错译黎刹〈我的诀别〉的争论》、《屡戒不悛》、《化名自吹自评乃菲华文坛丑闻》等一系列相关译评。针对施颖洲所译《莎翁声籁》,林健民也发表了《谈错译莎翁"商籁"十人译法》、《谈错译莎翁十四行诗》、《再谈错译莎翁诗句》等文章,对其中存在的错漏进行了细致的分析与批评。此外,在英译中国古诗的过程中,林健民根据自己的所阅所见与所思所想撰写并发表了《评述所谓"最好的"一首"下江陵"译句》、《中国古诗英译创造"整齐美"译法经过》、《中国古诗英译刍议》、《"下江陵"译句述评》、《〈寒山寺〉之英译》等多篇译评,既分析了他人的译诗,也提出了自己的译诗思想。这些译评在菲律宾乃至全球华人文艺界与翻译界产生了巨大的反响,甚至引发了持续良久的论战。

第三节 林健民独创的"整齐美"译诗观

在翻译中国古诗期间,林健民收集了大量英译版本,发现不少译者总是强求模仿原诗进行押韵,结果牺牲了译诗的准确性,辞难达意。所以,他提出,在翻译诗歌时,不应强求"模仿押韵",以免损害了译诗的准确性。④

具体到中国古诗的英译问题,林健民指出:"中国古诗之美,无论五言或七言,全在其每句整齐悦目之特点。"⑤ 他认为,中国古诗形式上的整齐美是其他语言诗歌所没有的。因

---

① 戴桂珍. 林健民的文学翻译风格及其文学贡献 [J]. 福建广播电视大学学报,2006(1):19-21.

② 郦青. 李清照词英译对比研究 [M]. 上海:上海三联书店,2009:86-87.

③ 林健民. 评析施译·菲国父黎刹名诗《我的诀别》[C]// 林健民. 林健民文集. 南京:江苏文艺出版社,1991:99-124.

④ 林健民. 中国古诗英译创造"整齐美"译法经过 [C]// 林健民. 林健民文集. 南京:江苏文艺出版社,1991:195-197.

⑤ 同④:196.

此，在英译中国古诗时，为避免损害形式上的美观，译诗各句同样应当讲究整齐。

为此，林健民首创了英译中国古诗的"整齐美"方法，即每句诗句英译均一片整齐（Parallelism），一个英文字母也不增不减，连标点符号也一样。[①] 其具体做法是，不加韵脚，先准确地将原诗诗句译成目标语言，再将译句形式进行调整，以实现"整齐美"。[②] 在他看来，这种"整齐美"译法虽然没有押韵，但无疑更为准确。[③]

在力求"整齐美"之外，林健民还提出，译者应当特别注意中国古诗的历史背景与风土人情，以免对原诗产生误读与错解。[④] 这其实是对译者自身能力提出的一大要求，即译者不应只满足于语言水平的提高，更应努力提升自己的文化素养。

林健民的"整齐美"译法在翻译学界得到评价颇高。比如，徐振忠提出，中国古诗的意象美、音响美和形象美合一，是一种最为突出的三维诗歌艺术结构，而林健民的古诗英译作品"成功地把中国古诗的意象美、音响美和形象美'化境'了"，"不但存形、达意，而且传神"。[⑤] 又如，戴桂珍认为，林健民的中国古诗英译作品"成功地再现了原诗的意美、音美和形美"，是"一种可贵的创新"。[⑥] 不过，郦青却认为："'整齐美'译法在本质上依然是译者内心对中国古典诗词难以割舍的民族情结的反映。"[⑦] 但不管怎么说，"整齐美"译法终究是一种难能可贵的有创新意义的译诗方法，自有其价值所在，值得我们加以揣摩、学习与改进。

▌ 附：林健民翻译成果一览

一、译著

《中国古诗英译——整齐美集》，林健民译，（菲律宾马尼拉）艺联出版社 1988 年 7 月 4 日出版。后改题为《中国古诗英译》，由中国华侨出版公司于 1989 年 12 月出版。解放军文艺出版社也于 1995 年推出中英文对照本《中国古诗英译——整齐美集》。该书共收录了 70 首译诗，包括 34 位唐代诗人的 56 首诗作与 12 位宋代诗人的 14 首诗作。

---

① 林健民. 我的自传 [C]// 阮温凌. 林健民学术生涯 65 周年创作研究文集. 广州：暨南大学出版社，1998：17.

② 林健民. 中国古诗英译创造"整齐美"译法经过 [C]// 林健民. 林健民文集. 南京：江苏文艺出版社，1991：198.

③ 同①。

④ 同②：197.

⑤ 徐振忠. 林健民和他的中国古诗英译艺术 [J]. 黎明职业大学学报，2003（4）：18-19.

⑥ 戴桂珍. 林健民的文学翻译风格及其文学贡献 [J]. 福建广播电视大学学报，2006（1）：19-20.

⑦ 郦青. 李清照词英译对比研究 [M]. 上海：上海三联书店，2009：87.

二、报载译评 ①

1.《有关中国古诗翻译》,林健民著,载于 1986 年 5 月 29 日《联合日报》。

2.《关于翻译黎刹名诗》,林健民著,载于 1986 年 7 月 24 日《联合日报》。

3.《评错译"绝命诗"余言》,林健民著,载于 1986 年 12 月 25 日《联合日报》。

4.《谈错译莎翁十四行诗》,林健民著,载于 1988 年 2 月 25 日《联合日报》。

5.《再谈错译莎翁诗句》,林健民著,载于 1988 年 6 月 28 日《联合日报》。

6.《学术乎? 私怨乎? 》,林健民著,载于 1988 年 12 月 22 日《联合日报》。

7.《立此存照》,林健民著,载于 1990 年 12 月 27 日《联合日报》。

8.《屡戒不悛》,林健民著,载于 1991 年 2 月 24 日《联合日报》。

三、载入各类文集的译评

1.《林健民文集》,林健民著,江苏文艺出版社 1991 年 6 月出版。该书是林健民的短篇文学作品结集,分为"论文"、"译评"和"散文"三部分。"译评"部分包括《评析施译·菲国父黎刹名诗〈我的诀别〉》、《评完〈我的诀别〉以后》、《评错译〈我的诀别〉余言》、《黎刹一句诗被十人错译》、《谈错译莎翁"商籁"十人译法》、《评述所谓"最好的"一首"下江陵"译句》、《立此存照——又是错译黎刹〈我的诀别〉的争论》、《屡戒不悛》、《中国古诗英译创造"整齐美"译法经过》、《化名自吹自评乃菲华文坛丑闻》。

2.《林健民学术生涯 65 周年创作研究文集》,阮温凌主编,暨南大学出版社 1998 年 12 月出版,列入"海外华文文学研究丛书"。该书包括"林健民传记"、"林健民文学著译作品选编"、"海内外研究论文选编"、"作品研究史料选编"四部分,并有"附录:林健民著述中提供的研究史料(篇目)"。其中,"林健民文学著译作品选编"部分收录了《中国古诗英译刍议》、《〈我的诀别〉译后》、《黎刹诗句十人错译》、《莎翁"商籁"十人译》、《"下江陵"译句述评》、《〈寒山寺〉之英译》等六篇译评。

3.《关于翻译黎刹名诗〈我的诀别〉》,林健民著,载于周南京与凌彰主编的《黎萨尔与中国》(南岛出版社 2001 年 5 月出版,列入"北京大学华侨华人研究中心丛书")。

4.《〈我的诀别〉译后》,林健民著,载于周南京与凌彰主编的《黎萨尔与中国》(南岛出版社 2001 年 5 月出版,列入"北京大学华侨华人研究中心丛书")。

---

① 附录:林健民著述中提供的研究史料(篇目)[C]// 阮温凌. 林健民学术生涯 65 周年创作研究文集. 广州:暨南大学出版社,1998:482.

第六章

漫画家、出版家、翻译家——黄嘉音

第一节　黄嘉音生平简介

黄嘉音,笔名有黄诗林、唐牧、胡悲、[①]嘉音等,泉州晋江人,1913 年 1 月 31 日出生,1961 年 1 月 8 日逝世。[②]

黄嘉音是黄嘉德的弟弟,在五个兄弟在排名第五。两人因为共同编辑《西风》而齐名于民国文坛,被人合称为黄氏昆仲。[③]

黄嘉音早年的求学情况,目前不详。不过,从黄嘉德的求学历程来看,黄嘉音应当也是在闽南就读小学、中学的。后来,黄嘉音追随黄嘉德的求学脚步,同样考入上海圣约翰大学。只不过,黄嘉德主修英语,兼修教育学,而黄嘉音则主修历史,兼修新闻学、心理学。[④]1937 年夏,他从上海圣约翰大学毕业,获得历史专业的文学士学位。[⑤]

还在圣约翰大学就读期间,黄嘉音就开始为林语堂创办的《论语》半月刊等杂志投稿。1936 年 9 月,他又与林语堂、陶亢德、黄嘉德共同出资创办了西风社,先后编辑出版了《西风》、《西风副刊》、《西风精华》、《西书精华》等系列杂志,在民国文化界产生了很大的影响。太平洋战争爆发后,他携家人内迁到桂林与重庆,继续主持西风社的办刊工作。抗战胜利后,他又迁回上海办刊,直到 1949 年 4 月上海解放前夕才停刊。

1946 年,黄嘉音与妻子朱绮共同创办了家出版社,主要编辑发行了《家》月刊,并且出

---

① 陈玉堂. 中国近现代人物名号大辞典(全编增订本)[M]. 杭州:浙江古籍出版社,2005:1121.

② 北京语言学院《中国文学家辞典》编委会. 中国文学家辞典(现代第 2 分册)[M]. 成都:四川人民出版社,1982:848.

③ 陈爱钗. 西风乍起　黄氏昆仲——记翻译家黄嘉德及其胞弟黄嘉音 [C]// 林本椿. 福建翻译家研究. 福州:福建教育出版社,2005:205-213.

④ 同②。

⑤ 熊月之,周武. 圣约翰大学史 [M]. 上海:上海人民出版社,2007:479.

版了不少中文图书。不过,根据华东新闻出版处党组小组于 1953 年 12 月出台的《整顿上海私营出版业方案》,家出版社等 15 家出版社当时已经自动歇业,广益书局、人世间出版社、北新书局与大中国图书局的通俗书出版部分则合并为出版通俗读物的私营四联出版社。[①]1954 年 4 月,上海文化出版社在四联出版社的基础上筹建而成,1958 年 8 月并入上海文艺出版社,1978 年 11 月恢复建制。[②]黄嘉音被吸收到上海文化出版社工作,并担任第五编辑室主任。[③]

此外,从 1949 年 12 月起,黄嘉音还参加了上海虹桥医院精神病科的工作。他的同事中有著名的精神病学家粟宗华与曾景臣等。[④]黄嘉音积累了丰富的治疗案例,主编了一套精神治疗丛书,其中有多本是由他本人撰著,均由家出版社陆续出版。

1956 年,《文汇报》在上海复刊,黄嘉音被聘为该报副刊"彩色版"的编辑。[⑤]在黄嘉音的主持下,"彩色版"刊登了很多养鱼种花、书斋布置、下棋、打牌等方面的内容。[⑥]

1957 年,"反右"运动开始。黄嘉音主持的《文汇报》"彩色版"被批判为宣传介绍资产阶级生活方式,[⑦]而他从事精神病诊疗一事也成了重要罪状。[⑧]此外,黄嘉音在上海文化出版社极力主张"外行不能领导内行",被视为"利用党整风的机会,大放厥词,散布谬论,猖狂向党进攻"。[⑨]最终,黄嘉音被错误地划为"右派"。[⑩]

1958 年 9 月,黄嘉音一家被送到宁夏支援工作。黄嘉音深信共产党关于知识分子改造的宣传,诚心诚意地想要洗心革面、重新做人。[⑪]临行前,他还把所住的两幢高级花园洋房交公。[⑫]他们乘坐火车从上海出发,经兰州,再转银川,最后被分配到固原地区,[⑬]在海原县的海原中学教书,[⑭]后来还被写进了《海原教育志》编纂委员会编、兰州大学出版社于 2003 年出版的《海原教育志》。

当时海原中学只有初中部。黄嘉音先教美术课,后改当专职保管员。其妻朱绮教

① 华东新闻出版处党组小组. 整顿上海私营出版业方案 [C]// 中国出版科学研究所,中央档案馆. 中华人民共和国出版史料(1954 年). 北京:中国书籍出版社,1999:83-84.

② 许力以. 中国出版百科全书 [M]. 上海:书海出版社,1997:114.

③ 李盛平. 中国近现代人名大辞典 [M]. 北京:中国国际广播出版社,1989:622.

④ 黄嘉音. 儿童心理病态防治案例 [M]. 上海:家出版社,1951:1.

⑤ 尚丁. 回忆黄嘉音同志 [C]// 俞子林. 那时文坛. 上海:上海书店出版社,2008:350.

⑥ 徐铸成. 交代反右斗争前《文汇报》的反动编排 [M]// 徐铸成. 徐铸成自述——运动档案汇编. 北京:生活·读书·新知三联书店,2012:267-268.

⑦ 同⑥。

⑧ 同⑤。

⑨ 孔海珠. 霜重色愈浓·孔另境 [M]. 上海:东方出版中心,2010:29-30.

⑩ 顾颉刚. 顾颉刚日记第八卷(1956—1959)[M]. 台北:联经出版事业公司,2007:363.

⑪ 何满子. 怀黄嘉音 [M]// 何满子. 亦喜亦忧集. 太原:山西教育出版社,1998:58-59.

⑫ 同⑤。

⑬ 同⑪。

⑭ 同③。

地理课,还兼刻蜡板油印材料。两人都十分认真、尽责。[①] 遗憾的是,由于喝阻一个当地领导家的小孩胡乱敲打他从上海带去的斯特劳斯牌三角大钢琴,黄嘉音得罪了那个领导。[②] 1960 年 8 月 4 日,黄嘉音离开海原中学,[③] 到黑城农校监督劳动。[④] 同年 12 月,黄嘉音因不堪受辱,与人发生冲突,被移送到青石峡农场劳动改造,不久就逝世了。[⑤]

黄嘉音与朱绮夫妇生有三男一女四个小孩。[⑥] 其中,大儿子名叫黄立钧,二儿子名叫黄立行,三女儿名叫黄丽丽。[⑦] 受时局影响,四人的人生之路均不平坦。[⑧] 拨乱反正以后,黄嘉音全家获得平反。朱绮与黄丽丽先后调到江苏人民出版社。朱绮曾任《译林》杂志编辑,黄丽丽则从事会计工作。[⑨]

第二节　黄嘉音的漫画创作成就

黄嘉音是一位颇有影响的漫画家,被归入上海第二代新兴漫画家群体之列。[⑩] 早在 1933 年 3 月 1 日,他就与三哥黄嘉谟在《论语》第 12 期上合作发表了一幅题为《〈论语〉所提倡之中津式烟教育》的漫画,署名"嘉谟造意"、"嘉音绘",由此登上了中国漫画创作的大舞台。这也是目前所见黄嘉音在报纸杂志上正式发表的第一篇作品,意义非常重大。据统计,1933 年 3 月至 1936 年 2 月,黄嘉音总共在《论语》上发表了 54 篇漫画或插图译文,[⑪] 几乎每期都有多幅作品发表。

除了《论语》,黄嘉音还在十数种民国杂志上发表漫画或插图作品。这些杂志既有《漫画生活》、《独立漫画》、《群众漫画》、《今代漫画选》、《上海漫画》、《小上海人漫画:十字架》、《救亡漫画》这类专业漫画杂志,也有《华美》、《华安》、《万象》、《现代演剧》、《文艺电影》、《宇宙风》、《西风》、《宇宙风·逸经·西风》等文艺杂志,更有《社会月报》、《妇人画报》、《健康家庭》等社会休闲杂志。我们可以发现,黄嘉音的每幅作品中都画有一只展翅飞翔的小

---

① 南台. 老上海名人黄嘉音、朱琦夫妇在宁夏 [EB/OL]. [2015-08-18]. http://blog. sina. com. cn/s/blog_452e534b0100j2ry. html.

② 何满子. 话题环绕新雅酒店 [M]// 何满子. 零年零墨. 福州:福建人民出版社,2001:131-132.

③ 公民行者. 揭开尘封的饥饿记忆——记 20 世纪 60 年代初的宁夏固原县黑城农场的右派生活 [EB/OL]. [2015-08-18]. http://blog. sina. com. cn/s/blog_49225aa50100n1re. html.

④ 高信. 黄嘉音其人其文其画 [M]// 高信. 书房写意. 上海:上海远东出版社,2009:272.

⑤ 同③.

⑥ 陈震宇. 黄嘉音与《西风》二三事 [C]//《出版广角》编辑部. 同步的足音(C 卷). 南宁:广西人民出版社,2000:538.

⑦ 同①.

⑧ 韩沪麟. 生活笔记——韩沪麟随笔 [M]. 北京:华夏出版社,1997:143.

⑨ 同⑥.

⑩ 上海图书馆. 老上海漫画图志 [M]. 上海:上海科学技术文献出版社,2010:114-116.

⑪ 同④.

鸟,大概是"报送佳(嘉)音"之意,恰与其名字相应。①

　　在黄嘉音眼中,漫画不仅可以用来直抒胸臆,更是抗日的利器。早在 1934 年,他就在《漫画生活》第 3 期上发表了题为《日本在海军会议之要求》的漫画作品,向读者揭露了日本扩军备战的野心。1937 年 8 月 14 日,上海漫画家成立了上海漫画界救亡协会,开展抗日漫画宣传活动。该会很快就创办了《救亡漫画》杂志,并组织了一个由 21 名漫画家组成的编委会,黄嘉音即为其中一人。②《救亡漫画》于 9 月 20 日创刊,至 11 月 10 日停刊,仅出了 11 期。黄嘉音除了参与刊物的组稿、审稿等工作,更亲自在《救亡漫画》上发表了至少四幅漫画作品(即第 2 期所载《莫再踌躇》与《御侮救亡的标志》,第 3 期所载《远东笑话》,第 4 期所载《郑家祠的孤儿》)、两种独幕短剧(即第 1 期所载《光荣史》与第 5 期所载《重逢》)以及一篇附有漫画插图的译文《揭露日军暴行,同情中国抗战:日本侵华声中的美国漫画家》(第 3 期)。此外,黄嘉音还在《宇宙风·逸经·西风》第 3 期上发表了题为《日空军的幻觉:难民皆兵》的漫画作品,揭露了日本侵略者屠杀难民的罪行。

　　黄嘉音还对著名漫画家华君武的漫画之路产生过不小的影响。两人相识于 1933 年,当时华君武求学于上海大同大学附属高中。受黄嘉音的促动,华君武于 1934 年 1 月《论语》第 33 期上开始发表漫画作品,共计在《论语》上发表了 44 幅漫画作品。无论是在《论语》,还是在《宇宙风》、《时代漫画》、《漫画生活》、《万象》等刊物上,两人经常同时发表漫画作品。③

　　此外,黄嘉音曾送给华君武一本《西行漫记》,华君武从中深受触动。1938 年上海沦陷后,华君武不甘心当亡国奴,瞒着家人、亲朋、同事,仅在黄嘉音和一位女性朋友的送别下,乘船离开上海,经香港、广州、长沙、汉口、重庆、成都、宝鸡、西安,最后到达陕北参加革命。④

　　华君武离开上海之后,黄嘉音也基本终止了漫画创作。新中国成立后,华君武邀请黄嘉音为《漫画》供稿。由于久未从事漫画创作,黄嘉音只答应以《美国洋相》为题翻译了几十则小品,另由赵延年插图,在 1957 年的《漫画》上连载。到了 1957 年底,黄嘉音陷入"反右"风暴中,《美国洋相》余下几则只得改题为《美国人情》刊出告结,署名也改为"小林"。⑤

第三节　黄嘉音的编辑出版成就

　　黄嘉音在编辑与出版方面的主要成就如下:

①　高信. 黄嘉音其人其文其画 [M] // 高信. 书房写意. 上海:上海远东出版社,2009:269.
②　上海图书馆. 老上海漫画图志 [M]. 上海:上海科学技术文献出版社,2010:249-250.
③　同①。
④　华君武. 崇敬和感激——我心目中的《西行漫记》[C] // 解放日报《朝花》副刊. 朝花作品精粹 (1956—1996). 上海:汉语大词典出版社,1996:480.
⑤　同①:271.

一、参与创办西风社，编辑《西风》系列刊物

1936年9月，尚在圣约翰大学求学的黄嘉音就与林语堂、陶亢德、黄嘉德共同出资创办了西风社。西风社先后出版发行了《西风》、《西风副刊》、《西风精华》、《西书精华》等系列杂志及若干中文图书，在民国文化界产生了很大的影响。

其中，《西风》为月刊，1936年9月1日在上海创刊。该刊的编辑为黄嘉音与黄嘉德，发行人为黄嘉德与陶亢德，顾问编辑为林语堂。[1] 太平洋战争爆发后，西风社被日寇查封，所存刊物与书籍十多万册被抢走，损失惨重，被迫停止营业。[2]1941年12月1日，《西风》出完第64期，此后未再按月定期出版。

《西风副刊》亦为月刊，1938年9月16日在上海创刊，1942年1月16日出完第41期后停刊。[3] 林语堂任该刊顾问编辑，黄嘉德与黄嘉音为编辑。

《西风精华》则为年刊，是《西风》的年度精选集，于1938年9月、1939年9月、1940年4月各出一册，随即停刊。其中，第一、二册的总编辑兼发行人为英国人马彬和，黄嘉德与黄嘉音任编辑，林语堂为顾问编辑。第三册未设总编辑，黄嘉德与黄嘉音为编辑兼发行人。[4]

《西书精华》为季刊，1940年3月在上海创刊，1941年秋出完第7期后停刊。黄嘉德与黄嘉音任该刊的编辑兼发行人，林语堂任顾问编辑。[5]

此外，西风社在上海还出版了《萧伯纳情书》（1939）、《如此人生》（1940）、《樊笼》（1940）、《个性修养》（1940）、《人生之路》（1940）、《变态心理漫谈》（1940）、《流浪者自传》（1940）、《天才梦》（1940）、《生活的艺术》（1941）、《默祷》（1941）、《欧美印象》（1941）、《文明病》（1941）、《创痕》（1941）、《大腿戏》（1941）、《刽子手》（1941）等书。

西风社被迫停止营业后，黄嘉德与黄嘉音兄弟二人并未气馁。他们决定将西风社迁往内地继续运营。不过，黄嘉德的本职工作是在上海圣约翰大学任教授兼文理学院副院长，事务繁忙，无法离沪。于是，黄嘉音携家人前往桂林，后转赴重庆，继续主持西风社的工作。[6]

1943年1月1日，《西风》在桂林复刊，出了第65期，封面顶端特意标明为"桂林版"，林语堂仍为顾问编辑，黄嘉德与黄嘉音则为编辑兼发行人。该期刊登了一则《西风社紧要启事》，内称："敬启者，敝社上海办事处及营业部，业已全部结束，沪之西风月刊，西风副刊及西书精华，亦自中华民国三十一年二月起停止出版。所有沪社未了事务，即日起移交桂林西风社办理，谨此公告，诸希注意。又敝社发行之西风月刊，决由桂林西风社继续出

① 吴俊等.中国现代文学期刊目录新编（下）[M].上海：上海人民出版社，2010：2133.

② 黄嘉德.忆《西风》[C]//宋原放.中国出版史料现代部分第1卷（下）.济南：山东教育出版社，2001：34-35.

③ 丁守和等.抗战时期期刊介绍[M].北京：社会科学文献出版社，2009：868-869.

④ 同①：2199.

⑤ 同①：2202.

⑥ 同②.

版。西风副刊桂林版,则出至三十八期止,暂行停刊;西书精华桂林版亦暂停出版。所有西风副刊及西书精华定户存款,得改定西风月刊或购买敝社书籍。至欲将存款退回者,亦可照办。西风社谨启　桂林中北路桂北商场"。[①]这则启事所述未必准确,但从中可知,西风社应当是于1942年底迁至桂林中北路桂北商场继续营业,并出版了《西风》第65期。

另据《西风社桂林版书籍一览》,桂林西风社还曾出版或重印了至少25种图书,包括黄嘉德翻译的《萧伯纳情书》、《流浪者自传》、《下场》与《生活的艺术》,黄嘉德所著《新女型》,黄嘉音翻译的《大地的叹息》,黄嘉音选辑的《得意书》,黄嘉音主答的《光明之路》、《木偶戏》与《失乐园》,林疑今翻译的《战地春梦》,黄嘉历翻译的《罗斯福传》,林语堂英译的《冥寥子游》与《古文小品》,顾启源翻译的《幸福的人生》,沈有乾的《西游回忆录》以及西风社编选的《天才梦》、《默祷》、《创痕》、《供状》、《人生之路》、《个性的修养》、《大腿戏》、《刽子手》与《变态心理漫谈》。[②]

不过,桂林并不太平,《西风》的复刊之路也并不顺利。黄嘉音很快就转赴陪都重庆,将西风社编辑部安置在重庆中一支路神仙洞街一八八号,但仍在桂林中北路西一里六号设有桂林办事处。1944年7月,《西风》第66期("卷土重来的复刊号")在重庆出版,林语堂为顾问编辑,黄嘉德与黄嘉音为编辑,黄嘉音兼任发行人。1944年8月,《西风》第67期出版,林语堂为顾问编辑,黄嘉音为主编兼发行人。

在重庆期间,黄嘉音追求进步。他领导下的《西风》编辑部掩护过陈山(应新)、陈实、王颖等多位中共地下党员与进步人士。1945年4月13日,20多家进步杂志在重庆发起组织重庆杂志界联谊会,《西风》后来也加入其中。1945年8月初,重庆杂志界联谊会发起了"拒检运动",并由张志让、杨卫东与傅彬然起草了《拒检声明》,最初有16家杂志签名,《西风》等33家杂志到8月27日也补签支持,迫使国民党当局在9月22日举行的第十次中常会上通过决议,宣布从10月1日起撤销对报纸、杂志、图书的检查。[③]

1945年11月,西风社迁回上海,社址在亚尔培路二三二弄十八号。西风社重庆办事处依然保留,只是地址改为重庆学田湾新村十一号。同年12月,《西风》第81期("胜利复刊号")在上海出版,林语堂仍为顾问编辑,黄嘉德与黄嘉音为主编兼发行人。从第113期起,《西风》不再设顾问编辑一职,黄嘉德与黄嘉音为主编,黄嘉音任发行人。1949年5月,出完第118期后,《西风》停刊。其间,上海杂志界联谊会成立,黄嘉音积极参与活动。[④]

二、创办家出版社,出版《家》月刊

回到上海后,黄嘉音还与妻子朱绮于1946年1月创办了家出版社(有时也称家杂志社),地址同样设在上海亚尔培路二三二弄十八号。该社主要负责发行《家》月刊。《家》创刊于1946年1月,由黄嘉音任主编兼发行人,朱绮任助编,至1952年10月出完第79期

① 西风社. 西风社紧要启事 [J]. 西风,1943(265):无页码.
② 西风社桂林版书籍一览 [J]. 西风,1943(266):无页码.
③ 尚丁. 回忆黄嘉音同志 [M]// 俞子林. 那时文坛. 上海:上海书店出版社,2008:348-349.
④ 同③:349.

后停刊。

　　家出版社（《家》杂志社）还出版了许多中文图书，大致分为生育、"婴幼保健丛书"、育婴、母儿福利、教育、家庭、营养、"精神治疗丛书"、生理、医学等 10 类，计 63 种，另外还有《家》月刊的合订本。生育类图书包括刘本立等合著的《无痛分娩法通俗讲话》、《生育与不育》、《科学接生术》与《孕妇保养法》，黄嘉音与朱绮编写的《孕妇卫生》，薛甡生翻译的《孕妇指南》，刘祖洞翻译的《胎儿的故事》。"婴幼保健丛书"包括余鼎新所著《预防接种》、《小儿伤寒症》与《小儿细菌性痢疾》，赵政所著《婴儿腹泻》、《婴儿的发育》、《儿童营养》与《母儿健康的关系》，徐艺芳所著《小儿伤风》，徐谷所著《小儿皮肤病》与《白喉的防治》，张菊英所著《麻疹的防治》，周静庄所著《先天性梅毒》与《小儿阿米巴痢疾》，马伴吟所著《水痘》。育婴类图书包括施葆光翻译的《怎样养育虚弱儿童》，马逢萱所撰《婴儿断乳问题》，黄嘉音与江同翻译的《实用育婴问答》，江同翻译的《幼儿教养问答》、《婴孩保育法》与《婴儿日常生活》。母儿福利类图书包括秦振庭所著《托儿所营养与传染病管理》，张湘云所译《苏联母儿卫生福利》，《家》编辑部选编的《苏联的福利事业》。教育类图书包括黄嘉音等所著《儿童教育新谈》与顾学箕所著《培养幼儿健康习惯》。家庭类图书包括《家》编辑部选编的《苏联的家庭》。营养类图书包括区慧清所著《医院膳食管理》与《营养治疗法》，方文渊与李德麟合著的《托儿所膳食》与《食物与营养》，方文渊所编《一年食谱》，方文渊与张秀蓉合著的《汤与饮料》，薛甡生翻译的《婴儿的饮食》。"精神治疗丛书"包括粟宗华与黄嘉音合著的《自以为是皇后的女孩——变态心理治疗一例》以及黄嘉音自著的《儿童心理病态防治案例》、《心理治疗三百例》、《儿童行为反常精神治疗实例》、《打针吃药治不好的病》与《人格缺陷检查表》。生理类图书包括刘本立所著《月经常识》、薛甡生翻译的《婴儿的生理与疾病》、范存恒翻译的《女性生理与病态》。医学类图书包括詹子猷所著《口腔卫生》、薛甡生翻译的《儿童外伤预防》、刘本立所著《产钳接生术》、《家》编辑部选编的《防空救护常识》、施葆光翻译的《小儿疾病处理法》、江同翻译的《小儿疾病常识》、余鼎新所著《实用婴幼疾病问答》、何泽湧所著《结核病常识》。[①] 其中有很多书籍一版再版，十分畅销。

三、民国期间的其他编辑出版活动

　　1937 年 12 月，黄嘉音应聘到上海《大美晚报》翻译资料，由此进入报界。他先后在晚报、早报与午报部工作。当时，《大美晚报》设有副刊"早茶"，原由蒋荫恩主编。后来，蒋荫恩去香港《大公报》任职，报馆便让黄嘉音负责"早茶"的编辑工作。黄嘉音一边要编辑《西风》，一边要为《大美晚报》翻译资料兼编副刊"早茶"，十分忙碌，以至于累坏了身体，被医生警告要多休息。于是，他不得不离开了《大美晚报》，时间应当是在 1939 年年中。[②]

　　休整数月之后，黄嘉音又收到了《申报》的工作邀请。当时，《申报·自由谈》主编胡山源辞职，《申报》当局便邀请黄嘉音接任。于是，从 1940 年 1 月 1 日起，黄嘉音负责编辑《申

① 家出版社图书目录 [J]. 家，1952（279）：无页码.
② 黄嘉音. 这本书的故事——代序 [M]// 黄嘉音. 我爱讲的故事. 重庆：西风社，1945：1-2.

报·自由谈》。① 太平洋战争爆发、上海沦陷后,《申报》于1942年11月底被封,黄嘉音也差点被日本宪兵队带走讯问。② 这主要是因为在黄嘉音负责期间,《申报·自由谈》刊登的文章与前期有所不同,更多地关注起社会与人生,③ 说了许多风凉话。④

1945年1月,黄嘉音创办了光出版社(或称光半月刊社),主要编辑并发行了《光》杂志。该刊于1945年1月创刊,先为半月刊,后改为月刊,至1947年6月出完第23期后停刊。光出版社(光半月刊社)还出版过一些书籍,但数量很少。目前所见,黄嘉音所译《广岛被炸记》一书即是由光出版社于1946年11月出版,林友兰节译的《阿丹诺之钟》则由光半月刊社于1945年12月出版。

四、解放后的编辑出版活动

1949年5月上海解放后,上海市杂志工作者协会成立,黄嘉音为协会骨干,表现积极。⑤1953年,上海整顿私营出版业,家出版社自动歇业。1954年4月,上海文化出版社成立,黄嘉音进入其中工作,担任第五编辑室主任。1956年,《文汇报》复刊,黄嘉音被聘为该报副刊"彩色版"编辑。1958年9月,黄嘉音携家人离开上海,赴宁夏支援建设。

从1936年9月参与创办《西风》月刊,到1958年9月离开上海文化出版社,黄嘉音在期刊界与出版界从业整整22年之久。无论是《西风》系列刊物,还是《家》月刊,都在社会上产生了很大的影响,是中国现代史上的重要刊物。黄嘉音在编辑出版方面取得的成绩与作出的贡献无疑值得我们永远铭记。

第四节　黄嘉音的翻译成就

根据我们掌握的资料,除了少数几种欧美书籍外,黄嘉音主要是从欧美报刊所载文章中加以选译。而且,其翻译对象大致可以分为文学、时政、医学及妇幼家庭四类。

黄嘉音的翻译活动始于1934年。他正式发表的第一篇译文是苏联亚佛司钦珂(外文名不详)原著的《拜伦再世》,载于1934年3月16日出版的《论语》第37期。此后,黄嘉音的翻译活动一发不可收拾。仅在1934年,他就在五种杂志上发表了总共12篇译文。其中,除了《拜伦再世》,载于《论语》的译文另有三篇,即马克·吐温(Mark Twain)的《我的表——一个有教育价值的小故事》(第46期)与《一个好小孩的故事》(第50期)以及林语堂的《我的话:买鸟》(第52期)。载于《人间世》的译文也有三篇,即英国作家毛姆的《辜鸿铭访问记》(第12期)、韦恩·W. 帕里(Wayne W. Parrih)的《何谓技术统制?》(第15期)与威廉·麦克斯韦尔·比克顿(William MaxWell Bickerton)的《日本的私刑》(第17期)。

---

① 张泽贤. 民国出版标记大观(精装本)[M]. 上海:上海远东出版社,2012:129-130.

② 黄嘉音. 这本书的故事——代序 [M]// 黄嘉音. 我爱讲的故事. 重庆:西风社,1945:3-4.

③ 同①。

④ 同②:4.

⑤ 尚丁. 回忆黄嘉音同志 [M]// 俞子林. 那时文坛. 上海:上海书店出版社,2008:350.

此外,他还在《长城》上发表了《人生的片断》(第 1 卷第 4 期)与钟司东(外文名不详)的《爱因斯坦》(第 1 卷第 8 期),在《新生周刊》第 1 卷第 5 期发表了路易女士(Anna Louis Strong,即安娜·路易斯·斯特朗)的《加里宁夫人》,在《妇人画报》发表了美国学者培恩博士(外文名不详)的《新婚心理学》(第 16 期)与苏联作家卜蒲夫(外文名不详)的《我的婚姻》(第 22 期)。其中,《加里宁夫人》一文还收入倩之等选编的《人物评选续编》(上海生活书店 1937 年 2 月出版)。

1935 年,黄嘉音发表的译文有所减少,仅有 6 篇。他在《论语》上发表了马克·吐温的《睡在床上的危险》(第 56 期)及《萧伯纳最近谈话》(第 63 期),在《人间世》上发表了契珂夫夫人(Mrs Chekhov)的《追念契珂夫》、《军火商的秘密》(第 23 期)与凯思琳·诺里斯(Kathleen Norris)的《看我们娘儿们干吧》(第 25 期),又在《文艺电影》第 1 期上发表了奥古斯特·斯特林堡(August Strindberg)的《半张纸片》。

1936 年,黄嘉音发表的译文数量回增,达到 13 篇。他先是在 4 月 16 日出版的《宇宙风》第 15 期上发表了斯蒂芬·利科克的《未来之国联》。而随着《西风》创刊,他在其上连续发表了多篇译文,包括 W. 利文顿·拉尼德(W. Livington Larned)的《父亲的后悔》、安杰洛·帕特里(Angelo Patri)的《低能儿童》、《科学婴孩》、《战争黑幕》与《流浪》(均载于第 1 期),《爸爸的日记》与乔治·F. 康纳斯(George F. Corners)的《现代科学怪人》(均载于第 2 期),赛珍珠的《中国的创造精神》、威廉·锡布鲁克(William Seabrook)的《疯人院》与斯蒂芬·杜根(Stephen Duggan)的《苏联的书虫》(均载于第 3 期),盖尔·凯莉(Gail Carey)的《低能儿的母亲》与理查德·伊芙琳·伯德(Richard Evelyn Byrd)的《南极之夜》(均载于第 4 期)。

1937 年,黄嘉音发表的译文数量急剧增加,达到 33 篇次。其中,《宇宙风·逸经·西风》刊登了 4 篇,即杰邦尼库斯(Japonicus)的《关东军侵华狡计》(第 2 期)、H. 弗雷恩(H. Freyn)的《国际的狂人》(第 2 期)、穆利尔·莱斯特(Murial Lester)的《日本毒华铁证》(第 3 期)以及《日本自食其果》(第 4 期)。《西风》刊登了 23 篇,包括《粉笔生涯》与保罗·布朗(Paul Brown)的《海底历险记》(均载于第 5 期),《现代乌托邦》与莫利斯·E. 福克斯(Maurice E. Fox)的《疯人村》(均载于第 6 期),《成功秘诀》与沃尔特·B. 皮特金(Walter B. Pitkin)的《心理疗病术》(均载于第 7 期),《神秘人类》与雷蒙德·珀尔(Raymond Pearl)的《长寿秘诀》(均载于第 8 期),《大自然的教训》(第 11 期),《交友秘诀》、拉尔夫·卜森(Ralph Carson)的《天才疯子列传》、泰洛(Marion S. Taylor)的《经验之谈》(一、求偶戒条)、A. P. 卢斯康比·怀特(A. P. Luscombe Whyte)的《六大新发明》、璧馨慈(Patience Abbe)等的《三姊弟漫游记》(均载于第 12 期),《苏俄与日德之战》、阿伦·霍顿·布罗德里克(Alan Houghton Brodrick)的《苏俄是不可征服的》与泰洛的《经验之谈》(二、择偶良箴)(均载于第 13 期),泰洛的《经验之谈》(三、择夫标准)、L. 伊万诺夫(L. Ivanoff)的《形势严重的太平洋》与弗兰克·雷(Frank Reh)的《宇宙飞行记》(均载于第 14 期),泰洛的《经验之谈》(四、选妻准则)(第 15 期),泰洛的《经验之谈》(五、美满姻缘十诫)与奥斯卡·E. 米勒德(Oscar E. Millard)的《小杰作》(均载于第 16 期)。此外,他还在《救亡漫画》第 3 期发表了《揭露日军暴行,同情中国抗战:日本侵华声中的美国漫画家》,在《国际言论》第

4 期发表了《评中苏不侵犯条约二则》，在上海《周报》第 1 卷第 1 ～ 4 期上连载了雷马克（Erich Maria Remarque）所著《三同志》的第一章。《苏俄是不可征服的》一文后来还被收入战时出版社于 1938 年出版的《苏联与中日战争》一书。

1938 年，黄嘉音继续以《西风》为主阵地，发表译文 14 篇次，包括泰洛的《经验之谈》（六、告失恋者）（第 17 期），泰洛的《经验之谈》（七、爱情与热情）与林白夫人（Anne Morrow Lindbergh）的《林白夫妇东飞记》（均载于第 18 期），亨利·A. 戴维森（Henry A. Davidson）的《自杀研究》与刘易斯·E. 劳斯（Lewis E. Lawes）的《狱中活剧》（均载于第 19 期），《人之初》与阿莱恩·艾尔兰（Alleyne Ireland）的《普利哲追忆录》（均载于第 20 期），《陷入情网》（第 21 期），艾芙·居里（Eve Curie）著、文森特·希恩（Vincent Sheean）英译的《居里夫人》（第 22 期），诺曼·阿奇博尔德（Norman Archibald）的《壮志凌霄》（第 23 期），刘易斯·E. 毕什的《别怕难为情了》（第 24 期）。

1939 年，黄嘉音主要在《西风》与《西风副刊》上发表译文。其中，他在《西风》上发表的译文包括阿伦·费恩（Allan Finn）的《未雨绸缪的大学生》（第 29 期），阿克塞尔·蒙特（Axel Munthe）的《大疫之年》（第 30 期）、《冒险的人生》（第 31 期），珀西·魏克司曼（Percy Waxman）的《发展观察力》（第 33 期），多萝西·坎菲尔德（Dorothy Canfield）的《现代人与空间》（第 34 期），《不要自暴自弃》与《生命的潜力》（均载于第 37 期），菲利普·亨利·克尔（Philip Henry Kerr［11th Marquess of Lothian］）的《大同世界》（第 39 期）。他在《西风副刊》第 5 ～ 10 期上连载了美国作家威尔特（Thorton Wilder）的《大地的叹息》，又在第 13 期上发表了阿瑟·弗兰克·佩恩（Arthur Frank Payne）的《精神卫生金训》。同年，《大地的叹息》还由西风社推出了单行本，颇受欢迎，至 1940 年 2 月再版、1941 年 4 月三版、1949 年 4 月四版。

1940 年，黄嘉音仅发表了四篇译文，即斯坦·斯威格（Stein Sweig）的《精神世界的拓荒者》（载于《西风》第 41 期）与斯蒂芬·茨威格（Stefan Zweig）的《全神贯注》（载于《西风》第 51 期）、山额夫人（Margaret Sanger）的《山额夫人自传》（载于《西书精华》1940 年第 1 册）以及《热情与爱情》（载于《沙漠画报》第 3 卷第 38 期）。其中，《山额夫人自传》还由西风社于同年推出了单行本，列入"西书精华小丛书"。

1941 年，黄嘉音同样只发表了四篇译文，包括里奥·坎纳（Leo Kanner）的《好母亲》（载于《西风》第 55 期）、保罗·波普诺的《婚姻中的性生活》（载于《西风》第 56 期）、弥尔顿·麦凯（Milton Mackaye）的《急公好义的捐血会》（载于《西风副刊》第 33 期）以及《北极冒险记》（载于《沙漠画报》第 4 卷第 47 期）。此外，他还将法国作家贝朋诺（René Belbenoit）所著《流犯余生记》一书译成中文，由西风社于 1941 年 1 月出版，至 1948 年 1 月再版。1941 年 7 月，西风社还推出了黄嘉音的译文选集《得意书》，内收《西风月刊》刊登过的《居里夫人》、《普利哲追忆录》、《林白夫妇东飞记》、《南极之夜》、《北极冒险记》、《三姊弟漫游记》、《粉笔生涯》、《神秘人类》、《成功秘诀》、《交友之道》、《大自然的教训》、《壮志凌霄》、《流浪》、《狱中话剧》、《现代乌托邦》等传记、回忆录与短篇小说共 15 篇。

1942 年，黄嘉音只在《科学画报》第 9 卷第 3 期上发表了阿瑟·弗兰克·佩恩的《不要忧虑》一文。1943 年，他也只在《天下》半月刊第 1 ～ 6 期上连载了贝朋诺的《流犯余生记》

部分章节。1944 年，他继续在《西风》上发表译文，包括《音乐医师》、汉娜·利斯（Hannah Lees）的《脑电波测定器》与拉尔夫·华莱士（Ralph Wallace）的《肺痨患者的新救星》（均载于第 66 期）、弗兰克·荷普钟斯（Frank Hope-Jones）的《新历法》（第 67 期）以及《维持生活的平衡》（第 68 期）。

1945 年，黄嘉音发表的译文数量又增加到两位数。他在《西风》上发表了 12 篇次译文，包括曼却斯特（Harland Manchester）的《奇特怪异的新可塑物》与雷特（Virginia Reid）的《婴孩买卖》（均载于第 75 期），《战场访子》（第 77 期），巴尔玛（Gretta Palmer）的《你睡得着吗》、舒华兹中尉（Lieutenant Schwarty）的《伤兵院中》与贝朋诺的《流犯余生记》（序　早年的身世）（均载于第 79 期），《安眠摄合治疗术》、《未出世的婴孩》、《诊断的艺术》与《流犯余生记》（第一章　没有女人的世界）（均载于第 80 期），纽曼（Al Newman）笔录的《纳粹间谍上当》与《流犯余生记》（第二章　远渡重洋）（均载于第 81 期）。他还在《天地人》第 2 期上发表了杰西·B. 利顿豪斯（Jessie B. Rittenhouse）的《人生的工价》。

1946 年，黄嘉音继续在《西风》上发表了《流犯余生记》的第三至第十一章（第 82～90 期），奥勒斯（Fulton Oursler）的《利他使你得到新生》与戈登（Nathaniel Gordon）的《美军赔偿委员会》（均载于第 87 期），劳埃德·斯托弗（Lloyd Stouffer）的《万用纸》、卡普里奥（Frank S. Caprio）的《精神病常识测验》与迪安·詹宁斯（Dean Jennings）的《监狱中的好癖工厂》（均载于第 88 期），埃森豪威（Eisenhower）的《利他可使战祸消灭》（第 90 期）。此外，他还在《家》发表了福格森（Donita Ferguson）的《偷窃狂该当病医》（第 4 期）与赛珍珠的《养女谈收养子女问题》（第 8 期），在《一四七画报》第 4 卷第 5 期上发表了《美国女兵想回家》。此外，黄嘉音还将美国作家约翰·海尔赛（John Hersey）的《广岛被炸记》译成中文，由光出版社于 1946 年 11 月出版。

1947 年，黄嘉音在《西风》上发表了 16 篇次的译文，包括《流犯余生记》第十二至第二十章（第 91、93～100 期），莫洛亚（Andre Maurois）的《人生是太短促了》（第 91 期），劳顿（George Lawton）的《脑力使你常保青春》（第 92 期），斐哲（Louis Fischer）的《甘地访问记》（第 94 期），胡安尼塔·韦格纳（Juanita Wegner）的《我是美国新公民》（第 97 期），阿伦·A. 布朗（Alan A. Brown）的《遗传常识测验》与威廉·A. 利德盖特《从节育到诊治不育》（均载于第 98 期），劳伦斯·拉德（Lawrence Lader）的《你为什么睡不着》（第 100 期）。

1948 年，黄嘉音在《西风》上发表了 10 篇次的译文，包括米里亚姆·阿伦·德福特（Miriam Allen de Ford）的《最后一代的人类》（第 102 期），《人工受孕得子记》与约翰·E. 吉普森的《脸红心理学》（均载于第 105 期），约翰·厄斯金（John Erskine）的《最后的勇气》、阿姆兰·沙因费尔德（Amram Scheinfeld）的《女子的性冷感症》与厄本·H. 弗鲁奇（Urban H. Flooge）的《心理健康十五法》（均载于第 112 期），塞尔温·詹姆斯（Selwyn James）的《男子性无能》（第 113 期），《免费住院看医生》与《三次大战的代价》（均载于第 114 期）。此外，家出版社还出版了黄嘉音与叶群合译的《婚姻生活指导》以及他与江同合作编译的《实用育婴问答》。这两本译著均十分畅销，后来曾多次重印。

1949 年，黄嘉音在《西风》与《家》上分别发表了 5 篇与 3 篇译文。《西风》所载译文包括《性的恐惧危害健康》（第 115 期），今村笃志（Tokushi Imanura）的《广岛复生记》、罗伯特·扎克斯(Robert Zacks)的《有家不归》及 J. D. 劳伦斯(J. D. Lawrence)与劳伦斯·高尔顿(Lawrence Galton)合撰的《刷牙防蛀新法》(均载于第 116 期),莫里斯·菲什贝因(Morris Fishbein)的《走江湖的"心理学家"》(第 117 期)。他在《家》上发表的译文则均为苏联作家的作品,包括费丁娜(外文名不详)的《一个女共产党员的自白》与莎士柯华(外文名不详)的《这里没有孤儿》(均载于第 46 期),博斯陀夫斯基(外文名不详)的《女领港》(第 47 期)。此外,家出版社还出版了黄嘉音翻译的《婴儿的权利》以及他与妻子朱绮合作编译的《斗争中的亚洲妇女》。

新中国成立之后,黄嘉音仅仅编译了古普佛(Grace H. Kupfer)的《希腊罗马神话故事》,由上海文化出版社于 1956 年 6 月出版。黄嘉音停止翻译的原因尚不明确,但大概跟当时编辑出版界的剧变与政治运动的泛滥不无关系。不过,他此前产出的丰硕成果还是得到了翻译界的广泛认可。1951 年,他被吸纳为上海翻译工作者协会会员。①

第五节　黄嘉音的翻译观

目前所见,黄嘉音并未发表过探讨翻译问题的专文,仅在其几种译著单行本的前言或译序中稍微谈及他对于翻译的认识与理解。

黄嘉音遵循"能直译时便直译,不能直译时则用意译"的翻译原则。他指出:"对于翻译,我始终以为在两种文字语意能相同的时候,便应该忠实地把它照译出来,遇到两种文字习惯不同的时候,那只好凭译者的技巧去意译了。"② 他认为,译者应当被赋予自由处置权,以便自行判断并决定在什么地方采用什么翻译方法:"至于什么地方应该怎样译法,那就得由译者的天良去判断。"③

黄嘉音十分注重译文质量。他在翻译《大地的叹息》一书时曾反复修改,还请朋友加以校阅把关,"力求做到忠实于原文和通俗易懂"。④ 但是,受其翻译观的影响,其译文显然无法做到完全忠实于原著。比如,在翻译《大地的叹息》时,碰到一些他认为译出还不如不译的地方,他就直接加以删除不译。⑤ 又如,在翻译《希腊罗马神话故事》时,他则采用节译的方式,一方面对不必要的字句加以删节,另一方面又加上原文没有的字句以使译文更加完整。⑥

① 林煌天. 中国翻译词典 [M]. 武汉:湖北教育出版社,1997:299.
② 黄嘉音. 译者的话 [M]// 威尔特. 大地的叹息. 黄嘉音译. 上海:西风社,1939:II.
③ 同②。
④ 译者. 前言 [M]// 古普佛. 希腊罗马神话故事. 黄嘉音编译. 上海:上海文化出版社,1956:无页码.
⑤ 同②。
⑥ 同④。

附:黄嘉音翻译成果一览

一、译著

1.《大地的叹息》,威尔特著,黄嘉音译,西风社 1939 年出版、1940 年 2 月再版、1941 年 4 月三版、1949 年 4 月四版。

2.《山额夫人自传》,山额夫人著,黄嘉音节译,西风社 1940 年出版,列入"西书精华小丛书"。

3.《流犯余生记》,贝朋诺著,黄嘉音译,西风社 1941 年 1 月出版,1948 年 1 月再版。

4.《得意书》,黄嘉音选译,西风社 1941 年 7 月出版。内收 15 篇传记、回忆录与短篇小说,均在《西风月刊》刊登过。

5.《广岛被炸记》,约翰·海尔赛著,黄嘉音译,光出版社 1946 年 11 月出版。

6.《婚姻生活指导》,汉娜·史东(Hanah M. Stone)、亚勃南·史东(Abraham Stone)著,叶群、黄嘉音译,家出版社 1948 年 11 月出版、1949 年 3 月再版、1951 年 2 月三版、1951 年 7 月四版。

7.《实用育婴问答》,班德逊(Herman N. Bundesen)著,黄嘉音、江同编译,家出版社 1948 年出版、1949 年 4 月三版。

8.《婴儿的权利》,雷波尔(Margaret A. Ribble)著,黄嘉音译,家出版社 1949 年出版。

9.《斗争中的亚洲妇女》,黄嘉音、朱绮编译,家出版社 1949 年 12 月出版、1950 年 3 月再版。

10.《希腊罗马神话故事》,古普佛著,黄嘉音编译,上海文化出版社 1956 年 6 月出版。

二、收入各类文集的译文

1.《加里宁夫人》,路易女士著,嘉音译,载倩之等编《人物评选续编》(上海生活书店 1937 年 2 月出版)。

2.《苏俄是不可征服的》,阿伦·霍顿·布罗德里克著,黄嘉音译,载胡愈之等著《苏联与中日战争》(战时出版社 1938 年出版,列入"战时小丛刊")。

三、报刊译文

(一)载于《论语》的译文

1.《拜伦再世》,亚佛司钦珂著,黄嘉音译,载于《论语》1934 年第 37 期。

2.《我的表——一个有教育价值的小故事》,马克·吐温著,黄嘉音译,载于《论语》1934 年第 46 期。

3.《一个好小孩的故事》,马克·吐温著,黄嘉音译,载于《论语》1934 年第 50 期。

4.《我的话:买鸟》,林语堂著,黄嘉音译,载于《论语》1934 年第 52 期。

5.《睡在床上的危险》,马克·吐温著,黄嘉音译,载于《论语》1935 年第 56 期。

6.《萧伯纳最近谈话》，萧伯纳著，黄嘉音译，载于《论语》1935 年第 63 期。

（二）载于《人间世》的译文

1.《辜鸿铭访问记》，毛姆著，黄嘉音译，载于《人间世》1934 年第 12 期。

2.《何谓技术统制？》，韦恩·W. 帕里著，黄嘉音译，载于《人间世》1934 年第 15 期。

3.《日本的私刑》，威廉·麦克斯韦尔·比克顿著，黄嘉音译，载于《人间世》1934 年第 17 期。

4.《追念契珂夫》，契珂夫夫人著，黄嘉音译，载于《人间世》1935 年第 21 期。

5.《军火商的秘密》，黄嘉音译，载于《人间世》1935 年第 23 期。

6.《看我们娘儿们干吧》，凯思琳·诺里斯著，黄嘉音译，载于《人间世》1935 年第 25 期。

（三）载于《宇宙风》系列刊物的译文

1.《未来之国联》，斯蒂芬·利科克著，载于《宇宙风》1936 年第 15 期。

2.《关东军侵华狡计》，杰邦尼库斯著，黄嘉音译，载于《宇宙风·逸经·西风》1937 年第 2 期。

3.《国际的狂人》，H. 弗雷恩著，胡悲译，载于《宇宙风·逸经·西风》1937 年第 2 期。

4.《日本毒华铁证》，穆利尔·莱斯特著，黄嘉音译，载于《宇宙风·逸经·西风》1937 年第 3 期。

5.《日本自食其果》，黄嘉音译，载于《宇宙风·逸经·西风》1937 年第 4 期。

（四）载于《西风》的译文

1.《父亲的后悔》，W. 利文顿·拉尼德著，嘉音译，载于《西风》1936 年第 1 期，又载于《西风精华》1938 年第 1 期。

2.《低能儿童》，安杰洛·帕特里著，黄嘉音译，载于《西风》1936 年第 1 期，又载于《飞燕丛刊》1940 年第 4 期。

3.《科学婴孩》，胡悲译，载于《西风》1936 年第 1 期，又载于《漫画半月刊》1938 年第 2 期、《沙漠画报》1942 年第 5 卷第 2 期。

4.《战争黑幕》，黄嘉音译，载于《西风》1936 年第 1 期。

5.《流浪》，黄嘉音译，载于《西风》1936 年第 1 期。

6.《爸爸的日记》，黄嘉音译，载于《西风》1936 年第 2 期。

7.《现代科学怪人》，乔治·F. 康纳斯著，胡悲译，载于《西风》1936 年第 2 期。后改题为《科学怪人》，发表在《沙漠画报》1940 年第 3 卷第 20 期。

8.《中国的创造精神》，赛珍珠著，嘉音译，载于《西风》1936 年第 3 期，又载于《沙漠画报》1941 年第 4 卷第 28 期。

9.《疯人院》，威廉·锡布鲁克著，黄嘉音译，载于《西风》1936 年第 3 期，又载于《西风精华》1938 年第 1 期、《西风副刊》1938 年第 2 期、《飞燕丛刊》1940 年第 4 期。

10.《苏联的书虫》，斯蒂芬·杜根著，胡悲译，载于《西风》1936 年第 3 期。

11.《低能儿的母亲》，盖尔·凯莉著，黄嘉音译，载于《西风》1936年第4期。

12.《南极之夜》，理查德·伊芙琳·伯德著，黄嘉音译，载于《西风》1936年第4期。

13.《海底历险记》，保罗·布朗著，胡悲译，载于《西风》1937年第5期。

14.《粉笔生涯》，黄嘉音译，载于《西风》1937年第5期。

15.《疯人村》，莫利斯·E.福克斯著，胡悲译，载于《西风》1937年第6期，又载于《飞燕丛刊》1940年第4期、《沙漠画报》1942年第5卷第23期。

16.《现代乌托邦》，黄嘉音译，载于《西风》1937年第6期。

17.《成功秘诀》，黄嘉音译，载于《西风》1937年第7期。

18.《心理疗病术》，沃尔特·B.皮特金著，胡悲译，载于《西风》1937年第7期，又载于《飞燕丛刊》1940年第4期。

19.《长寿秘诀》，雷蒙德·珀尔著，胡悲译，载于《西风》1937年第8期。

20.《神秘人类》，黄嘉音译，载于《西风》1937年第8期。

21.《大自然的教训》，黄嘉音译，载于《西风》1937年第11期。

22.《天才疯子列传》，拉尔夫·卜森著，胡悲译，载于《西风》1937年第12期，又载于《飞燕丛刊》1940年第4期。

23.《交友秘诀》，黄嘉音译，载于《西风》1937年第12期。

24.《经验之谈》（一、求偶戒条），泰洛著，黄嘉音译，载于《西风》1937年第12期。

25.《六大新发明》，A.P.卢斯康比·怀特著，胡悲译，载于《西风》1937年第12期。

26.《三姊弟漫游记》，璧馨慈、理查（Richard Abbe）、约翰（John Abbe）著，黄嘉音译，载于《西风》1937年第12期。

27.《苏俄与日德之战》，胡悲译，载于《西风》1937年第13期。

28.《苏俄是不可征服的》，阿伦·霍顿·布罗德里克著，黄嘉音译，载于《西风》1937年第13期。

29.《经验之谈》（二、择偶良箴），泰洛著，黄嘉音译，载于《西风》1937年第13期。

30.《经验之谈》（三、择夫标准），泰洛著，黄嘉音译，载于《西风》1937年第14期。

31.《形势严重的太平洋》，L.伊万诺夫著，黄嘉音译，载于《西风》1937年第14期。

32.《宇宙飞行记》，弗兰克·雷著，胡悲译，载于《西风》1937年第14期，又载于《沙漠画报》1940年第3卷第44期。

33.《经验之谈》（四、选妻准则），泰洛著，黄嘉音译，载于《西风》1937年第15期。

34.《经验之谈》（五、美满姻缘十诫），泰洛著，黄嘉音译，载于《西风》1937年第16期。后以《美满姻缘十诫》为题发表在《沙漠画报》1940年第3卷第38期上。

35.《小杰作》，奥斯卡·E.米勒德著，胡悲译，载于《西风》1937年第16期。后改题为《小的艺术》发表在《沙漠画报》1940年第3卷第33期上。

36.《经验之谈》（六、告失恋者），泰洛著，黄嘉音译，载于《西风》1938年第17期。

37.《经验之谈》（七、爱情与热情），泰洛著，黄嘉音译，载于《西风》1938年第18期。

38.《林白夫妇东飞记》，林白夫人著，黄嘉音译，载于《西风》1938年第18期。

39.《青年与贞操》，黄嘉音译，载于《西风》1938年第19期。

40.《自杀研究》,亨利·A. 戴维森著,胡悲译,载于《西风》1938 年第 19 期。

41.《狱中活剧》,刘易斯·E. 劳斯著,黄嘉音译,载于《西风》1938 年第 19 期,又载于《沙漠画报》1940 年第 3 卷第 8 期。

42.《人之初》,黄嘉音译,载于《西风》1938 年第 20 期。

43.《普利哲追忆录》,阿莱恩·艾尔兰著,黄嘉音译,载于《西风》1938 年第 20 期。

44.《陷入情网》,黄嘉音译,载于《西风》1938 年第 21 期。

45.《居里夫人》,艾芙·居里著,文森特·希恩英译,黄嘉音译,载于《西风》1938 年第 22 期。

46.《壮志凌霄》,诺曼·阿奇博尔德著,黄嘉音译,载于《西风》1938 年第 23 期。

47.《别怕难为情了》,刘易斯·E. 毕什著,胡悲译,载于《西风》1938 年第 24 期,又载于《飞燕丛刊》1940 年第 3 期、《沙漠画报》1941 年第 4 卷第 48 期。

48.《未雨绸缪的大学生》,阿伦·费恩著,黄嘉音译,载于《西风》1939 年第 29 期。

49.《大疫之年》,阿克塞尔·蒙特著,黄嘉音译,载于《西风》1939 年第 30 期。

50.《冒险的人生》,黄嘉音译,载于《西风》1939 年第 31 期,又载于《飞燕丛刊》1940 年第 1 期。

51.《发展观察力》,珀西·魏克司曼著,黄嘉音译,载于《西风》1939 年第 33 期,又载于《飞燕丛刊》1940 年第 1 期。

52.《现代人与空间》,多萝西·坎菲尔德著,黄嘉音译,载于《西风》1939 年第 34 期。

53.《不要自暴自弃》,黄嘉音译,载于《西风》1939 年第 37 期,又载于《西风精华》1940 年第 3 期、《飞燕丛刊》1940 年第 1 期、《沙漠画报》1941 年第 5 卷第 1 期。

54.《生命的潜力》,嘉音译,载于《西风》1939 年第 37 期。

55.《大同世界》,菲利普·亨利·克尔著,黄嘉音译,载于《西风》1939 年第 39 期。

56.《精神世界的拓荒者》,斯坦·斯威格著,黄嘉音译,载于《西风》1940 年第 41 期,又载于《飞燕丛刊》1940 年第 4 期。

57.《全神贯注》,斯蒂芬·茨威格著,黄嘉音译,载于《西风》1940 年第 51 期。

58.《好母亲》,里奥·坎纳著,黄嘉音译,载于《西风》1941 年第 55 期。

59.《婚姻中的性生活》,保罗·波普诺著,胡悲译,载于《西风》1941 年第 56 期。

60.《脑电波测定器》,汉娜·利斯著,黄嘉音译,载于《西风》1944 年第 66 期。

61.《肺痨患者的新救星》,拉尔夫·华莱士著,唐牧译,载于《西风》1944 年第 66 期。

62.《音乐医师》,胡悲译,载于《西风》1944 年第 66 期。

63.《新历法》,弗兰克·荷普钟斯著,唐牧译,载于《西风》1944 年第 67 期。

64.《维持生活的平衡》,胡悲译,载于《西风》1944 年第 68 期。

65.《奇特怪异的新可塑物》,曼却斯特著,胡悲译,载于《西风》1945 年第 75 期。

66.《婴孩买卖》,雷特著,唐牧译,载于《西风》1945 年第 75 期。

67.《战场访子》,隐名氏著,胡悲译,载于《西风》1945 年第 77 期。

68.《你睡得着吗》,巴尔玛著,唐牧译,载于《西风》1945 年第 79 期。

69.《伤兵院中》,舒华兹中尉著,胡悲译,载于《西风》1945 年第 79 期。

70.《流犯余生记》(序　早年的身世)，贝朋诺著，黄嘉音译，载于《西风》1945年第79期。

71.《安眠摄合治疗术》，胡悲译，载于《西风》1945年第80期。

72.《未出世的婴孩》，胡悲译，载于《西风》1945年第80期。

73.《诊断的艺术》，唐牧译，载于《西风》1945年第80期。

74.《流犯余生记》(第一章　没有女人的世界)，贝朋诺著，黄嘉音译，载于《西风》1945年第80期。

75.《纳粹间谍上当》，前英国秘密间谍某氏口述，纽曼笔录，黄嘉音译，载于《西风》1945年第81期。

76.《流犯余生记》(第二章　远渡重洋)，贝朋诺著，黄嘉音译，载于《西风》1945年第81期。

77.《流犯余生记》(第三章　悲惨的生活)，贝朋诺著，黄嘉音译，载于《西风》1946年第82期。

78.《流犯余生记》(第四章　犯人逃走了)，贝朋诺著，黄嘉音译，载于《西风》1946年第83期。

79.《流犯余生记》(第五章　防舍之中)，贝朋诺著，黄嘉音译，载于《西风》1946年第84期。

80.《流犯余生记》(第六章　不自由毋宁死)，贝朋诺著，黄嘉音译，载于《西风》1946年第85期。

81.《流犯余生记》(第七章　行刑前夜)，贝朋诺著，黄嘉音译，载于《西风》1946年第86期。

82.《流犯余生记》(第八章　流犯医院内景)，贝朋诺著，黄嘉音译，载于《西风》1946年第87期。

83.《利他使你得到新生》，奥勒斯著，胡悲译，载于《西风》1946年第87期。

84.《美军赔偿委员会》，戈登著，唐牧译，载于《西风》1946年第87期。

85.《万用纸》，劳埃德·斯托弗著，唐牧译，载于《西风》1946年第88期。

86.《精神病常识测验》，卡普里奥著，黄嘉音译，载于《西风》1946年第88期。

87.《监狱中的好癖工厂》，迪安·詹宁斯著，胡悲译，载于《西风》1946年第88期。

88.《流犯余生记》(第九章　屡戒不悛犯)，贝朋诺著，黄嘉音译，载于《西风》1946年第88期。

89.《流犯余生记》(第十章　血淋淋的流犯营)，贝朋诺著，黄嘉音译，载于《西风》1946年第89期。

90.《流犯余生记》(第十一章　爱河之中)，贝朋诺著，黄嘉音译，载于《西风》1946年第90期。

91.《利他可使战祸消灭》，埃森豪威著，黄嘉音译，载于《西风》1946年第90期。

92.《流犯余生记》(第十二章　孤独黑暗的日子)，贝朋诺著，黄嘉音译，载于《西风》1947年第91期。

93.《人生是太短促了》，莫洛亚著，黄嘉音译，载于《西风》1947年第91期。

94.《脑力使你常保青春》，劳顿著，胡悲译，载于《西风》1947 年第 92 期。

95.《流犯余生记》（第十三章　运气转变了），贝朋诺著，黄嘉音译，载于《西风》1947 年第 92 期。

96.《流犯余生记》（第十四章　一个意外事件），贝朋诺著，黄嘉音译，载于《西风》1947 年第 93 期。

97.《甘地访问记》，斐哲著，胡悲译，载于《西风》1947 年第 94 期。

98.《流犯余生记》（第十五章　不幸的灾难），贝朋诺著，黄嘉音译，载于《西风》1947 年第 94 期。

99.《流犯余生记》（第十六章　新总督的差使），贝朋诺著，黄嘉音译，载于《西风》1947 年第 95 期。

100.《流犯余生记》（第十七章　最快乐的黎明），贝朋诺著，黄嘉音译，载于《西风》1947 年第 96 期。

101.《流犯余生记》（第十八章　命运之神的援手），贝朋诺著，黄嘉音译，载于《西风》1947 年第 97 期。

102.《我是美国新公民》，胡安尼塔·韦格纳著，唐牧译，载于《西风》1947 年第 97 期。

103.《遗传常识测验》，阿伦·A. 布朗著，胡悲译，载于《西风》1947 年第 98 期。

104.《从节育到诊治不育》，威廉·A. 利德盖特著，唐牧译，载于《西风》1947 年第 98 期。

105.《流犯余生记》（第十九章　穿上女人的衣服），贝朋诺著，黄嘉音译，载于《西风》1947 年第 98 期。

106.《流犯余生记》（第二十章　言语不通的夫妻），贝朋诺著，黄嘉音译，载于《西风》1947 年第 99 期。

107.《你为什么睡不着》，劳伦斯·拉德著，胡悲译，载于《西风》1947 年第 100 期。

108.《最后一代的人类》，米里亚姆·阿伦·德福特著，黄嘉音译，载于《西风》1948 年第 102 期。

109.《脸红心理学》，约翰·E. 吉普森著，胡悲译，载于《西风》1948 年第 105 期，又载于《现实文摘》1948 年第 2 卷第 10 期。

110.《人工受孕得子记》，无名氏著，唐牧译，载于《西风》1948 年第 105 期。

111.《心理健康十五法》，厄本·H. 弗鲁奇著，黄嘉音译，载于《西风》1948 年第 112 期，又载于《书报精华》1949 年第 50 期。

112.《女子的性冷感症》，阿姆兰·沙因费尔德著，胡悲译，载于《西风》1948 年第 112 期。

113.《最后的勇气》，约翰·厄斯金著，唐牧译，载于《西风》1948 年第 112 期。

114.《男子性无能》，塞尔温·詹姆斯著，胡悲译，载于《西风》1948 年第 113 期。

115.《免费住院看医生》，黄嘉音译，载于《西风》1948 年第 114 期。

116.《三次大战的代价》，唐牧译，载于《西风》1948 年第 114 期。

117.《性的恐惧危害健康》，胡悲译，载于《西风》1949 年第 115 期。

118.《广岛复生记》，今村笃志著，黄嘉音译，载于《西风》1949 年第 116 期。

119.《刷牙防蛀新法》，J. D. 劳伦斯、劳伦斯·高尔顿著，唐牧译，载于《西风》1949

年第 116 期。

120.《有家不归》，罗伯特·扎克斯著，唐牧译，载于《西风》1949 年第 116 期。

121.《走江湖的"心理学家"》，莫里斯·菲什贝因著，胡悲译，载于《西风》1949 年第 117 期。

（五）载于《西风副刊》的译文

1.《大地的叹息》（一），威尔特著，黄嘉音译，载于《西风副刊》1939 年第 5 期。

2.《大地的叹息》（二），威尔特著，黄嘉音译，载于《西风副刊》1939 年第 6 期。

3.《大地的叹息》（三），威尔特著，黄嘉音译，载于《西风副刊》1939 年第 7 期。

4.《大地的叹息》（四），威尔特著，黄嘉音译，载于《西风副刊》1939 年第 8 期。

5.《大地的叹息》（五），威尔特著，黄嘉音译，载于《西风副刊》1939 年第 9 期。

6.《大地的叹息》（六），威尔特著，黄嘉音译，载于《西风副刊》1939 年第 10 期。

7.《精神卫生金训》，阿瑟·弗兰克·佩恩著，黄嘉音译，载于《西风副刊》1939 年第 13 期，又载于《飞燕丛刊》1940 年第 3 期。

8.《急公好义的捐血会》，弥尔顿·麦凯著，胡悲译，载于《西风副刊》1941 年第 33 期。

（六）载于《家》的译文

1.《偷窃狂该当病医》，福格森著，黄嘉音译，载于《家》1946 年第 4 期。

2.《与养女谈收养子女问题》，赛珍珠著，胡悲节译，载于《家》1946 年第 8 期。

3.《一个女共产党员的自白》，费丁娜著，唐牧译，载于《家》1949 年第 46 期。

4.《这里没有孤儿》，莎士柯华著，黄嘉音译，载于《家》1949 年第 46 期。

5.《女领港》，博斯陀夫斯基著，黄嘉音译，载于《家》1949 年第 47 期。

（七）载于其他民国期刊的译文

1.《人生的片断》，嘉音编译，载于《长城》1934 年第 1 卷第 4 期。

2.《爱因斯坦》，钟司东著，嘉音译，载于《长城》1934 年第 1 卷第 8 期。

3.《加里宁夫人》，路易女士著，嘉音译，载于《新生周刊》1934 年第 1 卷第 5 期。

4.《新婚心理学》，培恩博士著，嘉音译，载于《妇人画报》1934 年第 16 期。

5.《我的婚姻》，卞蒲夫著，黄嘉音转译，载于《妇人画报》1934 年第 22 期。

6.《半张纸片》，奥古斯特·斯特林堡著，黄嘉音译，载于《文艺电影》1935 年第 1 期。

7.《揭露日军暴行，同情中国抗战：日本侵华声中的美国漫画家》，黄嘉音译，载于《救亡漫画》1937 年第 3 期。

8.《评中苏不侵犯条约二则》，黄嘉音译，载于《国际言论》1937 年第 4 期。

9.《三同志》第一章（未完），雷马克著，黄嘉音译，载于上海《周报》1937 年第 1 卷第 1 期。

10.《三同志》第一章（续），雷马克著，黄嘉音译，载于上海《周报》1937 年第 1 卷第 2 期。

11. 《三同志》第一章（续），雷马克著，黄嘉音译，载于上海《周报》1937 年第 1 卷第 3 期。

12. 《三同志》第一章（续），雷马克著，黄嘉音译，载于上海《周报》1937 年第 1 卷第 4 期。

13. 《山额夫人自传》，山额夫人著，黄嘉音译，载于《西书精华》1940 年第 1 册（创刊号）。

14. 《热情与爱情》，嘉音译，载于《沙漠画报》1940 年第 3 卷第 38 期。

15. 《北极冒险记》，黄嘉音译，载于《沙漠画报》1941 年第 4 卷第 47 期。

16. 《不要忧虑》，A. F. 佩恩著，胡悲译，载于《科学画报》1942 年第 9 卷第 3 期。

17. 《流犯余生记》（一），贝朋诺著，唐牧译，载于《天下》半月刊 1943 年第 1 期（创刊号）。

18. 《流犯余生记》（二），贝朋诺著，唐牧译，载于《天下》半月刊 1943 年第 2 期。

19. 《流犯余生记》（三），贝朋诺著，唐牧译，载于《天下》半月刊 1943 年第 3 期。

20. 《流犯余生记》（四），贝朋诺著，唐牧译，载于《天下》半月刊 1943 年第 4 期。

21. 《流犯余生记》（五），贝朋诺著，唐牧译，载于《天下》半月刊 1943 年第 5 期。

22. 《流犯余生记》（六），贝朋诺著，唐牧译，载于《天下》半月刊 1943 年第 6 期。

23. 《人生的工价》，杰西·B. 利顿豪斯著，唐牧译，载于《天地人》1945 年第 2 期。

24. 《美国女兵想回家》，唐牧编译，载于《一四七画报》1946 年第 4 卷第 5 期。

第七章

生物学翻译家——傅子祯

第一节　傅子祯生平简介

傅子祯(1915—1995)，或误写为付子祯，原名紫祯，[①] 后取笔名梓丁，中国现代著名生物学家、翻译家。

傅子祯之父名叫傅无闷(Fu Wu Wen, 1892—1965)，原名振箕，无闷为其别号。[②] 傅家原籍福建南安，但世居泉州城内。[③] 傅无闷先后就读于私塾、泉州清源书院、泉郡公立中学、北京财政学堂等。[④] 他思想进步，先后加入中国同盟会、中国国民党，参与过倒袁斗争。[⑤] 不过，傅无闷一生基本上都在报界服务，是海内外著名的报人。他早年曾任《应声日报》临时主笔(1913)、泉州《新民周报》编辑与厦门《民钟日报》总编辑(1916—1918)。[⑥] 1918年，因得罪福建督军李厚基，报馆被封，他也被迫逃往东南亚。此后，他基本上就是在东南亚各地的大小报社工作，包括《公理报》、《平民日报》、《仰光日报》、《星洲日报》、《南洋商报》、《中南日报》、《新报》等。[⑦]

傅无闷早年在泉州娶妻吴氏，生子女三人，即傅紫曦、傅紫祯、傅紫礼（女），后又与刘韵仙结婚，生子三人，即傅超人、傅超贤、傅继慈。[⑧] 其中，傅紫祯后来改名为傅子祯。他们兄妹大多接受过正规教育，各自取得了一番成就。

---

① 陈维龙. 东南亚华裔闻人传略 [M]. 新加坡：南洋学会，1977：83.
② 柯木林. 新加坡宗乡会馆联合总会 [M]. 新加坡：教育出版私营有限公司，1995：198.
③ 同①：82.
④ 同②.
⑤ 杨保筠. 华侨华人百科全书·人物卷 [M]. 北京：中国华侨出版社，2001：138.
⑥ 夏春平. 世界华文传媒年鉴(2009) [M]. 北京：世界华文传媒年鉴社，2009：636-637.
⑦ 同②。
⑧ 同①。

　　傅子祯早年的求学活动不详。但他至迟在 1934 年秋就已经就读于福建协和大学,因为在 1934 年秋至 1935 年秋,他担任该校数理学社社长一年。[①] 不过,他最初应当只是预科生,后来才升入本科。1938 年春至 1938 年秋,他又担任数理学社副社长。[②]1939 年春,他从福建协和大学数理系顺利毕业,其毕业论文题为《邵武地磁场之测定》。[③]

　　从福建协和大学毕业之后,傅子祯追随其父的脚步,也进入报界工作。1940 年,他出任《南洋商报》驻香港办事处主任,同时兼任国际新闻社编辑。[④] 他能够担任此职,无疑跟傅无闷当时正担任《南洋商报》的董事、经理兼编辑主任(即主编)有着很大的关系。[⑤]

　　《南洋商报》驻香港办事处设在九龙的弥敦道(Nathan Road,或译弥登道、弥顿道)一幢房子的三楼,香港国际新闻社则设在其底层。[⑥] 该办事处的职员很少,仅有傅子祯及其妻子王安娜、负责事务工作的陈瑞麟以及 1941 年 2 月经国际新闻社社长恽逸群介绍前来工作的于友。[⑦]

　　《南洋商报》驻香港办事处主要负责向《南洋商报》总部提供香港的各类新闻资料,其来源包括香港出版的各种报刊、国际新闻社持续发行的新闻通讯稿《国际通讯》及各种专稿等。由于傅子祯通晓英文与俄文,所以他经常为《南洋商报》总部寄送由他本人翻译的各种资料。[⑧] 值得注意的是,从 1940 年 12 月 1 日起,国际新闻社的创始人之一胡愈之应聘担任《南洋商报》的编辑主任,主持该报的编辑工作,直到日军攻占新加坡为止。[⑨] 傅子祯与胡愈之在工作上产生了交集,逐步相识、相知、相交。

　　1941 年 12 月 8 日,太平洋战争爆发。随着日军从四面八方发动进攻,香港很快就沦陷了。傅子祯夫妇与于友三人先到香港中环一个朋友的店里暂避,后来扮成苦力经九龙辗转到惠州。傅子祯夫妇决定返回福建家乡,于友则前往湖南。[⑩]傅子祯夫妇此后的行踪与活动不详。我们只查到,1945 年,傅子祯在《新知》第 1 卷第 2 期上发表过《光粒,物质波,及不定原理》一文,内容涉及光的波粒二象性问题。[⑪]这应当也是他根据国外资料译介而成,只是他并未标注其译介内容的来源。

① 黄涛. 大德是钦——记忆深处的福建协和大学 [M]. 北京:中国大百科全书出版社,2007:380.

② 同①。

③ 同①:625.

④ 黄禅真. 傅子祯生平译事 [C]// 林本椿. 福建翻译家研究. 福州:福建教育出版社,2005:253.

⑤ 新加坡报业控股华文报集团. 我们的七十年(1923—1993)[C]. 新加坡:新加坡报业控股华文报集团,1993:59.

⑥ 同④。

⑦ 区如柏. 战前《南洋商报》驻香港办事处主任傅子祯 [M]// 区如柏. 峥嵘岁月(二). 新加坡:新加坡青年书局,2007:116-117.

⑧ 于友. 报人往事 [M]. 北京:群言出版社,2013:162.

⑨ 王莉. 胡愈之与《南洋商报》[M]// 赵振祥. 东南亚华文传媒研究. 北京:世界知识出版社,2007:366.

⑩ 同⑧:164.

⑪ 傅子祯. 光粒,物质波,及不定原理 [J]. 新知,1945,21(2):25-26.

抗战胜利后,因为父亲等家人大多住在新加坡,傅子祯曾到新加坡探亲,并居住了一段时间。1949 年 7 月,傅子祯接受胡愈之的指示回国,历任北京新华书店编辑部编辑、出版总署编辑、北京农业大学副教授兼翻译室主任、高等教育出版社编辑室主任等职。1961 年 5 月,傅子祯调到山西大学执教,历任该校生物系副教授、教授、植物教研室主任等。他们一家在"文革"期间受到冲击。王安娜与女儿都不幸去世,傅子祯与儿子则幸运地度过了这一劫难。1988 年,傅子祯退休。1995 年 1 月 8 日,他在山西太原离开了人世。[①]

第二节　傅子祯的翻译成就

早在 1938 年,还在福建协和大学就读的傅子祯就曾为《福建导报》提供过一篇特译稿,即译自《亚美杂志》(*Amerasia*)1938 年 9 月号的《西南国际路线完成了》一文,发表在该刊第 1 卷第 5 期上。[②] 此外,如前文所述,在担任《南洋商报》驻香港办事处主任期间,傅子祯也曾翻译过大量的新闻资料。但是,傅子祯的翻译事业直到 20 世纪 50 年代才有序开始。

众所周知,由于政治制度、意识形态等因素的影响,新成立的中华人民共和国曾出现了向苏联及东欧社会主义国家"一边倒"的情形。这种"一边倒"情形,不仅出现在外交上,也出现在文化上。以文学翻译为例,在中苏关系"蜜月时期",就出现过一个译介苏联文学的浪潮。据卞之琳、叶水夫、袁可嘉与陈燊在 1959 年所做的统计,从 1949 年 10 月到 1958 年 12 月,中国翻译出版的苏联(包括俄国)的文艺作品多达 3526 种,占这个时期全部外国文艺作品译本的 65.8%;其总印数则高达 8200.5 万册,占同期全部外国文艺作品译本总印数的 74.4%。[③] 在科学翻译领域,情况亦如此。在这一时期,苏联与东欧社会主义国家的科学论著成为中国科学家的主要学习对象,自然成为译介重点。据不完全统计,1949 年,中国出版的苏联科学译著仅有 5 种,1950 年为 31 种,1951 年有 68 种,1952 年增加到 137 种,1953 年则有 505 种,1954 年更是骤增到 911 种,远超译自其他国家的科学译著。即便是在 1960 年中苏关系破裂之后,译自苏联的科学译著仍然比其他国家要多上许多。[④]

在这种大形势下,精通俄语的傅子祯也加入到苏联科学著述的翻译队伍中来,并且成为其中的骨干分子之一。据不完全统计,傅子祯一生大约完成了 800 万字的翻译成果,[⑤] 其成就令人瞩目。这一时期傅子祯的译著主要集中在以下几大学科领域:

---

① 黄禅真. 傅子祯生平译事 [C]// 林本椿. 福建翻译家研究. 福州:福建教育出版社,2005:253-254.

② 傅子祯译. 西南国际路线完成了 [J]. 福建导报,1938,21(5):13-14.

③ 卞之琳等. 十年来的外国文学翻译和研究工作 [J]. 文学评论,1959(5):47.

④ 马祖毅等. 中国翻译通史(现当代部分第三卷)[M]. 武汉:湖北教育出版社,2006:215.

⑤ 林煌天,贺崇寅. 中国科技翻译家辞典 [M]. 上海:上海翻译出版公司,1991:107;林煌天. 中国翻译词典 [M]. 武汉:湖北教育出版社,1997:224.

一、遗传学

傅子祯译有三种苏联遗传学著作，即李森科（Т. Д. Лысенко）的《新遗传学与旧遗传学》、沃罗比耶夫（А. И. Воробьев）的《米丘林遗传学原理》与米丁（М. Б. Митин）等的《反对反动的孟德尔、摩尔根主义》。《新遗传学与旧遗传学》由华北农业科学研究所编译委员会于1950年4月出版，中华书局又于1951年3月重印出版。这是傅子祯第一种正式出版的译著单行本。《米丘林遗传学原理》由中华书局1951年出版。这两种译著均列入"苏联农业科学丛书"。《反对反动的孟德尔、摩尔根主义》则由中国科学院于1954年7月出版。

二、农学（含土壤学、耕作学、育种学等）

这个领域是傅子祯的重点译介对象。他先后独力翻译或与人合译的苏联农学著作包括李森科的《苏联农业科学研究的新方向》（东北农业科学研究所编译委员会1950年9月出版）、《温期发育的理论基础》（新华书店1950年10月出版）与《草原造林的农学技术》（中华书局1951年10月出版）、齐哲夫斯基（М. Г. Чижевский）的《正确轮栽法在各集体农庄中的实施和熟练运用》（中华书局1951年11月出版）、纳伊金（П. Г. Найдин）的《谷类作物施肥》（新农出版社1952年5月出版）、В. Р. 威廉士（В. Р. Вильямс，或译В. Р. 威廉斯）的《耕作学原理》（农业出版社1953年4月出版）与《土壤学：农作学及土壤学原理》（高等教育出版社1957年5月出版）、斯托列托夫（В. Н. Столетов）与德米特里耶夫（А. Н. Дмитриев）合撰的《论农业生物学与农学》（中国科学院1953年6月出版）、尤里耶夫（В. Я. Юрьев）等著的《田间作物育种学及种子繁殖学》（中华书局于1953年分两册出版，后多次重印和再版）、文尼琴柯（П. Винниченко）与德卡洛（В. Декало）合撰的《怎样养蜂》（商务印书馆1953年8月出版）、威林斯基（Д. Г. Виленский）的《土壤学》（高等教育出版社于1954、1955年分两册出版，后又多次重印和修订再版）、Л. П. 罗佐夫（Л. П. Розов）的《土壤改良土壤学》（农业出版社1959年4月）。

三、生物学（含植物学、植物地理学、植物分类学等）

傅子祯在这一领域也用力甚勤。他独译或与人合作翻译的苏联生物学著作包括日查维津（В. Н. РЖавитин）的《植物无性杂交的理论与实践》（中华书局1951年出版）、金杰里（П. А. Генкель）与库德里亚绍夫（Л. В. Кудряшов）合著的《植物学》（中华书局于1953、1954年分三册出版，后又多次重印和再版）、阿略兴（В. В. Алёхин）与库德里亚绍夫合撰的《植物地理学》（财政经济出版社于1954分两册出版，后又多次重印和修订再版）、诺文斯基（И. И. Новинский）等编的《现代生物学中的哲学问题》（科学出版社1954年11月出版）、李森科的《关于物种与物种形成问题的讨论》（科学出版社1954年出版）、戈尔捷耶娃（Т. Н. Гордеева）等著的《植物分类学实习教程》（高等教育出版社于1955、1956年分两册出版）、拉孟斯基（Л. Г. Раменский）的《现代地植物学中某些原则性的论点》（科学出版社1956年10月出版）、贝科夫（Б. А. Быков）的《地植物学》（科学出版社1957年10月出版）、П. Д. 雅罗申科（П. Д. Ярошенко）的《地植物学：基本概念、方向和方法》（科学出社 1966 年 3 月出版）。此外,他还译有波兰学者沙菲尔（W. Szafer）的《普通植物地理学原理》（高等教育出版社 1958 年 12 月出版）。

四、其他领域

傅子祯还翻译过伊林（В. П. Ильин）的《保持中年及老年高度劳动能力的方法》（中华书局 1950 年 7 月出版）、郭基那瓦（Д. Гогинава）所撰的《企业中的党监督》（中华书局 1950 年 12 月出版）、斯米尔诺夫（Н. Смирнов）的《威廉斯的生平及其学说》（中华书局 1951 年 7 月出版）、苏霍夫的《论生物学中的新发现（评波什扬著〈论病毒和微生物的本性〉一书）》（载于《科学通报》1951 年第 10 期）、季米里亚捷夫（К. А. Тимирязев）的《季米里亚捷夫选集》（第 4 卷）（主要是对达尔文进化论的研究,科学出版社 1958 年 6 月出版）等苏联科学论著。此外,他还为董策三翻译的《伟大的改造自然的斯大林计划》（东北农业出版社 1951 年 11 月出版）做了校对工作。

我们也注意到,傅子祯这一时期翻译的大多是新中国建设与发展尤其是农业发展急需的科学著作,具有很强的现实指导意义。而且,其中的不少重要译著还被推荐为高校教材,多有重印或修订再版,影响很大。

第三节 傅子祯的教学与科研工作

傅子祯曾在北京农业大学与山西大学两所高校执教多年,所以他在教学与科研方面也取得了一定的成就。

1950 年 4 月,政务院文化教育委员会在众多学者的建议下,设立了学术名词统一工作委员会,中国科学院院长郭沫若为主任委员。[①] 学术名词统一工作委员会下设自然科学、社会科学、医药卫生、艺术科学、时事名词五大组;每组之下又按学科范围分设若干小组与分组,延聘相关专家为工作委员,分头负责各个学科学术名词的统一工作。[②] 其中,自然科学组的学术名词统一工作由中国科学院具体负责。为此,中国科学院编译局很快就成立了名词室,专门负责组织全国自然科学名词的审定和统一工作。1954 年初,中国科学院又成立了编译出版委员会。同年 8 月,科学出版社成立,原中国科学院编译局名词室改称中国科学院编译出版委员会名词室,并转入科学出版社。[③] 该机构编订出版了一大批术语辞书,其中就包括科学出版社于 1956 年 9 月出版的《俄英中植物地理学、植物生态学、地植物学名词》一书,而傅子祯也受邀参与该书的编订工作。

1961—1962 年,山西省地图编委会组织学者分别对山西的五台山、太岳山、关帝山、管

① 荣毓敏. 科学出版社辞书出版综述 [M]// 中国出版工作者协会,中国出版科学研究所. 中国出版年鉴（1989）. 北京:中国书籍出版社,1991:497.

② 郭沫若. 序 [M]// 中国科学院编译出版委员会名词室编订. 俄英中植物地理学、植物生态学、地植物学名词. 北京:科学出版社,1956:ii.

③ 同①。

涑山、太行山与中条山进行植被垂直分布考察,并分别写出调查报告,后由傅子祯与李继瓒进行整理,编写文字说明,并绘制了垂直带谱。[①]这份资料先由傅子祯与李继瓒以《山西各山地植被垂直地带性的分析》为题名,发表在《山西林业科技》1976年第2期上,[②]1984年12月又作为《山西省自然地图集》的一个组成部分正式出版,[③]其出版机构为地图出版社。《山西省自然地图集》出版之后,深受好评,先后获得1986年度山西省科学技术进步一等奖、国家测绘局系统优秀地图作品二等奖及设计创新奖。[④]

翻译与科研之外,傅子祯全身心投入教学活动中。他在山西大学开设过地植物学、生物统计学等十多门课程,指导了许多硕士研究生,更培养了一批青年教师。[⑤]我们就在多篇学术论文的致谢中发现了傅子祯的名字。比如,山西大学生物系教师张峰与上官铁梁就在其论文《关帝山黄刺玫灌丛群落结构与生物量的研究》中说:"本文在傅子祯教授指导下完成。"[⑥]又如,山西运城师范专科学校滕崇德与山西省林业厅窦景新在两人合撰的《山西植物区系的初步分析》中提到该文曾经由"山西大学生物系傅子祯教授审阅"。[⑦]显然,傅子祯热心为山西大学生物系青年教师乃至外单位青年学者的学术研究与论文写作提供指导与帮助,其积极提携后进的古道热肠值得我们学习。

▌ 附:傅子祯翻译成果一览

一、译著

1.《新遗传学与旧遗传学》,李森科撰,梓丁译,华北农业科学研究所编译委员会1950年4月出版、中华书局1951年3月出版,列入"苏联农业科学丛书"。

2.《保持中年及老年高度劳动能力的方法》,伊林撰,梓丁译,中华书局1950年7月出版,列入"新时代小丛书"。

3.《苏联农业科学研究的新方向》,李森科撰,梓丁、嘉然译,东北农业科学研究所编译委员会1950年9月出版,列入"苏联农业科学丛书"。

4.《温期发育的理论基础》,李森科撰,傅子祯译,新华书店1950年10月出版。

5.《企业中的党监督》,郭基那瓦撰,梓丁译,中华书局1950年12月出版,列入"生产建设丛书"。

6.《威廉斯的生平及其学说》,斯米尔诺夫撰,梓丁译,中华书局1951年7月出版,列

① 马子清. 山西植被 [M]. 北京:中国科学技术出版社,2001:4.
② 傅子祯,李继瓒. 山西各山地植被垂直地带性的分析 [J]. 山西林业科技,1976(2):16-23,29.
③ 同①。
④ 山西省地图集编纂委员会编辑部. 山西省地图集编纂委员会编辑部的历史和现状 [J]. 三晋测绘,1999(3):13-16.
⑤ 黄禅真. 傅子祯生平译事 [C]// 林本椿. 福建翻译家研究. 福州:福建教育出版社,2005:255.
⑥ 张峰,上官铁梁. 关帝山黄刺玫灌丛群落结构与生物量的研究 [J]. 武汉植物学研究,1991(3):247.
⑦ 滕崇德,窦景新. 山西植物区系的初步分析究 [J]. 武汉植物学研究,1986(1):43.

入"苏联农业科学丛书"。

7.《草原造林的农学技术》,李森科等撰,梓丁译,中华书局 1951 年 10 月出版,列入"苏联农业科学丛书"。

8.《正确轮栽法在各集体农庄中的实施和熟练运用》,齐哲夫斯基撰,梓丁、奋炎译,中华书局 1951 年 11 月出版,列入"苏联农业科学丛书"。

9.《植物无性杂交的理论与实践》,日查维津撰,梓丁、奋炎译,中华书局 1951 年出版(1954 年 3 月第 3 次印刷),列入"苏联农业科学丛书"。

10.《米丘林遗传学原理》,沃罗比耶夫撰,傅子祯译,中华书局 1951 年出版(1953 年 9 月第 2 次印刷),列入"苏联农业科学丛书"。

11.《谷类作物施肥》,纳伊金撰,傅子祯译,新农出版社 1952 年 5 月出版。

12.《耕作学原理》,B. P. 威廉士著,傅子祯译,冯兆林校订,农业出版社 1953 年 4 月出版(1958 年 8 月上海第 7 次印刷)。

13.《论农业生物学与农学》,斯托列托夫、德米特里耶夫著,傅子祯译,中国科学院 1953 年 6 月出版,列入"科学译丛"。

14.《田间作物育种学及种子繁殖学(上)》,尤里耶夫等著,傅子祯、王燕译,中华书局 1953 年 7 月出版,列为"中央人民政府高等教育部推荐高等学校教材试用本"。

15.《怎样养蜂》,文尼琴柯、德卡洛著,傅子祯译,商务印书馆 1953 年 8 月出版、1956 年 2 月三版,列入"少年科学丛书"。

16.《田间作物育种学及种子繁殖学(下)》,尤里耶夫等著,傅子祯、王燕译,中华书局 1953 年 12 月出版,列为"中央人民政府高等教育部推荐高等学校教材试用本"。

17.《植物学(第 1 分册)》,金杰里、库德里亚绍夫(Л. В. Кудряшов)著,傅子祯译,中华书局 1953 年出版,列为"中央人民政府高等教育部推荐高等学校教材试用本"。

18.《植物学(第 2 分册)》,金杰里、库德里亚绍夫著,傅子祯译,中华书局 1953 年 11 月出版,列为"中央人民政府高等教育部推荐高等学校教材试用本"。

19.《植物学(第 3 分册)》,金杰里、库德里亚绍夫著,傅子祯译,中华书局 1954 年 1 月出版,列为"中央人民政府高等教育部推荐高等学校教材试用本"。

20.《反对反动的孟德尔、摩尔根主义》,米丁等编著,傅子祯、周邦立等译,中国科学院 1954 年 7 月出版。

21.《土壤学(一)》,威林斯基著,傅子祯译,高等教育出版社 1954 年 10 月出版。

22.《植物地理学(上册)》,阿略兴原著,库德里亚绍夫改编,傅子祯、王燕译,财政经济出版社 1954 年 2 月第一版,列为"高等学校教学用书"。

23.《植物地理学(下册)》,阿略兴原著,库德里亚绍夫改编,傅子祯、王燕译,财政经济出版社 1954 年 10 月第一版,列为"高等学校教学用书"。

24.《现代生物学中的哲学问题》,诺文斯基等编,傅子祯等译,科学出版社 1954 年 11 月出版。

25.《关于物种与物种形成问题的讨论(第一集)》,李森科等著,傅子祯等译,科学出版社 1954 年出版。

26.《植物分类学实习教程(上册)》,戈尔捷耶娃等著,傅子祯译,高等教育出版社1955年8月出版,列为"高等学校教学用书"。

27.《土壤学(二)》,威林斯基著,傅子祯译,高等教育出版社1955年出版。

28.《植物分类学实习教程(下册)》,戈尔捷耶娃等著,傅子祯译,高等教育出版社1956年5月出版,列为"高等学校教学用书"。

29.《田间作物育种学及种子繁殖学(上)》(第二版),尤里耶夫等著,傅子祯、王燕译,财政经济出版社1956年9月出版,列为"高等学校教学用书"。

30.《现代地植物学中某些原则性的论点》,拉孟斯基著,傅子祯、胡式之译,科学出版社1956年10月出版。

31.《田间作物育种学及种子繁殖学(下)》(第二版),尤里耶夫等著,傅子祯、王燕译,财政经济出版社1957年1月出版,列为"高等学校教学用书"。

32.《植物学(第2分册)》(新1版),金杰里、库德里亚绍夫撰,傅子祯译,高等教育出版社1957年1月出版。

33.《植物地理学(上册)》,阿略兴原著,库德里亚绍夫改编,傅子祯、王燕译,高等教育出版社1957年1月新1版,列为"高等学校教学用书"。

34.《植物学(第1分册)》(新1版),金杰里、库德里亚绍夫著,傅子祯译,高等教育出版社1957年2月出版。

35.《植物学(第3分册)》(新1版),金杰里、库德里亚绍夫著,傅子祯译,高等教育出版社1957年2月出版。

36.《土壤学》,威林斯基著,傅子祯译,高等教育出版社1957年3月出版,列为"高等学校教学用书"。

37.《土壤学:农作学及土壤学原理》,威廉斯著,傅子祯译,高等教育出版社1957年5月出版,列为"高等学校教学用书"。

38.《植物地理学(下册)》,阿略兴原著,库德里亚绍夫改编,傅子祯、王燕译,高等教育出版社1957年8月新1版,列为"高等学校教学用书"。

39.《地植物学》,贝科夫著,傅子祯译,科学出版社1957年10月出版。

40.《季米里亚捷夫选集(第4卷)》,季米里亚捷夫著,傅子祯译,科学出版社1958年6月出版。

41.《普通植物地理学原理》,沙菲尔著,傅子祯译,高等教育出版社1958年12月出版。

42.《土壤改良土壤学》,罗佐夫著,傅子祯译,农业出版社1959年4月出版。

43.《土壤学》(修订本),威林斯基著,傅子祯译,高等教育出版社1959年5月出版,列为"高等学校教学用书"。

44.《植物地理学》(修订合订本),阿略兴等著,傅子祯、王燕译,人民教育出版社1959年8月出版,列为"高等学校教学用书"。

45.《地植物学:基本概念、方向和方法》,雅罗申科著,傅子祯译,科学出版社1966年3月出版。

二、报刊译文

1.《西南国际路线完成了》，傅子祯译，载于《福建导报》1938年第1卷第5期。

2.《光粒，物质波，及不定原理》，傅子祯译述，载于《新知》1945年第1卷第2期。

3.《论生物学中的新发现（评波什扬著〈论病毒和微生物的本性〉一书）》，苏霍夫撰，傅子祯译，载于《科学通报》1951年第10期。

三、审校的译著

《伟大的改造自然的斯大林计划》，董策三译，傅子祯校，东北农业出版社1951年11月出版。

第八章

英译《镜花缘》的第一个中国人——曾瑞雯 ①

第一节 《镜花缘》英译小史

《镜花缘》是清代小说家李汝珍(约 1763—1830)创作的一部长篇小说,长达百回。该书借用武则天朝的史事,却不符合当时的历史事实,书中更是出现了自鸣钟、双陆、马吊、象棋等近代才有的东西,是一部古今混杂的小说。全书充满着神话与幻想因素,也有着浓厚的现实主义色彩,尤其是借小说主人公的海外见闻讽刺中国的社会现实,饶有趣味。②

《镜花缘》最早于清嘉庆二十三年(1818)在苏州桃花坞刻印发行。此后,该书在中国风行近 200 年,被陆续译成英文、法文、日文、俄文等,在全球范围内产生了不小的影响。

关于《镜花缘》在英语世界的翻译与传播历程,王丽娜做过较为深入细致的考察。她先是在《中华文史论丛》(一九八四年第四辑)(总第三十二辑)上发表了《〈镜花缘〉的外文翻译及研究论著》一文,③ 后又在所著《中国古典小说戏曲名著在国外》(1988)第一辑"小说部分"辟出专门章节介绍《镜花缘》的外文译文与外文研究著述。④ 不过,王丽娜的介绍仍然存在不少的错漏之处,如弄错发表译文的刊物名称等,需要加以辨析、订正、补遗。

现以王丽娜所述为线索,详考史料,对其加以辨析、订正,将《镜花缘》的英译历程按时间顺序呈现如下:

1877 年,英国汉学家翟理斯(Herbert A. Giles)在《中国评论》第 6 卷第 3 期上发表了

---

① 本章原载于岳峰、郑锦怀与林佩璇主编的《福建翻译史论(当代卷)》(厦门大学出版社 2013 年 8 月出版),题为《中国人自己的第一个〈镜花缘〉英文节译本——曾瑞雯英译〈镜花缘〉(三十三至三十六回)考察》。收入本书时有所增订。

② 浦江清. 浦江清中国文学史讲义 [M]. 长春:吉林人民出版社,2013:317-318.

③ 王丽娜.《镜花缘》的外文翻译及研究论著 [C]// 朱东润等. 中华文史论丛(一九八四年第四辑)(总第三十二辑). 上海:上海古籍出版社,1982:223-232.

④ 王丽娜. 中国古典小说戏曲名著在国外 [M]. 上海:学林出版社,1988:313-331.

"A Visit to the Country of Gentlemen"一文，即《镜花缘》中君子国故事的英文摘译。①

1885 年，英国汉学家邓罗（C. H. Brewitt-Taylor）以笔名 T. C. B. 在《皇家亚洲文会北中国支会会刊》（*Journal of the North China Branch of the Royal Asiatic Society*）新第 20 卷上发表了"How Snow Inspired Verse, and a Rash Order Made the Flowers Bloom"一文，即《镜花缘》第四回"吟雪诗暖阁赌酒，挥醉笔上苑催花"的英译。②

1901 年，翟理斯所著英文版《中国文学史》（*A History of Chinese Literature*）由英国伦敦的威廉•海涅曼公司出版，此后多次再版、重印。他在书中摘译了《镜花缘》（*Ching Hua Yuan*）中的君子国故事，题为"Country of Gentlemen"。③

1922 年，翟理斯的译文集《古文选珍》（增订版）（*Gems of Chinese Literature* [Revised and greatly enlarged]）由上海的别发洋行出版。他在书中摘译了《镜花缘》（*Visits to Strange Nations*）中的君子国与大人国故事，分别题为"The Country of Gentlemen"与"The Country of Great Men"。④

1946 年，美国华人学者高克毅（George Kao，又称乔志高）编辑的《中国的幽默与智慧》（*Chinese Wit & Humor*）一书由纽约的科活德-麦卡恩公司出版。该书内收王际真（Chi-Chen Wang）与埃塞尔•安德鲁斯（Ethel Andrews）合译的"A Voyage to Strange Lands"，即《镜花缘》中君子国与女儿国等故事的英文摘译。⑤

1955 年，英国华人学者张心沧（H. C. Chang，即 Hsin-Chang Chang）所著《斯宾塞小说中的寓意和礼俗：一个中国视角》（*Allegory and Courtesy in Spenser: A Chinese View*）一书由爱丁堡大学出版社出版，后又多次再版。张心沧在书中摘译了《镜花缘》第 96 ～ 100 回的故事情节，并以之作为对斯宾塞小说进行比较研究的材料。⑥

1958 年，戴乃迭（Gladys Yang）从《镜花缘》中选译了君子国、女儿国等故事情节，题为"A Journey into Strange Lands"，发表在英文版《中国文学》（*Chinese Literature*）杂志第一辑上。⑦

1965 年，林太乙（Tai-yi Lin）所译 *Flowers in the Mirror* 一书由英国伦敦的彼得•欧文出版社出版。这是林太乙专门为联合国教科文组织翻译的，列入"联合国教科文组织代表性作品文库•中国卷"（UNESCO Collection of Representative Works. Chinese Series）。不过，它仅是一个英文节译本，译文内容约为原著的四分之一。同年，美国的加利福尼亚大学出

① Giles, Herbert A. A Visit to the Country of Gentlemen[J]. *The China Review*, 1877, 6（3）: 59-65.

② T. C. B. How Snow Inspired Verse, and a Rash Order Made the Flowers Bloom[J]. *Journal of the North China Branch of the Royal Asiatic Society*, 1885, N. S. Vol. 20: 81-86.

③ Giles, Herbert A. *A History of Chinese Literature*[M]. London: William Heinemann, 1901: 316-322.

④ Giles, Herbert A. *Gems of Chinese Literature*（Revised and greatly enlarged）[M]. Shanghai: Kelly and Walsh, 1922: 245-253.

⑤ Wang, Chi-Chen & Andrews, Ethel tr. A Voyage to Strange Lands[A]. In Kao, George（ed.）. *Chinese Wit & Humor*[C]. New York: Coward-McCann, 1946: 162-188.

⑥ Chang, H. C. *Allegory and Courtesy in Spenser: A Chinese View*[M]. Edinburgh: Edinburgh University Press, 1955: 39-71.

⑦ Yang, Gladys. A Journey into Strange Lands[J]. *Chinese Literature*, 1958, Vol. 1: 76-122.

版社在伯克利与洛杉矶也出版了这个译本。2005 年,这个译本又以中英对照的形式由译林出版社分两卷出版,列入"大中华文库"。

1972 年,美国纽约的格罗夫出版社出版了美国汉学家白之(Cyril Birch)编译的英文版《中国文学选集(第二卷)》(*Anthology of Chinese Literature, Vol. II*)。该书内收他本人节译的《镜花缘》第 33 回"粉面郎缠足受困,长须女玩股垂情",题为"In the Country of Women"。[①]

1973 年,张心沧编译的《中国文学:通俗小说与戏曲》(*Chinese Literature: Popular Fiction and Drama*)一书由美国芝加哥的奥尔丹出版公司与英国的爱丁堡大学出版社分别出版。他在书中摘译了《镜花缘》第 32 ~ 37 回的女儿国故事,题为"The Women's Kingdom"。[②]

根据前文的介绍,我们似乎可以得出结论,中国人与外国人合作完成的《镜花缘》英文译文最早出现在 1946 年,即王际真与安德鲁斯的译文;而中国人独立完成的《镜花缘》英文译文最早出现在 1955 年,即张心沧的译文。但根据我们最新掌握的资料,早在 1940 年,厦门大学学生曾瑞雯在该校两位英文教授的指导下,将《镜花缘》部分内容译成英文,并以之作为毕业论文。显然,曾瑞雯的《镜花缘》英文译文要比王际真与安德鲁斯及张心沧的英文译文更早问世。因此,它是中国人完成的第一种《镜花缘》英文译文,具有相当重大的翻译史价值,值得我们加以深入考察与探讨。

第二节　曾瑞雯生平简介

关于曾瑞雯其人其事,资料有限。很多具体情况,包括早年求学情况等,都还有待后续察考。

曾瑞雯的父亲名叫曾碧溪,生平不详,但应当是泉州惠安人,因为后来曾瑞雯就读于厦门大学时登记的籍贯是"福建惠安"。[③]他曾任厦门电灯公司工程师,1919 年病逝。[④]

曾瑞雯的母亲名叫殷采芸,祖籍江苏常州。因父亲殷雪桥(又名三元)在漳州中西学堂执教,殷采芸便随父在该校就读,后入福州的一所女校就读,又随家人前往新加坡,入英语专门学校就学。毕业之后,她曾在印尼爪哇、泗水等地教书,至 1912 年前后回国,与曾碧溪结婚。1920 年,她应聘到进德女子中学担任英语教员,1927 年受聘为校长。1951 年秋,她因病退职。次年,进德女子中学与崇正中学合并,改称漳州第三中学。1972 年,她因病逝世。[⑤]

---

① Birch, Cyril. *Anthology of Chinese Literature, Vol. II* [M]. New York: Grove Press, 1972: 187-189.

② Chang, H. C. *Chinese Literature: Popular Fiction and Drama* [M]. Edinburgh: Edinburgh University Press, 1973: 405-466.

③ 翁勇青等. 厦门大学校史资料(第六辑)[M]. 厦门:厦门大学出版社,1990: 32.

④ 殷采芸. 进德女子中学史略 [C]// 中国人民政治协商会议福建省漳州市芗城区委员会文史资料委员会. 漳州文史资料(第十辑). 漳州:中国人民政治协商会议福建省漳州市芗城区委员会文史资料委员会,1988: 75-76.

⑤ 同④。

　　曾瑞雯的丈夫名叫杨锡建,毕业于金陵大学农学院园艺系,曾任漳州第五行政公署农艺技师。[①] 夫妇两人育有五个子女,[②] 其中至少有两个儿子,分别叫作杨书郎与曾嗣英。[③]

　　据曾嗣英介绍,曾瑞雯生于 1917 年 4 月 12 日,家中数代都是基督徒。[④] 受母亲殷采芸的影响,曾瑞雯对英语素有兴趣。1936 年,她考入厦门大学,就读于语文学系英文组。1940 年夏,她从厦门大学毕业,为当年全校 36 位毕业生之一。[⑤]

　　在校期间,曾瑞雯参加了国民政府教育部组织的第一届全国专科以上学校学生竞试。据 1940 年 2 月公布的《全国专科以上学校学生竞试办法》,该竞试分甲、乙、丙三类。甲、乙两类分初试、复试,丙分初选、复选,初试、初选由各校主持,复试、复选则由教育部办理。其中,甲类竞试分国文、英文(法文或德文)、数学三科,各校一年级学生可自由报考一至三科,选拔成绩最优之人为初选生;乙类竞试考各科系主要科目,各校二、三年级学生可以自由报考相应年级指定科目,以年级为单位,选拔成绩最优者为初选生;丙类主要看毕业论文,各校四年级学生一律参加,以学系为单位,选各学系本年度毕业论文最优秀之人为初选生。[⑥]

　　1940 年,厦门大学语文学系共有五名毕业生,即曾瑞雯、魏兆铣、赵淑如、林菊秋、曾翼程。[⑦] 在这五人当中,曾瑞雯毕业论文写得最好,因而得以进入 1940 年举行的第一届全国专科以上学校学生竞试丙类竞选的复选。进入丙类复选的共有 240 人,而曾瑞雯的毕业论文在复选中也得到了较高的评价,她虽未进入 29 名决选生名单,却也是 12 名“成绩次优应即嘉奖者”之一。[⑧]

　　本科毕业时,曾瑞雯本有机会留在厦门大学任教,但当时正执掌进德女子中学的殷采芸身体状况不好,于是她就来到该校执教,以便就近照顾母亲。[⑨]1942 年春季,应社会各界的要求,殷采芸在漳州市区试办初一,男女兼招,混合编班。同年秋季,改由杨锡建主持办班,曾瑞雯协助办班兼教英语课。1942 年 11 月 25 日,经福建省教育厅批准,改称龙溪县立初级中学。该校对英语课程相当重视,规定“对凡学年各科平均成绩,劳作、英语单考不及格或其他两科不及格的学生,不能升级”。而且,即便时值抗战,该校“每学期举行同乐

① 郭锦飚. 从龙溪县中到漳州二中 [C]// 中国人民政治协商会议福建省漳州市委员会文史资料委员会. 漳州文史资料(第 20 辑). 漳州:中国人民政治协商会议福建省漳州市委员会文史资料委员会,1999:98.

② 杨书郎. 伟大的母爱　浩浩的恩泽——记家母曾瑞雯女士 [C]// 门岿. 母恩难忘全国征文集. 北京:中国妇女出版社,1996:751.

③ 岳峰,郑锦怀,林佩璇. 福建翻译史论(当代卷)[M]. 厦门:厦门大学出版社,2013:267.

④ 同③.

⑤ 厦门大学校友会总会. 厦大毕业同学录(第 2 版)[M]. 厦门:厦门大学校友会总会,1947:71.

⑥ 杨学为等. 中国考试制度史资料选编 [C]. 合肥:黄山书社,1992:759.

⑦ 同⑤.

⑧ 同⑥:761-764.

⑨ 同②.

会(文娱演出)、演讲(包括英语)比赛和话剧演出"。^①要做到这些,没有比较强大的师资力量是不可能的。这也从侧面说明,曾瑞雯的英文水平比较高。

龙溪县立初级中学于 1947 年改称龙溪县第一初级中学,至 1952 年又改名为漳州第二中学。^②2003 年,漳州第二中学举办建校六十周年纪念活动,并编印了一本题为《虎文山下——漳州二中建校六十周年纪念(1943—2003)》的纪念册。曾瑞雯的照片两次出现在这本纪念册中,其中一处还附有说明文字:"曾瑞雯:创校初期英语老师。一生从教。学生老了,还感念她的认真负责、一丝不苟的教学所打下的坚实基础,'Thank You'。"^③

不过,曾瑞雯并未在龙溪县立初级中学(龙溪县第一初级中学、漳州第二中学)长期执教。她后来又回到其母殷采芸执掌的进德女子中学(1952 年与崇正中学合并,改称漳州第三中学),直到退休。其间,虽然有机会调往厦门大学及福建省内其他高校执教,但她却坚守在中学英语教学岗位上,一直未改初衷。^④她一生培养了无数学生,可谓桃李满天下,亦是令人敬佩不已。

此外,我们注意到,曾瑞雯曾与林夜明合译过一本《约拿书释义》,由上海广学会于 1949 年 9 月出版,列入"旧约释义丛书"。^⑤这本正文仅有七页的小册子却是目前所见曾瑞雯的唯一一种正式出版的翻译作品。其原作者为慕乐真(Frank Backchin)。他是英国伦敦会传教士,1937 年抵达闽南传教。^⑥另外一名译者林夜明是漳州漳浦人,1931 年毕业于华南女子学院英文专业,曾任厦门集美学校幼师主任,^⑦还曾独力翻译了陶爱基(W. J. Dodige)与罗宾逊(T. H. Robinson)合著的《圣经发微日课》,由广学会于 1950 年出版。

第三节　曾瑞雯《镜花缘》英文节译版本简介

曾瑞雯的本科毕业论文暨《镜花缘》英文节译版本至今未见正式发表或出版,但曾由厦门大学进行扫描处理,并以 PDF 格式上传到厦门大学学术典藏库(Xiamen University Institutional Repository),供该校师生及社会公众查阅。^⑧该 PDF 文件共计 22 页。第一页为

① 郭锦飚. 从龙溪县中到漳州二中 [C]// 中国人民政治协商会议福建省漳州市委员会文史资料委员会. 漳州文史资料(第 20 辑). 漳州:中国人民政治协商会议福建省漳州市委员会文史资料委员会, 1999:98-101.

② 同①:102.

③ 漳州二中. 虎文山下——漳州二中建校六十周年纪念(1943—2003) [M]. 漳州:漳州二中, 2003: 26.

④ 杨书郎. 伟大的母爱　浩浩的恩泽——记家母曾瑞雯女士 [C]// 门岊. 母恩难忘全国征文集. 北京: 中国妇女出版社, 1996:751.

⑤ 上海图书馆. 中国近代现代丛书目录 [M]. 上海:上海图书馆, 1979:353.

⑥ 詹石窗,林安梧. 闽南宗教 [M]. 福州:福建人民出版社, 2007:198.

⑦ 谢必震. 福建史略 [M]. 北京:海洋出版社, 2011:172.

⑧ 这份 PDF 文件最初的互联网访问地址为"http://dspace. xmu. edu. cn/dspace/handle/2288/ 10341",其上传时间不详,但应当是在 2002—2007 年间。不过,现在厦门大学学术典藏库中已经查找不到该文件了,不知何故。

封面,第二页为题名页,其余 20 页则是《镜花缘》第 33 ~ 36 回的英文译文。

可以看到,封面上分四行印着"国立厦门大学"、"毕业论文"、"英文"、"曾瑞雯",均居中排列。① 题名页则用中英文对照的形式介绍了曾瑞雯这篇毕业论文的具体情况。上半页分七行居中印着如下汉字(原为繁体字,现转为简体字):"国立厦门大学"、"毕业论文"、"语文学系英文组"、"英译:镜花缘三十三回至三十六回"、"曾瑞雯译"、"指导教授:李庆云　周辨明"、"长汀　廿九年三月"。下半页分 11 行居中印着如下英文:"Graduation Thesis"、"Department of Language and Literature, English Section"、"National University of Amoy"、"LIM'S ADVENTURES IN THE LAND OF WOMEN"、"From the Chinese Novel *Ging Hua Yuan*, "、"or '*The Galaxy of Mirrored Flowers*, ' "、"Chapters xxxiii-xxxvi. "、"Translated by Tseng Shui-wen, "、"Under the direction of Professors G. H. Lee and Chiu Bien-ming. "、"Changting, Fukien"、"Februrary, 1940"。②

从题名页我们可了解到不少相当有用的信息。比如,当时国立厦门大学的英文译名为 National University of Amoy,而非今天采用的 Xiamen University。又如,当时厦门大学已经因为日军侵入福建而内迁至龙岩长汀办学,而曾瑞雯就读于该校语文学系英文组。再如,曾瑞雯毕业论文的指导教师为李庆云与周辨明这两位名师。这也就难怪其毕业论文能够在第一届全国专科以上学校学生竞试丙类竞试中取得佳绩了。此外,我们还注意到,"曾瑞雯"中的"瑞"字并不译成 Rui,而是按该字在闽南方言中读音写成 Shui。译者个人背景与成长环境对其翻译活动的影响可见一斑。

第四节　曾瑞雯《镜花缘》英文节译版本分析

一、书名翻译

有学者指出,李汝珍想要以水中月、镜中花来比喻其心目中的乌托邦。他以水月、镜花作为其小说作品的主体意象,努力在水月、镜花一般的想象世界中寻觅着现实的联系。不过,为行文方便,他只能在水月、镜花二者中截取其一,为其小说取名叫作《镜花缘》。③

那么,"镜花缘"三字在英文中应当如何表达才较为妥当、准确呢?我们可以先看一下其他《镜花缘》英译者的译法,再来评析曾瑞雯的翻译得失。

(一)翟理斯的译法

翟理斯最早于 1877 年《中国评论》第 6 卷第 3 期发表了"A Visit to the Country of Gentlemen",即为《镜花缘》中的君子国故事。不过,翟理斯仅在译文的一处脚注中提

① 曾瑞雯. 英译《镜花缘》(第三十三至三十六回)[D]. 厦门:国立厦门大学语文学系英文组,1940:封面.

② 同①:题名页.

③ 张思齐.《镜花缘》比较探源 [J]. 西南民族大学学报(人文社科版),2003(6):124-125.

到"Ching hua yüan 镜花缘"。① 也就是说,翟理斯最初只提供了"镜花缘"三字的音译,而未提供其英文意译。1901 年,翟理斯在其英文版《中国文学史》(*A History of Chinese Literature*)中摘译了《镜花缘》的君子国故事,题为"Country of Gentlemen",但他仍然只是将书名音译为 *Ching Hua Yuan*。② 1922 年,翟理斯在其译文集《古文选珍》(增订版)中摘译了《镜花缘》中的君子国与大人国故事,分别题为"The Country of Gentlemen"与"The Country of Great Men"。直到此时,他才用意译法将"镜花缘"三字译为 *Visits to Strange Nations*。③

(二)王际真与安德鲁斯的译法

1946 年,他们摘译了《镜花缘》中君子国与女儿国等故事,并将"镜花缘"三字译为"A Voyage to Strange Lands",④ 明显采用了意译之法。

(三)戴乃迭的译法

1958 年,戴乃迭选译了《镜花缘》中的君子国、女儿国等故事情节,总题为"A Journey into Strange Lands",⑤ 即"镜花缘"三字的意译。

(四)林太乙的译法

1965 年,林太乙《镜花缘》英文节译本正式出版,书名定为 *Flowers in the Mirror*,回译成中文即为"镜子里的花朵",亦即"镜中花"。林太乙明显是采用直译之法来翻译"镜花缘"三字。

(五)白之的译法

1972 年,白之节译了《镜花缘》第 33 回"粉面郎缠足受困,长须女玩股垂情",题为"In the Country of Women",其下标明"Ching hua yüan, XXXIII"。⑥ 显然,白之在此是将《镜花缘》音译为 *Ching hua yüan*。不过,我们也注意到,白之将其《镜花缘》译文置于其《中国文学选集(第二卷)》"清代文学"("CH'ING DYNASTY(1644—1911)")的"更多鬼怪小说与幻想小说"("More Ghosts and Fantasies")部分,并在这部分的概述中将《镜花缘》译成 *Flowers in the Mirror*(*Ching hua yüan*)。⑦ 此时,白之具有后发优势。他显然参考了此前其他译者的译法,尤其是将林太乙的直译之法与翟理斯的音译之法相结合,因此显得要

① Giles, Herbert A. A Visit to the Country of Gentlemen[J]. *The China Review*, 1877, 6(3):59.
② Giles, Herbert A. *A History of Chinese Literature*[M]. London:William Heinemann, 1901:316.
③ Giles, Herbert A. *Gems of Chinese Literature*(Revised and greatly enlarged)[M]. Shanghai:Kelly and Walsh, 1922:245.
④ Wang, Chi-Chen & Andrews, Ethel tr. A Voyage to Strange Lands[A]. In Kao, George(ed.). *Chinese Wit & Humor*[C]. New York:Coward-McCann, 1946:162.
⑤ Yang, Gladys. A Journey into Strange Lands[J]. *Chinese Literature*, 1958, Vol. 1:76.
⑥ Birch, Cyril. *Anthology of Chinese Literature*, *Vol. II*[M]. New York:Grove Press, 1972:187.
⑦ 同⑥:159.

稍微高明一些。

通过前文的介绍,我们可以看到,不同译者提供的"镜花缘"三字的音译基本相同,但音译之法无法直接向读者呈现小说的内容与特色,并非佳译。至于意译,各有特色。翟理斯、王际真与安德鲁斯所译书名虽略有差别,但其性质相同,都是向读者强调《镜花缘》讲的是在稀奇古怪之国度游历的故事。这种译法虽然能够向读者说明《镜花缘》的内容特色,但并无原著书名那样丰富的含义。采用直译之法的林太乙虽然将"水中月、镜中花"这两大意象译出了一半,但终究还是有所缺憾。白之结合直译之法与音译之法来翻译"镜花缘"三字,但也无法将《镜花缘》一书"水中月、镜中花"这两大意象完全译出,亦有不足。

最后再来看看曾瑞雯的译法。她实际上提供了两种译法,略有差异。在题名页,她将《镜花缘》译为 *Ging Hua Yuan, or The Galaxy of Mirrored Flowers*。[①] 在论文正文,她则将其译为 *Ging Hua Yuan, or The Galaxy of Mirrors and Flowers*。[②] 显然,曾瑞雯采用的是音译与意译相结合的翻译方法。而这恰恰是欧美译者碰到中国专名时最常采用的译法。Mirrored Flower 即"镜中显现的花朵",Mirrors and Flowers 即"镜子与花朵",均能与"镜中花"意象大致对应。Galaxy 通常被译成"银河"。不过西方人都知道,该词原指古希腊神话中仙后赫拉洒下的乳汁,带有浓重的神话与虚幻色彩。因此,虽然可能不够妥帖,但 Galaxy 一词跟李汝珍所强调的"水中月"意象大致对应,也能够为西方读者所领会。这样看来,曾瑞雯为书名《镜花缘》三字提供的译文还是比较令人满意的。

另外,曾瑞雯选译的是《镜花缘》的第 33 ~ 36 回。这四回即为其中的女儿国故事,讲的是主人公林之洋经受缠足等苦难的过程。因此,曾瑞雯又给这四回取了个总题名 "Lim's Adventures in the Land of Women",[③] 回译即为《林在女儿国的冒险》,刚好与原书内容相对应,非常妥帖。

二、专名翻译

所谓专名,即指人名、种族名、国名、地名、机构名、官名等。《镜花缘》里专名众多,而曾瑞雯又是如何处理这些专名的呢?

(一)人名翻译

曾瑞雯将"林之洋"译成 Lim Jiyang,[④] "唐敖"译成 Tarng Aur、"多九公"译成 Do Geogong、林之洋之妻"吕氏"译成 Dame Llu,"兰音"译成 Lanin、"婉如"译成 Oanru,[⑤] 均是采用音译之法。而且,跟她自己姓名的音译一样,这些人名的音译留有颇多闽南方言的

---

① 曾瑞雯. 英译《镜花缘》(第三十三至三十六回)[D]. 厦门:国立厦门大学语文学系英文组,1940:题名页.

② 同①:1.

③ 同①。

④ 同①:1.

⑤ 同①:10.

痕迹,比如,"之"在闽南话中确实就是读成 ji,而"多"在闽南话中也确实是读成 do。这无疑反映了译者所处语言环境对其翻译活动产生的深远影响。

(二)官名翻译

曾瑞雯将"国舅"译成 Duke,"内使"译成 messenger,[①]"宫娥"译成 ladies-in-waiting,[②]"宫人"译成 attendant,[③]"保母"译成 matron,[④] 均是采用意译之法,但未能将这些人的身份、任职地点与相关职责等信息呈现出来,显然不是十分妥当。

(三)称谓语翻译

曾瑞雯采用直译之法,将"国主"译成 His Majesty the King,"大嫂"译成 Madam,[⑤]"娘娘"译成 Your Grace,[⑥]"诸位老兄"译成 My good brothers,[⑦] 大多比较到位。

综上所述,曾瑞雯主要采用音译之法来翻译人名,但其中有相当明显的闽南方言的痕迹,这与她在闽南出生与成长有着很大关系。她用意译之法来翻译官名,但并不怎么到位。她用直译之法来处理称谓语,则译得比较妥当。

三、正文翻译

限于篇幅,我们在此且以曾瑞雯英文译文的第一段为例,略作分析:

例 1:

中文原文:话说林之洋来到国舅府,把货单求管门的呈进。[⑧]

英文译文:It happened in this wise that when Lim Jiyang came to the Duke's palace, he begged the guard to take in the list of goods he had brought with him.[⑨]

分析:《镜花缘》是章回小说,而 It happened in this wise 回译成中文即"在这一回里",用它来表达"话说"一词颇为妥当。该句其余英文译文与中文原文也基本相合。

例 2:

中文原文:不多时,走出一个内使,拿了货单,一同穿过几层金门,走了许多玉路;……[⑩]

---

① 曾瑞雯. 英译《镜花缘》(第三十三至三十六回)[D]. 厦门:国立厦门大学语文学系英文组,1940:1.
② 同①:2.
③ 同①:3.
④ 同①:6.
⑤ 同①。
⑥ 同①:3.
⑦ 同①:5.
⑧ 李汝珍. 镜花缘 [M]. 北京:中华书局,2013:153.
⑨ 同①。
⑩ 同⑧。

英文译文：A messenger forthwith emerged from the impenetrable interior and took the list. Then they set forth through doors made of gold and paths paved with jade...[①]

分析："金门"译成 doors made of gold，"玉路"译成 paths paved with jade，两相对应。

由以上两例，我们可以发现，曾瑞雯基本上采用直译之法，她翻译的某些字句与原文基本相合，符合"信、达"之道。但是，她有时并未严格忠实于原文，而是有所增删，特别是在处理一些对话时。试看下面两个例子：

例 3：

中文原文：里面传出话道："连年国主采选嫔妃，正须此货。今将货单替你转呈，即随来差同去，以便听候批货。"[②]

英文译文：He was informed almost directly that as His Majesty the King needed the goods for his lady whom he chose anew every year, Lim was to come with messenger immediately and await orders. [③]

分析：原文是直接引语，译文却成了间接引语。

例 4：

中文原文：内使立住道："大嫂在此等候。我把货单呈进，看是如何，再来回你。"[④]

英 文 译 文：The messenger here stopped and said, "Madam, will you please wait while I present the list? You may expect to hear the King's orders in a moment." [⑤]

分析：原文中，内使叫林之洋等他呈进货单，再来告诉他国主的意见如何。但曾瑞雯的英文译文却称："你很快就可以听到国王的命令。"（You may expect to hear the King's orders in a moment.），与原文不相符合。

从上面两个例子可以看到，曾瑞雯的英文译文偶尔存在增删之处，但基本上与《镜花缘》原文相符，译文质量较高，较有可读性。

四、小结

总体而言，曾瑞雯的《镜花缘》英文节译版本颇见功力。这不仅是因为她得到了李庆云与周辨明这两位名家的指导，也是源于她从小耳濡目染打下的较为深厚的英文功底。

如前文所述，在书名翻译方面，曾瑞雯采用音译与意译两相结合的方法。这正是欧美译者碰到中国专名时最常采用的方法。在专名翻译方面，曾瑞雯主要采用音译之法来翻译人名，但其中留有相当明显的闽南方言的痕迹。有时，她用意译之法来翻译官名，但并不能将原词的内涵完全表达出来。但当她用直译之法来处理称谓语时，则译得相当到位。

---

① 曾瑞雯. 英译《镜花缘》（第三十三至三十六回）[D]. 厦门：国立厦门大学语文学系英文组，1940：1.
② 李汝珍. 镜花缘 [M]. 北京：中华书局，2013：153.
③ 同①。
④ 同②。
⑤ 同①。

在正文翻译方面,曾瑞雯基本上采用直译之法,其译文甚至合"信、达"之道,但有时也并未严格忠实于原著。特别是在翻译原著中的一些对话时,她会对其加以增删。这也恰恰说明翻译之道在于灵活,绝不能拘泥于某条僵硬不变的翻译原则。

附:曾瑞雯翻译成果一览

1. 英译《镜花缘》(第三十三至三十六回),曾瑞雯译,国立厦门大学语文学系英文组 1940 年 2 月本科毕业论文。指导教师:李庆云、周辨明。(Lim's Adventures in the Land of Women. From the Chinese Novel *Ging Hua Yuan*, or "*The Galaxy of Mirrored Flowers*". Chapters xxxiii-xxxvi. Translated by Tseng Shui-wen. Under the direction of Professors G. H. Lee and Chiu Bien-ming.)

2.《约拿书释义》,慕乐真著,曾瑞雯、林夜明译,上海广学会 1949 年 9 月出版,列入"旧约释义丛书"。

第九章

医生出身的文学翻译家——庄瑞源

第一节　庄瑞源生平简介

庄瑞源,1917 年 6 月 23 日出生,[①] 晋江安海人。[②] 或称他出生于南安,后迁居晋江安海。[③] 其家庭情况不详,目前只知他还有一个四弟名叫庄瑞声,后来曾在漳州天宝中学执教。[④]

庄瑞源早年曾在安海当地的铸英小学就读。[⑤] 这所小学始创于 1879 年,名义上由安海基督教会创办,但实际上也受到当地有识之士的支持与资助,是泉州地区最早的新式学堂。[⑥]

此前,有文献称,庄瑞源于 1929 年到厦门鼓浪屿英华书院读初中。[⑦] 据查,英华书院始创于 1898 年,初由英国伦敦会主办,1900 年起与英国长老会合办,一战爆发后则改由英国长老会独力负责。1924 年起,该校开始实施三三学制,分为初中与高中两部,并附设小学高年级。1927 年,该校开始筹备立案。1929 年,学校改名为英华中学并报送福建省教育

---

① 周新民. 中国近现代名人生平暨生卒年录(1840—2000)[M]. 北京:经济管理出版社,2009:307.

② 曾平晖等. 晋江当代著述录 [M]. 厦门:厦门大学出版社,2002:49.

③ 柯文溥. 现代作家与闽中乡土 [M]. 福州:福建教育出版社,1993:217.

④ 蒋虹丁. 庄瑞源同志逝世七周年祭 [C]// 中国作家协会福建分会等. 福建新文学史料集刊(第四辑). 福州:中国作家协会福建分会等,1984:77.

⑤ 《中国文学家辞典》编委会. 中国文学家辞典(现代第 4 分册)[M]. 成都:四川文艺出版社,1985:176.

⑥ 陈增荣. 建国前安海教育史略 [C]// 中国人民政治协商会议福建省晋江市委员会文史资料研究委员会. 晋江文史资料选辑(第十辑). 泉州:中国人民政治协商会议福建省晋江市委员会文史资料研究委员会,1988:111.

⑦ 同⑤。

厅立案,直到 1931 年 5 月才获得批准。① 显然,正确的说法是,庄瑞源于 1929 年到设在厦门鼓浪屿的英华中学读初中。

众所周知,教会学校都十分注重英文教学,英华中学自然也不例外。据载,英华书院早期均是依学生志愿分为商业与科学二科进行教学。商业科包含商业尺牍、英文簿记、速记打字,科学科则包括动物、化学、物理、地质、天文、算术,均采用从英国购买来的英文教材,课堂上也都使用英文讲授。与此同时,学校还教授四书、五经、左传、唐诗、尺牍等中文课程。1908 年以后,英华书院改用与英国相同的一般学制,采用从英国与新加坡采购的英文教材,除数理化、史地、动植物外,还有古典文学、修辞学、现代散文等。1929 年改名的英华中学于 1931 年 5 月获准立案,并遵照国民政府教育部颁发的新课程标准开展教学活动。但是,该校的教员多是英国人或者曾经留学英国的中国人,注重培养学生的英语写作能力与英语口才。② 庄瑞源在这种良好的语言环境下接受了多年的教育,其英语水平自然不低。这为其后来从事翻译活动打下了坚实的语言基础。

据称,庄瑞源于 1933 年中学毕业后考入上海同济大学附中德中补习班及高中。③但据国立同济大学出版课编辑、国立同济大学事务课于 1934 年 3 月印行的《国立同济大学概览》,同济大学当时附设的是高级中学暨德文补习班。④ 而且,庄瑞源出现在该书所附"学生名录"之"附设高中德文预备班(甲组)"的学生名录中。其学号为 847,年岁为一七,籍贯为福建晋江,入学年月为廿二年八月,永久通讯处为厦门安海庄约南医药局。⑤由此我们可以知道,庄瑞源于 1933 年 8 月进入国立同济大学附设高中德文预备班(甲组)就读。

据查,国立同济大学附设高中分为四个年级,从低到高分别是德文预备班、一年级、二年级、三年级,每个年级又分不同组别。⑥ 附设高中开设的课程则包括国文、本史、公民、德文、外史、外地、算学、物理、化学、生物、音乐、图画、体育、军训、英文等 15 门课程。其中,德文、算学、物理等课程均有用到德语原版教材,而英文课程使用的教材则包括钱秉良的《近代中学英文选》,林语堂的《开明英文文法》《英文文学读本》,屠格涅夫的《初恋》,邝富灼的《英文法阶梯》第三册、《活页英文选》等。⑦ 显然,该校十分注重德文与英文教学,而庄瑞源无疑从中受益良多。

① 许声骏. 鼓浪屿英华中学见闻 [C]// 中国人民政治协商会议福建省厦门市委员会文史资料研究委员会. 厦门文史资料(选辑) 第十三辑. 厦门:中国人民政治协商会议福建省厦门市委员会文史资料研究委员会,1988:21-22.

② 同①:22-23.

③ 《中国文学家辞典》编委会. 中国文学家辞典(现代第 4 分册)[M]. 成都:四川文艺出版社,1985:176.

④ 国立同济大学出版课. 附设高级中学暨德文补习班 [M]// 国立同济大学出版课. 国立同济大学概览. 上海:国立同济大学事务课,1934:1. 另:该书各个部分均独立编排页码,下同。

⑤ 国立同济大学出版课. 学生名录 [M]// 国立同济大学出版课. 国立同济大学概览. 上海:国立同济大学事务课,1934:38.

⑥ 同⑤:23-45.

⑦ 同④:4-7.

经过四年的学习,庄瑞源于 1937 年夏从国立同济大学附设高中毕业。同年秋,他升入国立同济大学医学院就读。不过,随着八一三事变爆发,日军攻占上海,国立同济大学不得不于 1937 年 9 月迁至浙江金华,同年 11 月又迁至江西赣州(医学院迁江西吉安),1938 年 7 月迁至广西贺县,1939 年初迁至云南昆明,1940 年秋又迁至四川宜宾和南溪。[①]庄瑞源也随校辗转各地。受此影响,虽然国立同济大学医学院采用德国大学制度,为五年制,[②] 但他直到 1943 年才毕业。[③]

其间,在 1940 年,庄瑞源与程慧华女士在宜宾结婚。[④] 程慧华是安徽屯溪人,程修兹的次女,[⑤] 上海大夏大学毕业生,[⑥] 就读于该校历史系。[⑦] 她曾撰写过《文艺复兴的三大思想家》一文,发表在《新史地》1937 年第 1 期上。[⑧] 两人后来共生育了四个儿女,[⑨] 即长女庄铭庆(工作于南京邮电学院)、次子庄铭徽(徐州光学仪器厂车间主任)、三女庄铭宜(徐州十四中教师)与四子徐铭聪(徐州矿务局医院医师)。[⑩]

大学毕业后,庄瑞源携带家人取道重庆、老河口、武汉等地,[⑪] 回到妻子程慧华的家乡屯溪从医,[⑫] 在屯溪市民医院工作,解放前曾任该院院长。[⑬]1943 年 8 月,私立上海法政学院在屯溪复校,[⑭] 庄瑞源曾到该校兼课,[⑮] 教授外语课程。[⑯] 与此同时,他还利用业余时间创办了新生出版社。[⑰]

新中国成立前夕,庄瑞源通过了安徽省卫生厅的选拔,获得了公费赴美留学的名额,

---

① 《中国抗日战争大辞典》编写组. 中国抗日战争大辞典 [M]. 武汉:湖北教育出版社,1995:818.

② 国立同济大学出版课. 医学院概况 [M]// 国立同济大学出版课. 国立同济大学概览. 上海:国立同济大学事务课,1934:1.

③ 《中国文学家辞典》编委会. 中国文学家辞典(现代第 4 分册)[M]. 成都:四川文艺出版社,1985:176.

④ 岳峰,郑锦怀,林佩璇. 福建翻译史论(当代卷)[M]. 厦门:厦门大学出版社,2013:273. 另:或称庄瑞源与程慧华两人于 1941 年结婚,具体参见胡在钧. 程修兹一家与徽州文教界的渊源 [C]// 政协绩溪县文史资料工作委员会. 绩溪文史资料(第二辑). 黄山:政协绩溪县文史资料工作委员会,1988:139.

⑤ 胡在钧. 程修兹一家与徽州文教界的渊源 [C]// 政协绩溪县文史资料工作委员会. 绩溪文史资料(第二辑). 黄山:政协绩溪县文史资料工作委员会,1988:138-139.

⑥ 张德龙. 大夏大学建校七十周年纪念 [M]. 上海:上海大夏大学校友会,1994:245.

⑦ 岳峰,郑锦怀,林佩璇. 福建翻译史论(当代卷)[M]. 厦门:厦门大学出版社,2013:273.

⑧ 程慧华. 文艺复兴的三大思想家 [J]. 新史地,1937(1):76-97.

⑨ 同⑦:274.

⑩ 同⑤:139.

⑪ 同⑦:274.

⑫ 《中国文学家辞典》编委会. 中国文学家辞典(现代第 4 分册)[M]. 成都:四川文艺出版社,1985:176;曾平晖等. 晋江当代著述录 [M]. 厦门:厦门大学出版社,2002:49.

⑬ 宋思定. 屯溪医疗卫生事业概述 [C]// 中国人民政治协商会议安徽省屯溪市委员会. 屯溪文史(第一集). 屯溪:中国人民政治协商会议安徽省屯溪市委员会,1987:129.

⑭ 徐国利. 关于"抗战时期高校内迁"的几个问题 [J]. 抗日战争研究,1998(2):120

⑮ 同⑫。

⑯ 同⑦:274.

⑰ 同⑫。

并接到了美国一所大学的录取通知书。不过,由于国内局势紧张,三个儿女尚幼,而妻子程慧华又怀了第四胎,庄瑞源遗憾地放弃了这个机会。①

　　1950 年,通过同济大学一位曾是地下党的老师的关系,② 庄瑞源来到南京,加入中国人民解放军,历任南京军事学院附属医院主治医师、内科主任、副院长等职。③1956 年"反右"开始后,当时在南京六中教书的程慧华被打成"右派",因不堪受辱而含恨自尽。④

　　1958 年,南京军事学院附属医院与另外两所军队医院合并为北京 309 医院,庄瑞源随之调到北京,历任该院内科主任、副院长。⑤1959 年,庄瑞源再婚,第二任妻子名叫苗超尘。⑥

　　苗超尘是江苏宿迁⑦睢宁人,⑧1924 年 4 月出生,⑨1949 年毕业于中正医学院,⑩随后加入中国人民解放军华东军区医院,参加过抗病援朝南京手术队。⑪她后来成长为一位知名的妇产科专家,著有《实用妇科学》等书,曾被评为全国三八红旗手,出席过 1987 年中国人民解放军英雄模范代表会议,⑫1992 年起享受政府特殊津贴。⑬

　　1960 年,庄瑞源曾借调军事科学院工作一年。1962 年,他调至苗超尘的工作单位——位于徐州的中国人民解放军陆军 88 医院。⑭"文革"开始后,庄瑞源与苗超尘均受到冲击。1969 年 6 月,他被隔离审查了半年。⑮后来,苗超尘被下放到苍山县,庄瑞源则被下放到滕县,两人相别两年。⑯后来,庄瑞源因为肝病发作而撤回 88 医院,但此后只能一边疗养一边工作。⑰

---

① 岳峰,郑锦怀,林佩璇. 福建翻译史论(当代卷)[M]. 厦门:厦门大学出版社,2013:274.

② 同①。

③ 《中国文学家辞典》编委会. 中国文学家辞典(现代第 4 分册)[M]. 成都:四川文艺出版社,1985:176;曾平晖等. 晋江当代著述录 [M]. 厦门:厦门大学山版社,2002.49.

④⑤　同①:275.

⑥ 周军豪,张军咏. 苗超尘——位卑未敢忘忧国 [C]// 总政组织部. 当代中国女兵. 北京:解放军出版社,1990:267.

⑦ 同⑥:265.

⑧ 郭化若. 中国人民解放军军史大辞典 [M]. 长春:吉林人民出版社,1993:972.

⑨ 庄毅. 中华人民共和国享受政府特殊津贴专家、学者、技术人员名录:1992 年卷第三分册 [M]. 北京:中国国际广播出版社,1996:898. 另:或说苗超尘生于 1925 年 4 月,具体参见周军豪,张军咏. 苗超尘——位卑未敢忘忧国 [C]// 总政组织部. 当代中国女兵. 北京:解放军出版社,1990:265.

⑩ 同⑨。

⑪ 同⑥:266.

⑫ 同⑧。

⑬ 同⑨。

⑭ 同③。

⑮ 同①:275.

⑯ 同⑥. 另:或称庄瑞源随医疗队到苍山县农村呆了半年多,因肝病发作随队撤回 88 医院. 具体参见岳峰,郑锦怀,林佩璇. 福建翻译史论(当代卷)[M]. 厦门:厦门大学出版社,2013:275.

⑰ 同①:275.

1977 年 1 月 5 日,庄瑞源因肝癌医治无效在徐州逝世。[①]

第二节　庄瑞源的文学活动与成就

一、庄瑞源在报纸杂志上发表的文学作品

庄瑞源对文学创作素有兴趣,很早就在报纸杂志上发表文学作品。据称,他在同济大学附设高中就读期间就已经在萧乾主编的《大公报·文艺》和黎烈文主编的《申报·自由谈》等报刊上发表散文与小品文了。[②]可惜未见详细记载。

据我们所见,庄瑞源至迟在 1936 年就已经在各种报刊上持续发表文学作品了。该年,他在《十日杂志》发表了《北地笺》(第 19 期)与《坟》(第 23 期),在《多样文艺》上发表了《三十岁人》(第 5 期)与《夹板里》(第 6 期),在《新人周刊》上发表了《圣诞夜》(第 2 卷第 24 期)、《狂浪曲》(第 2 卷第 40 期)与《家》(第 2 卷第 45 期),在《绸缪月刊》上发表了《琴》(第 3 卷第 1 期)。

1937 年,因为日本全面侵华,国立同济大学内迁,庄瑞源似乎并未发表文学作品。1938 年,他也只发表了两篇作品,即《文丛》第 2 卷第 4 期刊登的《岛山》与《宇宙风》第 76 期刊登的《拟日兵手记》。

1939 年,他至少发表了 9 篇作品,其中有多篇反映了日本侵略带来的灾难。这 9 篇作品分别是《厦门五月祭》(载于《福建新闻》第 3 期)、《拖渡》(载于《文艺阵地》第 3 卷第 3 期)、《马戏班》(载于《抗战文艺》第 3 卷第 11 期)、《敌人到来以前的城市》(载于《宇宙风》第 78 期"复刊纪念号")、《陷落前的汕头》(载于《宇宙风》第 83 期"临时特大号")、《安南的伤感》(载于《宇宙风乙刊》第 8 期)、《堪察加的风》(载于《大风》第 38 期)、《我写在上海》(载于《大风》第 42 期)、《过北海》(载于《大风》第 45 期)。

1940 年,庄瑞源发表的文学作品又减少到一种,即《青黑的脸》(载于《文学新潮》第 2 卷第 9 期)。1941 年,他也只有 3 篇作品发表,即《解决》(载于永安《现代文艺》第 3 卷第 6 期)、《死在火中的掩埋大队队长》(载于《时代批评》第 4 卷第 78 期)与《势力范围》(载于《文艺月刊·战时特刊》第 11 年 8 月号"抗战四年来的文艺特辑(下)")。

此后几年中,他创作的文学作品在数量上基本呈上升趋势。1943 年,他在《长风文艺》第 1 卷第 4 ~ 5 期合刊上发表了《某地一夜》,又在《改进》第 7 卷第 3 与第 8 卷第 3 期上分别发表了《接产之夜》与《漂亮的女人》。1944 年,他在永安《十日谈》第 2 辑第 12 期发表了《野渡》,在《中原》第 1 卷第 4 期发表了《油菜花开的时节》,在《联合周报》第 1 卷第 13 期与第 2 卷第 1 期分别发表了《远景》与《复仇》,在《新生文艺丛刊》第 1 辑发表

---

① 蒋虹丁. 庄瑞源同志逝世七周年祭 [C]// 中国作家协会福建分会等. 福建新文学史料集刊(第四辑). 福州:中国作家协会福建分会等,1984:77.

② 林煌天. 中国翻译词典 [M]. 武汉:湖北教育出版社,1997:989;曾平晖等. 晋江当代著述录 [M]. 厦门:厦门大学出版社,2002:49.

了《江》。1945 年，他在《青年丛刊》创刊号上发表了《隔壁》，在《改进》第 11 卷第 1、2、4 期上分别发表了《婴》《结婚》与《病人》，在《浙江日报月刊》第 4 期上发表了《新传奇记》，又在《新生月刊》第 1 卷第 1 期上发表了《一个人和两个男人（一）》。

　　解放战争时期，庄瑞源的发文量锐减。1946 年，他只发表了两篇文学作品，即《酒》（载于上海《文艺春秋》第 3 卷第 3 期）与《罚》（载于上海《春秋》第 3 卷第 2 期）。1947 年，他只在莆田《明日文艺》第 1 卷第 6 期上发表了《离家》。此后，庄瑞源很少在报刊上发表文学作品。

二、庄瑞源的文学作品集

　　民国期间，庄瑞源的文学作品曾多次结集出版。1940 年 3 月，他的第一部散文集《贝壳》由上海的文化生活出版社正式出版，列入"文学丛刊"。该书内收《大海》《灯影篇》《雨丝》《夜阴》《塔》《太史第》《赣北的延安》《五月的船》《他打下一架飞机》《归客与鸟》《吓》等 11 篇散文。该书是经萧乾向巴金介绍，由巴金列入其主编的"文学丛刊"而得以出版的。①

　　1941 年，文艺新潮社出版了庄瑞源的第二部散文集《乡岛祭》，列入"文艺新潮社小丛书"。该书内收《来客》《雨夕》《悼》《没有晚夕的晚上》《青黑的脸》《马》《一个人家》《在穷巷中》《某城的受难前后》等 19 篇散文作品。

　　1943 年 1 月，文座出版社出版了庄瑞源的第三部作品集暨第一部小说选集《穷巷之冬》，列入"创作丛书"。该书内收《在穷巷中》《夜·黄昏及其他》《冲破了黑暗的包围》《风雨中》《死在火中的掩埋大队队长》《解决》《第七个》《仇恨的长成》《书记之家》《悼》《生活》《眼睛的故事》《四年》等 13 篇小说。

　　1946 年，庄瑞源的第四部作品集暨第二部小说选集《生——远景》由正言出版社正式出版，列入"正言文艺丛刊"，内收《野渡》《窗》《生——远景》《结婚》《委屈》《刑》《追寻》《风雨中》等短篇小说。

　　1947 年 5 月，庄瑞源的第五部作品集暨第三部小说选集《孤独者的灵魂》由万叶书店正式出版，列入"万叶文艺新辑"。该书内收《安息》《复仇》《智慧之路》《小人物们》《孤独者》《漂亮的女人》《故事五篇》《主妇》《坐汽车》《一个女人的两个男人》等 10 篇小说。

　　此外，庄瑞源还有多篇作品被收入他人主编的作品选集中。1936 年 11 月，希望出版社出版了郑之光编选的《现代小品文选》，其中就收录了庄瑞源的《肺病》。1944 年，新生出版社出版了《暴风雨》一书，列入"新生文艺丛刊"，内收罗洪的《暴风雨》，高尔基（Maxim Gorky）著、翰苏翻译的《契柯夫》，张白怀的《秘密的心》，朱雯的《山居》，黎央的《五月诗集》，庄瑞源的《江》，林绥的《雾及其他》以及杜草甬的《百叶窗的忧郁》等 8 篇作品，体裁多样。

---

① 蒋虹丁. 庄瑞源同志逝世七周年祭 [C]// 中国作家协会福建分会等. 福建新文学史料集刊（第四辑）.
　福州：中国作家协会福建分会等，1984：74.

1945 年，中央日报社经理部出版了罗洪编辑的《点滴集——安徽中央日报三周年纪念刊》，内收 6 篇文学论文、10 篇小说与 9 篇散文，全部在安徽《中央日报·文艺周刊》上发表过，其中就包括庄瑞源创作的小说《溺》。

1947 年 9 月，群力出版社出版了短篇小说选集《人性的恢复》，列入"短篇创作丛刊"。该书内收 7 篇短篇小说作品，即丰村的《一个军法官的经历》、韦芜的《莲莲》、刘北汜的《在雾中》、姚雪垠的《人性的恢复》、张白怀的《爱漂亮的将军》、庄瑞源的《爱》、阿湛的《绿》。

1949 年 10 月，潮锋出版社出版了肖下所著《龙蛇》一书，列为"文学者丛刊"第 9 种。肖下将庄瑞源所撰《读〈读生——远景〉后》一文及他本人所撰《感想·意见·味道——答庄瑞源先生》收入该书，作为其书评《生——远景》一文的附录部分。

三、庄瑞源参加的文艺团体及相关活动

1939 年初，在随校迁至昆明后，庄瑞源加入了中华全国文艺界抗敌协会。[1] 此后，他积极通过文学创作来宣传日本侵略带来的灾难性后果，鼓励读者参与抗日。

1939 年春，时任香港《大公报·文艺》编辑的萧乾途经昆明，想要将昆明地区的学生作者组织到一起。于是，他找到西南联大高原文艺社负责人，向其介绍社外作者。双方联合在一起，于 1935 年 5 月底成立了南荒文艺社，简称南荒社。该社成员以西南联大学生为主，主要是原高原文艺社成员；校外成员则来自中山大学、同济大学与同济大学附中，庄瑞源即为其中骨干成员之一。南荒社成立之后，充满了创作活力，成员们频频在香港《大公报·文艺》、重庆《大公报·战线》、昆明《中央日报·平明》、《今日评论》等报纸杂志上发表作品。庄瑞源就曾在香港《大公报·文艺》上发表了《吓》。[2]

1941 年初，黎丁在桂林主持今日新闻社桂林办事处。他组织了一部分稿件，却因为没有取得登记证无法出版刊物，便改而编印"今日文艺丛书"，得到了林蒲、庄瑞源等文学青年的支持与帮助。1941—1943 年间，"今日文艺丛书"共正式出版了 14 种，包括塞先艾的《离散集》、曹卣的《一百一十户》、严杰人《今之普罗密修士》、艾芜的《春天》与《漂泊杂记》、周为的《海沙》、丰子恺的《客窗漫画》、田涛的《西归》、林绥的《黑夜的呼唤》、许幸之的《最后的圣诞夜》、王西彦的《惆怅》、司马文森的《孤独》、臧克家的《泥土的歌》、黎丁的《故人》。另有多种书稿虽已预告、付排或编辑，但最后都未能出版。[3]

1943 年，庄瑞源从同济大学毕业后，到屯溪市民医院从医。与此同时，庄瑞源还利用业余时间创办了新生出版社。[4] 新生出版社先是推出"新生文艺丛刊"，但只于 1944 年出

[1] 《中国文学家辞典》编委会. 中国文学家辞典(现代第 4 分册)[M]. 成都：四川文艺出版社，1985：176；曾平晖等. 晋江当代著述录[M]. 厦门：厦门大学出版社，2002：49.

[2] 李光荣，宣淑君. 南荒文艺社：一个被历史遗落的社团[J]. 中国现代文学研究丛刊，2008(6)：161-167；易彬. 穆旦评传[M]. 南京：南京大学出版社，2012：88.

[3] 黎丁. 《今日文艺》及其他——材料一束[C]// 中国社会科学院新闻研究所《新闻研究资料》编辑部. 新闻研究资料(第二十辑). 北京：中国社会科学出版社，1983：169-171.

[4] 同[1]。

版了第一辑《暴风雨》。《暴风雨》内收 8 篇作品,其中便包括庄瑞源自己创作的《江》。

随后,新生出版社又推出了施蛰存主编的"新生文苑",但似乎也只于 1944 年 8 月出版了《浪花》一书。《浪花》为袁微之的杂文作品集,内收《冷淡》《奇怪的城市》《一对神秘朋友》《药渣》《白米非米》《吊杨全宇》《永恒的恋爱》《蛇》《生活的两面》等 22 篇杂文,卷首还收有施蛰存撰写的《新生文苑缘起》一文。

此外,施蛰存还曾计划将刘贝汶所著三幕剧《后来者》收入"新生文苑",由新生出版社出版,而刘贝汶也于 1944 年 9 月将书稿寄给施蛰存。可惜的是,后来新生出版社陷入停顿,施蛰存只能代为联系复兴出版社,由其于 1945 年 8 月出版了《后来者》。[①]

1952 年,经孔罗荪介绍,[②]庄瑞源加入了中国作家协会江苏分会。[③]此后,他转而从事文学翻译活动,成果显著。

第三节 庄瑞源的翻译成就

一、与程建磐合作选译《革命的女儿》

1950 年,庄瑞源调到南京工作。他与南京市文联的孔罗荪、蒋虹丁等人取得了联系,后来还在孔罗荪的推荐下加入了中国作家协会江苏分会。当时,庄瑞源住在南京安将军巷 22 号一条狭小边巷旁边的二层楼上,距离文联宿舍很近,所以蒋虹丁有机会就跑去跟他长谈。庄瑞源告诉蒋虹丁,由于工作繁忙,他在创作方面遇到了困难,所以很想翻译一些作品,可惜找不到合适的外文底本。蒋虹丁便将自己收藏的约翰·李德的短篇小说与散文合集《革命的女儿》(*Daughter of the Revolution and Other Stories*)英文原版送给了庄瑞源。庄瑞源与程建磐合作,经过半年的艰苦努力译完了这本书,由上海的平明出版社于 1952 年 1 月正式出版,列入"新译文丛刊",首印 5000 册。[④]1957 年,新文艺出版社重印了这个译本。

约翰·李德属于美国进步作家之列。他在一战期间就曾以记者身份到欧洲采访,于 1916 年出版了《东欧的战争》(*The War in Eastern Europe*)一书,揭露帝国主义战争的罪恶,结果被纽约法庭以叛国罪起诉。1917 年,他前往俄国访问,后于 1919 年出版了报告文学集《震撼世界的十天》(*Ten Days that Shook the World*)与《红色俄国:布尔什维克的胜利》(*Red Russia: The Triumph of the Bolsheviki*)。他还积极发起和组织美国共产党,屡遭美国政府逮捕与迫害。正因为如此,约翰·李德的作品受到了中国进步译者的关注。早在 1946 年,

① 张泽贤. 中国现代文学戏剧版本闻见录续集(1908—1949)[M]. 上海:上海远东出版社,2010:245-246.
② 岳峰,郑锦怀,林佩璇. 福建翻译史论(当代卷)[M]. 厦门:厦门大学出版社,2013:274.
③ 《中国文学家辞典》编委会. 中国文学家辞典(现代第 4 分册)[M]. 成都:四川文艺出版社,1985:176;曾平晖等. 晋江当代著述录 [M]. 厦门:厦门大学出版社,2002:49.
④ 蒋虹丁. 庄瑞源同志逝世七周年祭 [C]// 中国作家协会福建分会等. 福建新文学史料集刊(第四辑). 福州:中国作家协会福建分会等,1984:73-74.

傅东华就翻译了他的短篇小说《革命的女儿》(*Daughter of the Revolution*),收入铁流书店出版的同名翻译小说合集,列入"联合国文学名著"丛书。1949年以后的很长一段时间内,翻译苏联与东欧社会主义国家文学作品成为中国文学翻译界的主流,欧美各国左翼作家的作品也被纳入译介视野。这也是庄瑞源之所以选择翻译、平明出版社之所以同意出版这本《革命的女儿》的原因所在。

约翰·李德的原书共收录 15 篇短篇小说与散文,但庄瑞源与程建磐的《革命的女儿》只选译了其中的 8 篇,即《革命的女儿》、《完全失去的世界》、《百老汇之夜》、《资本家》、《试法》、《百闻不如一见》、《忘恩负义》、《革命小品》(包括《前夜(俄罗斯素描)》与《芝加哥的世界产业工人协会审判》)以及原序。此外,卷首附有译者拟定的著者小传,卷末附有译后记。其中,译后记写于 1951 年 3 月 8 日,显然庄瑞源与程建磐在此之前就已经完成了全书的翻译任务。此外,译后记还指出,程建磐仅翻译了原序、《完全失去的世界》与《百老汇之夜》,其余各篇则由庄瑞源翻译。[1]

二、参与翻译《保卫和平》

1950 年,世界各国文艺界人士在瑞典首都斯德哥尔摩召开了呼吁禁止使用原子弹的国际大会。同年 11 月,《苏联文学》英文版刊登了苏联作家吉洪诺夫(Н. Тихонов)等 19 位文艺家分别撰写的关于呼吁保卫和平的文章。蒋虹丁征得南京文联领导的同意,约请了 18 位名家,连同他本人,分别负责翻译一篇文章。[2] 这 18 位名家分别是范存忠、赵瑞蕻、王维镐、吴天石、刁则纯、刘开荣、徐克刚、沈长钺、沈蔚德、张景桂、杨苡、庄瑞源、秦宣夫、侯鸣皋、朱溪、黄宗江、梅雨、程信。其中,庄瑞源负责翻译阿尔美尼亚作家土尔孙·扎得(外文名不详)的《人民的友谊——和平的保障》一文。[3]19 篇译文结集为《保卫和平》,卷首附上《保卫和平(代序)》,卷末附上编后记,由南京正风出版社于 1951 年 9 月正式出版,列入"世界文艺译丛"。

三、翻译《死者青春长在》

安娜·西格斯(Anna Seghers)是反法西斯文学的代表人物之一,先后创作了《圣巴巴拉岛的渔民起义》(*Aufstand der Fischer von St. Barbara*)、《人头悬赏》(*Der Kopflohn*)、《第七个十字架》(*Das siebte Kreuz*)、《死者青春长在》(*Die Toten bleiben jung*)等小说作品。1933年希特勒上台后,她受到迫害,不得不踏上流亡之路,但仍然积极投入反法西斯的斗争。此外,她还十分关注中国的无产阶级革命事业,并创作了多种相关作品。[4] 因此,在新中国

---

① 译者. 译后记 [M]// 约翰·李德. 革命的女儿. 庄瑞源,程建磐选译. 上海:平明出版社,1952:121.

② 蒋虹丁. 庄瑞源同志逝世七周年祭 [C]// 中国作家协会福建分会等. 福建新文学史料集刊(第四辑). 福州:中国作家协会福建分会等,1984:74.

③ 吉洪诺夫等. 保卫和平 [M]. 范存忠等译. 南京:正风出版社,1951:89-96.

④ 黄丹啥,张帆. 安娜·西格斯与中国 [C]// 张玉书. 德语文学与文学批评,第 6 卷. 2012. 北京:人民文学出版社,2012:396-402.

成立后,安娜•西格斯的作品就受到了文学翻译界的重视,被陆续译成中文出版。最早,叶君健所译《渔民的起义》由平明出版社于1952年5月出版,列入"近代文学译丛"。同年,方明所译《委员的女儿》由大华出版社出版,列入"少年文学丛书"。1953年,又有三种安娜•西格斯作品被译成中文,即商章孙等译、文化工作社出版的《怠工者》,林疑今与张威廉合译、文化工作出版社出版的《第七个十字架》,廖尚果翻译、文化生活出版社出版的《一个人和他的名字》。

蒋虹丁知道庄瑞源毕业于同济大学,德语水平很高,便建议他多找几本德国革命作家的作品来翻译。庄瑞源听取了蒋虹丁的意见,找到了安娜•西格斯《死者青春长在》,最终决定将这部巨著译成中文。①

不过,庄瑞源在同济大学期间主要学习医学德语,在翻译德语文学作品时难免遇到困难。于是他借鉴了美国波士顿的利特尔和布朗公司于1950年出版的《死者青春长在》英译本 *The Dead Stay Young*。② 此外,蒋虹丁专门陪他去拜访德国文学研究专家商承祖教授,由其承担审校任务。③ 对此,庄瑞源在译者后记就指出:"译者德文程度有限,学识浅薄,在翻译中曾遇到许多困难。本书全部译稿承南京大学西方语言学系德文组主任商承祖教授在百忙中校正一遍,并添作不少注释。以后多次修润文字,承出版社编辑部诸位同志提出许多宝贵意见。"④

此外,庄瑞源还决定从苏联外文出版局出版的《死者青春长在》俄译本中选译一篇序文。这篇序原为苏联作家威•罗沙诺夫所撰。庄瑞源本身不通俄语,所以就请奥地利人朱伯兰将其节译成德文,再由商承祖转译为中文。⑤

庄瑞源充分利用8小时工作以外的时间,牺牲了几乎所有的休息与娱乐时间,不辞辛劳,终于完成了《死者青春长在》全书的翻译工作,交由上海文艺联合出版社于1954年7月出版,列入"现代文学译丛"。至1954年11月,这本译著就已四次印刷,总印数达13000册,可见其传播之快、影响之大。

四、参与翻译《战争论》

《战争论》(*On War*)是德国著名军事理论家克劳塞维茨(Carl Von Clausewitz)的传世名著。克劳塞维茨在该书中首次自觉地采用辩证法来研究战争理论,受到后世学者的高度评价。它无论是对于研究资产阶级军事思想,还是对于研究一般战争问题都十分有益。为此,中央军委要求批判地选读该书。根据这条指示,中国人民解放军军事科学院决定组

---

① 蒋虹丁. 庄瑞源同志逝世七周年祭 [C]// 中国作家协会福建分会等. 福建新文学史料集刊(第四辑). 福州:中国作家协会福建分会等,1984:74.

② 庄瑞源. 译者后记 [M]// 西格斯. 死者青春长在. 庄瑞源译. 上海:文艺联合出版社,1954:781-782.

③ 同①。

④ 同②:781.

⑤ 同②:782.

织人手翻译该书,以供全军干部研究与参考。①

由于庄瑞源在军队医院系统工作,此前又翻译过大部头的德语文学作品,所以他于1960年被借调到军事科学院一年,主要参与《战争论》一书的中译任务。②1964年2月,解放军出版社分上、下两册出版了《战争论》,署名"中国人民解放军军事科学院译",后多次重印。

五、翻译《傀儡》

《傀儡》(*Lalka*)是波兰作家波列斯拉夫·普鲁斯(Boleslaw Prus)的代表作之一。该书以沙皇统治下资本主义发展时期的波兰社会为背景,描写了波兰贵族阶层的腐朽没落与波兰资产阶级的形成,揭示了二者之间的矛盾、冲突与相互利用。③它是波兰19世纪批判现实主义文学的重要作品,有助于读者了解波兰过去的社会生活与风俗习惯。④为此,庄瑞源决定将该书译成中文。

庄瑞源并不懂波兰语。不过,科特·哈勒(Kurt Harrer)曾将该书译成德文,书名为 *Die Puppe*,由民主德国的奥夫堡出版社于1954年在柏林出版。庄瑞源便以这个德译本为底本,将普鲁斯这部巨著全部译成中文,由上海文艺出版社于1960年8月分为三册出版,首印3000册;1961年6月第二次印刷,再印2000册。

1978年6月,上海译文出版社分上、下两册推出了庄瑞源所译《傀儡》新1版,内容未变,但重新设计了封面。1982年5月,《傀儡》新1版第二次印刷,列入"外国文学名著丛书"。两次总共印刷了554000册,其中包括1400册精装本。由此可见,庄瑞源所译《傀儡》的质量得到了翻译界与出版界的一致认可,在外国文学中译作品中占得一席。⑤

除了以上几种译著,庄瑞源还曾翻译德国作家玛加勒特·诺尔曼的《约》一文,发表在《雨花》1958年第1期上。这是目前所见庄瑞源在报纸杂志上发表的唯一一种译文。

▌ 附:庄瑞源翻译成果一览

一、译著

1.《革命的女儿》,约翰·李德著,庄瑞源、程建磐选译,平明出版社1952年1月出版,列入"新译文丛刊"。1957年,新文艺出版社重印。

---

① 中国人民解放军军事科学院. 说明 [M]// 克劳塞维茨. 战争论(上). 中国人民解放军军事科学院译. 北京:解放军出版社,1964:1-2.

② 林煌天. 中国翻译词典 [M]. 武汉:湖北教育出版社,1997:989;曾平晖等. 晋江当代著述录 [M]. 厦门:厦门大学出版社,2002:49-50.

③ 内容提要 [M]// 波列斯拉夫·普鲁斯. 傀儡(第一部). 庄瑞源译. 上海:上海文艺出版社,1960:XVII.

④ 波列斯拉夫·普鲁斯. 傀儡(第一部)[M]. 庄瑞源译. 上海:上海文艺出版社,1960:XII.

⑤ 岳峰,郑锦怀,林佩璇. 福建翻译史论(当代卷)[M]. 厦门:厦门大学出版社,2013:278.

2.《保卫和平》,吉洪诺夫等著,范存忠等译,正风出版社 1951 年 9 月出版,列入"世界文艺译丛"。(庄瑞源负责翻译阿尔美尼亚作家土尔孙·扎得所撰《人民的友谊——和平的保障》一文。)

3.《死者青春长在》,西格斯著,庄瑞源译,上海文艺联合出版社 1954 年 7 月出版,列入"现代文学译丛"。1954 年 11 月第四次印刷。

4.《战争论》(上、下),克劳塞维茨著,中国人民解放军军事科学院译,解放军出版社 1964 年 2 月出版。(该译本为集体翻译成果,庄瑞源参与其中。)

5.《傀儡》(第一、二、三部),波列斯拉夫·普鲁斯著,庄瑞源译,上海文艺出版社 1960 年 8 月出版,1961 年 6 月第二次印刷。

6.《傀儡》(上、下)(新 1 版),波列斯拉夫·普鲁斯著,庄瑞源译,上海译文出版社 1978 年 6 月出版,1982 年 5 月第二次印刷,并列入"外国文学名著丛书"。

二、报刊译文

《约》,玛加勒特·诺尔曼(外文名不详)著,庄瑞源译,载于《雨花》1958 年第 1 期。

第十章

菲华诗歌翻译家——施颖洲

第一节　施颖洲生平简介

施颖洲(1919—)，笔名唐山人、龙传仁、蔡己、[①]龙传人、[②]周颖、[③]周颖诗，[④]菲律宾大学文学士、巴基斯坦自由大学荣誉文学博士，菲律宾著名的华人编辑、作家、翻译家。[⑤]其妻名叫许玉堂，两人育有6个子女。[⑥]

1919年农历二月十五(公历3月16日)，[⑦]施颖洲出生在泉州晋江龙湖镇前港村。[⑧]1922年，年仅3岁的他便随父母移民菲律宾，定居在马尼拉市地端河畔。[⑨]他自幼就热爱文学，从读小学起就受中国古典文学的熏陶，作文写得不错，[⑩]曾获全校作文比赛小学组第一名。[⑪]

1932年，施颖洲进入当地的华侨中学就读。[⑫]该校图书馆藏有胡适的《尝试集》、徐志

---

① 曾平晖等. 晋江当代著述录 [M]. 厦门：厦门大学出版社，2002：236.

② 萧村，李灿煌选. 晋江籍海外作家作品选 [C]. 厦门：厦门大学出版社，2005：171；郑楚. 晋江籍菲华作家及其贡献 [C]// 周仪扬，陈育伦，郭志超. 谱牒研究与华侨华人. 北京：新华出版社，2006：309.

③ 施颖洲. 文学之旅 [M]. 沈阳：辽宁教育出版社，1997：101.

④ 刘小岩. 翰墨情缘 [M]. 北京：北京师范大学出版社，2006：218.

⑤ 秦牧等. 台港澳暨海外华文文学大辞典 [M]. 广州：花城出版社，1998：950.

⑥ 潘亚暾. 当代在任最长的总编辑——记菲华文坛翘楚施颖洲先生 [J]. 海内与海外，1998(7)：39.

⑦ 同③：98.

⑧ 同①。

⑨ 同③：145.

⑩ 吴奕锜，赵顺宏. 菲律宾华文文学史稿 [M]. 北京：中国文联出版社，2000：46.

⑪ 同③：145.

⑫ 庄钟庆等. 东南亚华文新文学史 [M]. 北京：人民文学出版社，2007：507.

摩的《志摩的诗》、鲁迅的《阿Q正传》、老舍的《猫城记》等大量中国新文学作品以及《文学》《文学季刊》《作家》《译文》等文艺刊物,为他这个文学爱好者提供了丰富的养料。①同时,他也得到国文教师兼《新中国报》总编辑鲍事天的认真教导,②写作水平提升得很快。读高一时,他就与同学李法西、许奕经合办了文艺壁报《晨曦》,并向《华侨商报》与《新中国报·民众周刊》投稿,正式走上了文学道路。高中毕业后,施颖洲考入了号称是菲律宾英文作家的摇篮的国立菲律宾大学英文系。③

菲律宾先后受到西班牙与美国的殖民统治,受美国影响尤其大,英文成为学校的必修课。④在侨校就读期间,施颖洲上午学中文,使用中国课本;下午学英文,使用美国课本。考入国立菲律宾大学英文系后,他主修英语,但课余阅读的却都是中国古典与现代文学。⑤如此一来,施颖洲的中英双语水平齐头并进。这为他后来从事英汉、汉英翻译活动打下了坚实的语言基础。

1937年,施颖洲开始与中国文坛发生联系。当年,他在厦门《星光日报·星海》上发表了新诗《拣煤渣的孩子》,并且每周都在《公理报·文艺先锋》上发表译诗。此外,他还曾筹印新诗集《十七岁人》,并请书法家施伯篯题写封面,可惜因为日本全面侵华而未能付印。⑥

1938年6月11日,施颖洲在巴金主编的《烽火》第17期上发表了新诗《海外的卖报童》。他还与巴金取得了通信联系。大约在1938年8月间,巴金写了一封回信给施颖洲,内称:"《烽火》仍出,您的短诗已在十七期发表。译诗一章以后也会发表,请勿念。"⑦这表明,施颖洲当时还向《烽火》寄了一首译诗。巴金在信中还希望施颖洲多寄文稿或通讯过来。⑧但是,《烽火》于1938年10月11日出完第20期后停刊,施颖洲的作品未能再在该刊上发表。此外,巴金在信中问:"您的世界语学得怎样了?"⑨这表明,在两人取得联系之前,施颖洲就已经开始学习世界语了,而不是他自称的"主编巴金称赞施颖洲诗及译诗,并鼓励学习世界语"。⑩

日军入侵菲律宾期间,施颖洲参加了当地的抗日队伍。1944年,他为菲律宾华侨抗日迫击团地下刊物《扫荡报》撰写评论。⑪这成为他后来长期从事报刊编辑工作的契机。1945年,马尼拉光复,施颖洲担任《新时代》英文报总编辑。此后,他历任《中正日报》(1946—1949)、《大中华日报》(1949—1973)与《联合日报》(1973—21世纪初)的总编辑,

① 吴奕锜,赵顺宏. 菲律宾华文文学史稿 [M]. 北京:中国文联出版社,2000:46-47.
② 施颖洲. 文学之旅 [M]. 沈阳:辽宁教育出版社,1997:145.
③ 施颖洲. 黎刹百年祭 [C]// 周南京,凌彰. 黎萨尔与中国. 香港:南岛出版社,2001:398.
④ 李君哲. 海外华文文学札记 [M]. 香港:南岛出版社,2000:174.
⑤ 同②:126.
⑥ 同②:145-146.
⑦ 巴金. 巴金全集(第24卷)[M]. 北京:人民文学出版社,1994:252.
⑧⑨ 同②:145-146.
⑩⑪ 同②:146.

前后近 60 年。他也由此成为菲律宾华人报业史上任期最久、资历最深的报人。①

尽管其本职工作是报纸编辑,但施颖洲却从未放下其文学理想。他先后在《中正日报》与《大中华日报》上开辟"海阔天空"与"话梦录"两个专栏,从 1946 年到 1972 年,从未中断发文。②

施颖洲还积极推动菲华文学界的交流与合作。1950 年,他发起筹办菲律宾华侨文艺工作者联合会(简称菲华文联),后长期担任领导职务。从成立到 1972 年,该会一直都是菲律宾华侨文艺运动主流。其间,他长期主编会刊《文联》季刊(1951—1972),为菲华文联策划文艺讲习会(1952 年),四次担任菲华文联于 1959 年创办的文艺讲习班班主任,并多次代为聘请余光中、覃子豪、谢冰莹、纪弦等名家担任讲师,培养了一大批菲华文艺界的新生力量。③1982 年,他发起创办了菲华文艺协会,其后长期担任该会首席常务理事,并主编会刊《菲华文艺》月刊。④1988 年,他又发起成立了亚洲华文作家协会菲律宾分会,并多次受聘为名誉会长。⑤此外,他还独立或与人合作编选了若干种文集,包括《文艺年选》(菲华第一本文艺选集,1946)、《海》(菲华新诗选集,1949)、《芳草梦》(菲华散文选集,1949)、《菲律宾华侨作品集》(1950)、《菲律宾的一日》(1951)、《菲律宾短篇小说选集》(1959)、《菲华小说选》(1977)、《菲华散文选》(1978)、《菲华新诗选》(1978)等,为菲华作家发表作品提供平台,有力地推动了菲华文学的发展。

施颖洲曾获台湾第一、二届中正文化奖金,台湾"中国文艺协会"资深作家奖,台湾作家协会海外文艺工作奖,王国栋文艺奖金等。⑥2004 年 7 月 30 日,第三届扶西·黎刹杰出华裔菲人奖在华裔青年联合会举行颁奖大会,菲律宾文官长罗武洛代表总统阿罗约主持颁奖典礼。施颖洲被授予终身成就奖的荣誉。这无疑是对他在办报、写作、翻译等多个领域取得的巨大成就的肯定。

第二节　施颖洲的译诗成就

1937 年,施颖洲开始在《公理报·文艺先锋》上发表译诗。目前所见,这是施颖洲翻译活动之始。1938 年,他又在《华侨商报·新潮》创刊号上发表译诗。可惜的是,我们没有渠道查阅原始资料,所以无法弄清楚他当时到底翻译了哪些外国诗人的作品,译诗的质量又如何。不过,他此时应当已经初步萌发了选译一部世界诗选的计划。⑦

1945 年马尼拉光复之后,施颖洲在其任职的《新时代》英文报辟"诗人园地"专栏,并

① 吴奕锜,赵顺宏. 菲律宾华文文学史稿 [M]. 北京:中国文联出版社,2000:48.

② 施颖洲. 文学之旅 [M]. 沈阳:辽宁教育出版社,1997:146-148.

③ 同②:147-149.

④ 同②:153-154.

⑤ 同②:156-160.

⑥ 秦牧等. 台港澳暨海外华文文学大辞典 [M]. 广州:花城出版社,1998:950.

⑦ 同①:49.

在上面发表自己的英译唐诗作品。他甚至还将《义勇军进行曲》译成英文,印3万份,随《新时代》英文报分发给订户。①

1950年,施颖洲参考十多种中、英、法文翻译版本,将祖籍泉州晋江的菲律宾民族英雄黎刹用西班牙语创作的名诗"Mi Último Adiós"(英文译名为"My Last Farewell")译成中文,题为《我的诀别》,发表在《华侨商报•新潮》上。这应当是施颖洲流行最广、影响最大的一首译诗,后来被《中华文艺》、《文坛》、《作品》、《皇冠》、《现代诗》、《菲华文艺》等杂志及《大中华日报》、《联合日报》、《联合早报》、《华侨日报》等报纸转载,还被选入多种文集。② 不过,这首译诗也受到一些人的批评。比如,同样生于泉州的菲华作家、翻译家林健民就曾多次撰文,对施颖洲的误译之处进行了细致入微的评析。③ 不过,众口难调,任何一种翻译作品都不可能让每个读者满意。施颖洲所译《我的诀别》自有其价值所在,需要我们认真品评。

1965—1971年,台湾皇冠出版公司推出了施颖洲"世界诗选三部曲",即《世界名诗选译》(1965)、《现代名诗选译》(1969)、《古典名诗选译》(1971)。施颖洲由此完成了他年轻时立下的翻译世界各国名诗的心愿。1987年3月,中国友谊出版公司引进出版了《世界名诗选译》一书。1999年4月,辽宁教育出版社出版了《世界诗选》,即施颖洲所译"世界诗选三部曲"的合集。

1973年,台湾皇冠出版公司以中英对照的形式推出了施颖洲翻译的《莎翁声籁》。④这是当时仅见的以诗体译诗的莎士比亚十四行诗汉译版本,⑤曾被台湾大学等高校的外文系选为莎士比亚课的教材。2011年5月,译林出版社又将其改题为《莎士比亚十四行诗集》,以英汉对照的形式出版,并附一张配乐朗诵MP3光盘。

1979年,施颖洲又翻译了新加坡作家王润华的英文诗集《十四行诗》,由香港诗画楼公司出版。⑥ 在这之后,施颖洲基本上不再从事外国名诗汉译工作,而只对以前完成的译诗加以修订、润饰。

从20世纪70年代中期起,施颖洲又开始英译中国古典诗词。但1978年其母病逝,他的心情大受打击,只得暂停英译之举。大约10年后,他早期英译的几首唐诗受到林振述(艾山)、陈羽音、林启祥、黄维梁、林忠民等文友的赞赏,才又重启计划。⑦ 经过多年的努力,施颖洲将大约200首中国古典诗词译为英文,并从中选出质量最优者,结集为《中英对照读唐诗宋词》一书,由台北九歌出版社有限公司于2006年5月出版,深受好评。

施颖洲在诗歌翻译领域付出了无数心血,也取得了巨大的成就,受到广泛的赞誉与认可。1964年,施颖洲被国际桂冠诗人协会授予"诗人—黎刹学家奖"(马加巴雅总统金牌),

---

① 施颖洲. 文学之旅 [M]. 沈阳:辽宁教育出版社,1997:146.

② 同①。

③ 林健民. 林健民文集 [M]. 南京:江苏文艺出版社,1991:99-143,180-189.

④ 同①:152.

⑤ 同①:137.

⑥ 同①:153.

⑦ 同①:82.

由时任菲律宾外交部副部长闵尼蒂示颁奖。[①]1966 年,他又被国际桂冠诗人协会授予"诗人—翻译家奖"(马可斯总统金牌),由菲律宾前总统贾斯亚颁奖。[②]2004 年 11 月 20 日,第十届亚洲华文作家年会在柬埔寨举办,他在大会上获得了亚洲华文作家文艺基金会颁发的文学终身成就奖。[③]

第三节　施颖洲的译诗观

由于长期从事诗歌翻译活动,施颖洲拥有十分丰富的译诗经验。他也乐于将其加以总结成文,与翻译界同仁及普通读者分享。

1968 年,施颖洲撰写了 3 万多字的《译诗理论与实践》一文,发表在《文联》(季刊)创刊号上。这是目前所见施颖洲正式发表的第一篇译论,被当时的台湾文坛誉为最有系统性的译诗理论。他也因此荣获首届台湾中正文化奖金文学奖。[④]

1969 年,施颖洲被香港中文大学邀请担任国际翻译研讨会主讲人之一,并在研讨会上宣读了论文《谈译诗》。该文后被著名翻译学家宋淇(原名宋奇,又名宋悌芬,笔名林以亮;1919—1996)选中,与余光中的《翻译和创作》、林友兰的《新闻翻译的几个问题》、夏菁的《新闻中各类专有名词的汉译》、蒋家栋的《外国人名地名译音标准化的问题》、余也鲁的《从"传理"论新闻翻译》、陈祖文的《本世纪英译中国古典诗的主流》、高克毅的《广播与翻译》、邢光祖的《译诗理论的探讨》、张树柏的《谈谈科技论文的翻译》汇为《翻译十讲》一书,由香港辰冲图书公司于 1969 年 11 月出版。1970 年 12 月,台湾晨钟出版社出版了《翻译的艺术》一书,列为"学术丛书"第二种,其中也收录了施颖洲的《谈译诗》。1975 年,台湾弘道文化有限公司推出了陈鹏翔主编的《翻译史·翻译论》一书,同样收录了这篇译论。

据不完全统计,施颖洲迄今为止用中英文撰写了总共二十多篇译论,其中有不少是其译诗集的序跋。单单其《文学之旅》一书就收录了《译诗的艺术——中译〈莎翁声籁〉自序》、《谈译诗——〈现代名诗选译〉自序》、《译诗抒怀》、《顾一惟译诗》与《伟大中国诗》五篇专门探讨译诗的文章,其他篇目也或多或少涉及译诗问题。综观其译论文章,施颖洲的译诗思想可以总结如下:

一、选好翻译对象

任何译事都始于翻译对象的选择。施颖洲从一开始就确定了选择翻译对象的基本原则:"我要译的是世界第一流诗人,要译的诗是他们的代表作或最佳名作。"[⑤]也就是说,他只会选择世界一流诗人的代表作或名作来翻译。但在实际操作过程中,翻译对象的选择

---

① 施颖洲. 文学之旅 [M]. 沈阳:辽宁教育出版社,1997:150.

② 同①。

③ 陈雅灵. 汉河与溪流——中国与东盟语言文化论丛 [M]. 北京:经济管理出版社,2012:129.

④ 同①:150-151.

⑤ 施颖洲. 序 [M]// 施颖洲译. 世界名诗选译. 北京:中国友谊出版公司,1987:1.

还必须符合另外两大标准。

其一,翻译对象"必须是译者所喜欢的好诗"。[①] 换句话说,译者必须对其选择翻译的诗作抱有浓厚兴趣,能够读懂原诗的精髓与妙处,能够走近原诗作者,与之神会交通,深刻理解并领会其所思所想与用心所在。其实,无论中外,都有很多文学翻译名家与施颖洲持相同或相似的观点。他们翻译外国作家作品,不是出于功利心理,不是因为这些作品十分流行,具有大量的潜在读者,译作出版之后会大卖,可以从中获利良多;而是因为原著的文字表述与思想内涵吸引了他们,勾动了他们内心深处的兴趣,于是迫不及待地想要将其译介过来,与他人分享。当然,这并不意味着译者不需要金钱回报。这只是强调,译者首先要对翻译对象感兴趣,才更有可能产出质量很高、受人欢迎的翻译成果。

其二,译者必须有能力译好原诗。施颖洲指出,翻译对象"必须是译者有把握译出的"。[②] 这主要是因为译者并非全能天才,必定有所长也有所短。有些诗作难读难解更难译,超出了译者的翻译能力。碰到这种诗作,如果译者不自量力,硬要翻译,那么其译诗的质量必定不高,只会贻笑大方。

此外,施颖洲还十分注重翻译对象的文学性。在他看来,有些诗歌作品传播得十分广泛,受众很多,但其实质量并不高;有些诗人名气很大,写过流芳百世的名诗佳作,但其部分诗作却质量低下,没有译介价值。为此,他甚至还曾借助统计学的方法来决定翻译对象,以使其选择更加客观、合理。反观当前翻译界、出版界,看见某位作家获得了诺贝尔文学奖,就一哄而上,也不管其作品质量高低,一概译介进来。有些译者不管自己有没有足够的能力,遇上翻译任务一概接下,结果译出来的东西错漏连篇,惹得读者怒批。两相对照,不由得我们不深刻反思。

二、坚持以忠实为本

施颖洲一直认为,"译诗必须完全忠实"。[③] 他很早就在《译诗:理论与实际》一文中指出:"翻译只有一个标准,就是完全忠实于原作。译诗和译其他文学作品一样,最高的标准是完全忠实于原作。"[④] 在《谈译诗——〈现代名诗选译〉自序》一文中,施颖洲又强调:"翻译只有一个标准,就是忠实。"[⑤] 他还对严复提出的"信、达、雅"三标准展开了深刻批评,称它"误尽苍生"。他认为,"达"指译文要做到"词可达意"。只需要译者做到忠实("信"),那么原文"达"到什么程度,译文自然就会"达"到什么程度。反之,如果原文本身并不流畅、通顺,译文自然也是如此,不能强求畅达。同样的道理,只要译者忠实于原文,其译文自然就会达到与原文同等程度的"雅"。他由此得出结论,"综合以观,'达'与'雅'皆非必要;翻译只有一个标准,就是'信',就是'忠实'。"他还进一步强调:"我们说要忠实于原

---

① 施颖洲. 文学之旅 [M]. 沈阳:辽宁教育出版社,1997:46.

② 同①。

③ 施颖洲. 序 [M] // 施颖洲译. 世界名诗选译. 北京:中国友谊出版公司,1987:2.

④ 同③:3.

⑤ 同①:47.

作,不仅要忠实于原作的文字修词,也要忠实于它的内容。"①

那么,什么才是理想的译诗呢?对此,施颖洲指出:"一首忠实、理想的译诗,必须符合下面两个条件:(一)译诗应该忠实地译出原诗字句全部的意思,是及格的意译,也是及格的直译;(二)译诗应像原诗一样是一首好诗,保持原诗的种种特点。"他认为,一首译诗如果有所增删,要么残缺不全,要么画蛇添足,那么它表达的就是译者本人而非原作者的所思所想,不能称为是真正意义上的译诗。②具体而言,一首好的译诗,首先要在字、句方面与原诗一一对应,做到"每个字都应该是原诗每个字的最精巧的译出,句句应该与原诗如同孪生的";其次则要将原诗的字法、句法、章法、风格、格律、音韵、节奏及神韵完美地迻译过来;最后还要完整地呈现原诗的思想、意象与情趣。③

我们注意到,施颖洲的译诗观在某些方面已经超越了中国传统译论的影响与束缚。他在《译诗:理论与实际》提出:"在原诗给读者(原文的读者)的美感经验与译诗给读者(译文的读者)的美感经验分不出彼此的时候,译诗艺术的最高标准便达到了。"④可以看出,他十分关注读者对译诗的观感与反应,认为当译诗读者产生的感受与反应与原诗读者一样时,这首译诗才达到了译诗艺术的最高标准,是一首忠实的、理想的译诗。他的这种观点似乎受到了西方接受美学的影响,也跟美国翻译理论家奈达(Eugene Nida)于1964年提出的动态对等思想(dynamic equivalence)遥相呼应。

三、直译 VS 意译

在翻译学界,对于到底是要采用直译,还是采用意译,常会发生论争。施颖洲却指出:"及格的翻译,应该是及格的直译,同时又是及格的意译。在一篇上乘的译文中,是无法找出直译与意译的分界线的:用直译的标准来衡量,它是上乘的译文;用意译的标准来评量,它也是上乘的译文。"⑤显然,在他看来,直译与意译只不过是最为常见、最为通用的两种翻译方法而已,二者绝不是非此即彼、互不相容。他认为,只要译者坚持按照"忠实"或"信"的翻译标准来进行翻译,其译文就必然会让人无法分清直译或意译的界限。或者说,译者已经将直译与意译完美地融合在一起,从心所欲不逾矩。

施颖洲还指出,直译与意译只是文字方面的两种翻译方法。但文学翻译涉及的不仅仅是文字,还有风格、音韵等各大要素。因此,我们绝不能单单以直译或意译来评判文学翻译。⑥

---

① 施颖洲. 文学之旅 [M]. 沈阳:辽宁教育出版社,1997:47-48.

② 同①:83.

③ 施颖洲. 序 [M]// 施颖洲译. 世界名诗选译. 北京:中国友谊出版公司,1987:3.

④ 同③。

⑤ ⑥ 同①:49.

四、字句的翻译

施颖洲提出,句子是翻译的基本单位,[①]而句子又是由字词构成的。因此,字词与句子的翻译与处理对于译诗质量的高低至为重要。

众所周知,一个字词常常会有许多不同的意思,但在特定诗词语境中,只有一种意思是正确的,译者必须正确地译出这个意思。同时,我们经常可以用不同的字词来表达同一个意思,但字词的变化又会影响到译诗整体的节奏、音韵、体裁、情调、风格、境界或神韵等要素。因此,施颖洲提出:"译诗,每个字都应该译得确切。"也就是说,译者既要正确地翻译出原诗每个字词的意思,又要切合原诗的境界。[②]

至于句子的翻译,施颖洲指出:"忠实的译句必须是原句全部意思的复写,保持原句的好处。"因此,他认为译者必须译出原句每个字词的意思。不过,这并不意味着字斟句酌,一字不漏。字对字的翻译通常都是不可能做到的,也是没有必要做到的,因为它常常会导致死译,根本不会产出真正好的理想的译诗。[③]事实上,原诗的有些字词根本就无须译出,否则反成累赘,有损译诗整体的文体、节奏、意境等。[④]

五、文体风格的传达

施颖洲一直强调,构成文学作品的要素很多,而不仅仅只有文字一种。为此,他认为,理想的译诗不仅仅要确切地翻译出原诗每个字词表达的意思,更要传达或保持原诗的各种文体特征,包括节奏、音韵、体裁、风格等。[⑤]

施颖洲指出,古今中外的好诗大都讲究节奏与音韵。[⑥]比如,中国古代诗词通常是以平仄来呈现节奏之美,而英文格律诗则讲究音步。[⑦]因此,译者首先必须懂得欣赏原诗的节奏与音韵之美,然后必须能够将其忠实地移植到译诗中来。他指出,在翻译有音步的外国诗时,我们虽然还没有办法以固定的音数来移植原诗的音步,但也可以用固定的顿数来加以呈现。[⑧]在翻译莎士比亚十四行诗时,他就是以一行十字(即一行五顿)来对应原诗的五抑扬音步,以使译诗读起来节奏整齐。[⑨]

关于音韵问题,施颖洲提出,原诗如有押韵,译诗也应当照样押韵,忠实地呈现原诗的音韵之美。[⑩]为此,译者应当熟谙新旧体诗词的押韵方法,并不时观摩赏玩,融会贯通。遇

---

① 施颖洲. 文学之旅 [M]. 沈阳:辽宁教育出版社,1997:50.
② 同①:49-50.
③ 同①:83.
④ 同①:50-51.
⑤ 同①:84.
⑥ 同①:53.
⑦ 同①:84-85.
⑧ 同①:53.
⑨ 同①:11.
⑩ 同①:85.

到没有把握的时候,还应当参阅《诗韵易检》、《诗韵合璧》、《国音诗韵》之类的韵谱。[①] 不过,施颖洲也指出,押韵必须押得自然,不能勉强为之,否则效果不好。[②]

至于体裁问题,施颖洲指出:"译诗应该忠实于原诗的体裁。"[③]古今中外的诗歌体裁多样,各有各的特点。比如,在西方,诗歌就可以分为声籁(十四行诗)、珑如、咏、挽诗、歌谣、自由诗、散文诗、无韵体诗、对偶体诗等。[④] 而中国诗歌则有诗、词、曲之分,诗又可以进一步分为古体诗(诗经、楚辞、汉赋、乐府诗等)、近体诗(律诗、绝句)等。想要译好体裁各异的诗歌作品,译者就必须通过长期的翻译实践,能够熟练地运用各种诗歌体裁。只有这样,译者才能从心所欲、熟练自如地以自由诗来翻译自由诗,以格律诗来翻译格律诗。[⑤]

六、借鉴与创造

施颖洲从不讳言,翻译离不开借鉴与参考。他认为,要使译诗忠实于原诗,参考资料是极其重要的。通过借鉴和参考前人的翻译成果,可以让自己不至于重蹈覆辙,犯下不应该犯的低级错误。所以,他一生随时随地都在努力收集各类参考书、剪报及手抄资料,供自己翻译时查阅、参考。在翻译黎刹的《我的诀别》一诗时,他就参考了该诗的 19 种中文、英文与法文翻译版本。在翻译《莎翁声籁》时,他也参考了屠岸、虞尔昌与梁实秋的三种莎士比亚十四行诗汉译版本,多种英文注释本、散文译本、评析本以及大量莎士比亚研究方面的参考书,总计有上百种之多。[⑥]

不过,施颖洲也强调,参考与借鉴绝非模仿,更不是抄袭。他认为,参考别人的翻译成果,不能生吞活剥,随便改几个字就将其说成自己的翻译成果。相反,参考的目的是为了汲取其中的精华,然后将其消化,最终转为自己的东西,创造性地译出带有自己特色的质量更好的翻译作品。[⑦]

比如,在翻译《莎翁声籁》时,他就创造性地采用十言抑扬诗行来翻译莎士比亚十四行诗。他提出,译者应当随着时代进步而在译诗体裁方面有所革新。他更希望自己创新采用的十言抑扬诗行能够起到抛砖引玉的作用,为汉语新诗注入新鲜血液。[⑧]

七、关于译诗赏评

基本上,施颖洲还是持一种比较传统的翻译批评理念。在他看来,赏读、评析一首译诗,包括研读原诗、研读译诗、对比分析与价值评判四大步骤。其评判标准则是看译诗是

---

① 施颖洲. 文学之旅 [M]. 沈阳:辽宁教育出版社,1997:53-54.
② 同①:14.
③ 同①:88.
④ 同①:54.
⑤ 同①:88.
⑥ 同①:90.
⑦ 同①:90-91.
⑧ 同①:11.

不是按其所持的"忠实"标准译出,是否符合他列出的理想译诗的五个特征,即:"(一)字字确切,句句忠实,一字不多,一字不少,是及格的直译,也是及格的意译。(二)节奏优美,犹如原诗。例如,用英诗抑扬五音节格律译中文七言。(三)音韵悦人如原诗。例如,依照原诗押韵的方式。(四)保持笔法、风格、情调、意境等等。(五)再现原诗境界、神韵,好像原诗一样是一首好诗。"① 可惜的是,虽然施颖洲在谈论翻译标准时已经注意到读者反应的问题,但在谈论译诗赏评时却忽略了这一点,未能论及译诗在读者群体中产生的反应与影响。

值得注意的是,施颖洲已经初步注意到评析译诗应当考虑到译者所处的社会历史背景。他在《顾一樵译诗》一文中指出,顾一樵(顾毓秀)的译诗中偶有文言、白话或欧化字句没有完全融合为一体的痕迹,但那应当是受到他所处的时代背景的影响。② 众所周知,由于各自所处的社会历史条件各不相同,不同的译者使用的语言形式与文体风格也会有所不同。就比如说,"五四"时期刚刚走上历史舞台不久的白话文就与我们当前使用的现代汉语有着很大的差异。当时的白话文远不如现代汉语成熟,无论是词汇还是文法,甚至是标点符号的使用,都存在诸多不足与缺陷。因此,在品评不同时期不同译者的译作时,我们就不能脱离时代背景而单纯地从语言层面上加以比较、评析。就此说来,施颖洲的这一观点无疑是难能可贵的。

附:施颖洲翻译成果一览

一、译著

1.《菲律宾短篇小说集》,施约翰、施颖洲译,台湾皇冠出版公司1961年出版。

2.《斗鸡的故事》,罗细士(Alejandro Roces)著,施约翰、施颖洲等译,台湾文坛社1962年出版。

3.《世界名诗选译》,施颖洲译,台湾皇冠出版公司1965年出版。后又由中国友谊出版公司于1987年3月引进出版。

4.《现代名诗选译》,施颖洲译,台湾皇冠出版公司1969年出版。

5.《古典名诗选译》,施颖洲译,台湾皇冠出版公司1972年出版。

6.《莎翁声籁》,莎士比亚著,施颖洲译,台湾皇冠出版公司1973年出版。后改题为《莎士比亚十四行诗集》,由译林出版社于2011年出版,为英汉对照本,并附一张配乐朗诵MP3光盘。

7.《世界诗选》,施颖洲译,辽宁教育出版社1999年4月出版。为施颖洲所译"世界诗选三部曲"的合集。

8.《中英对照读唐诗宋词》,施颖洲译,台北九歌出版社有限公司2006年5月出版,2009年又推出增订版。

---

① 施颖洲. 自序 [M]// 施颖洲译. 世界诗选. 沈阳:辽宁教育出版社,1999:4.

② 施颖洲. 文学之旅 [M]. 沈阳:辽宁教育出版社,1997:122.

二、译论

1.《译诗理论与实践》,施颖洲撰,载于 1968 年《文联》(季刊)创刊号。

2.《谈译诗》,施颖洲撰,载于宋淇编选的《翻译十讲》(香港辰冲图书公司 1969 年 11 月出版),又载于《翻译的艺术》(台湾晨钟出版社 1970 年 12 月出版)、《翻译史·翻译论》(台湾弘道文化有限公司 1975 年出版)、《文学之旅》(辽宁教育出版社 1997 年 8 月出版)。

3.《胡适译诗》,施颖洲撰,连载于《中国时报》1971 年 11 月 26—29 日。

4.《顾一樵译诗》,施颖洲撰,连载于《中国时报》1972 年 7 月 10—13 日,又载于《文学之旅》(辽宁教育出版社 1997 年 8 月出版)。

5.《再谈〈莎翁声籁〉三种中译》(一至四),施颖洲撰,连载于《中国时报》1973 年 4 月 26—29 日。

6.《三谈〈莎翁声籁〉三种中译》(上、中、下),施颖洲撰,连载于《中国时报》1973 年 11 月 9—11 日。

7.《译诗的艺术——中译〈莎翁声籁〉自序》,施颖洲撰,载于施颖洲译《莎翁声籁》(台湾皇冠出版公司 1973 年出版),又载于《文学之旅》(辽宁教育出版社 1997 年 8 月出版)。

8.《谈译诗——〈现代名诗选译〉自序》,施颖洲撰,载于施颖洲译《现代名诗选译》(台湾皇冠出版公司 1969 年出版),又载于《文学之旅》(辽宁教育出版社 1997 年 8 月出版)。

9.《译诗抒怀》,施颖洲撰,载于《文学之旅》(辽宁教育出版社 1997 年 8 月出版)。

10.《伟大中国诗》,施颖洲撰,载于《文学之旅》(辽宁教育出版社 1997 年 8 月出版)。

第十一章

经济学翻译家——王友钊

第一节　王友钊生平简介

　　林煌天与贺崇寅主编的《中国科技翻译家辞典》(上海翻译出版公司 1991 年出版)向我们介绍了来自晋江的经济学翻译家王友剑。[①]2013 年,岳峰、郑锦怀与林佩璇主编的《福建翻译史论(当代卷)》援引《中国科技翻译家辞典》的介绍,仍称此人为王友剑。[②]但我们发现,这其实是一个因为繁体字的识别与转换问题导致的错误。这位翻译家的真实姓名是王友钊。众所周知,台湾地区通常使用繁体字,而中国大陆地区则用简体字。"钊"字的繁体字写成"釗",看上去跟简体字"剑"很相似。正因为如此,早前有些研究者稍不注意,就识将繁体字的"王友釗"识别为"王友剑"了。

　　1925 年 7 月 2 日,王友钊(英文名为 Wang You-tsao)出生在福建泉州晋江。[③]也有资料称王友钊又名王小俺,生于泉州市鲤城区开元办事处前孝悌。[④]其父名叫 Wang Hsiao-kwei,其母名叫 Wang-Huang Pei-feng,[⑤]但两人的中文姓名不详。他还有一个哥哥名叫王友焕。[⑥]

　　因为其父在他两三岁时就已经逝世,所以王友钊与哥哥是由其祖母与母亲带大的。

---

① 林煌天,贺崇寅. 中国科技翻译家辞典 [M]. 上海:上海翻译出版公司,1991:255.

② 岳峰,郑锦怀,林佩璇. 福建翻译史论(当代卷)[M]. 厦门:厦门大学出版社,2013:56.

③ 苏炳炎. 我所认识的王友钊校友 [J]. 集美校友,1993(3):8.

④ 中共泉州市委对台工作部. 泉州寓台名人录(一)[M]. 泉州:中共泉州市委对台工作部,1986:16.

⑤ von Elizabeth, Sleemann. *The International Who's Who 2004*[M]. London:Europa Publications,2003:1774.

⑥ 同③。

其母是新式女性，在小学教书，十分重视两个儿子的教育。① 她送王友钊到衰绣小学就读。② 该校设在东鼓楼的菜巷内，校长为黄清辰。③ 全面抗战爆发后，王友钊一家离开市区，迁到乡下生活，而衰绣小学则继续在留在泉州市区办学。不过，在母亲的坚持与督促下，他继续自学。④ 1938 年夏，⑤ 他回校参加了毕业考试，顺利完成了小学教育。⑥

战况稍好时，王友钊进入私立泉州中学就读。⑦ 据查，该校创办于 1916 年 5 月，原称泉州私立中学，四年制，至 1924 年改为三年制初级中学，1927 年改称私立泉州中学，1933 年又改称私立泉州初级中学，1937 年再奉令改称私立泉中初级中学。学校最初设在泉州城内会通巷，1935 年迁入泉州城内小城隍，1938 年因日军入侵而内迁至南安南金后埔村，抗战胜利后才又迁回泉州城内小城隍原址。⑧ 王友钊自己回忆称："战况好一些时，我又回到市内念了私立泉州中学，不过一年，举校迁至内地，离家可远了。"⑨ 由此推断，他应当是于 1937 年秋入读私立泉中初级中学，1938 年随学校内迁至南安继续学业，至 1940 年夏初中毕业。但是，王友钊应当是弄错了他念初中的起始时间。据苏炳炎所撰《我所认识的王友钊校友》一文，王友钊"1941 年毕业于泉州中学"。⑩ 所以，王友钊其实应当是于 1937 年秋考入私立泉中初级中学，至 1941 年夏毕业。

念完初中后，王友钊考上了集美高商。⑪ 据查，该校的前身是 1920 年 8 月陈嘉庚创办的集美学校商科，1924 年改称福建私立集美商业学校，1937 年迁至安溪，1938 年改称福建私立集美联合学校，1939 年迁至大田，改称福建私立集美高级联合职业学校，1941 年改称福建私立集美高级商业职业学校，1945 年迁回集美，1949 年迁至同安，改称福建私立集美高级商业学校，1950 年迁回集美，复称福建私立集美商业学校，1952 年改称福建集美财经学校。⑫ 因此，王友钊乃是于 1941 年秋考入福建私立集美高级商业职业学校（即集美高商），为该校高 8 组学生之一。⑬ 在校期间，王友钊经常泡在图书馆里，几乎看完了馆藏的全部世界名著，尤其对林纾的《块肉余生记》等译著印象深刻。⑭ 1944 年夏，他从该校顺利

① 王友钊. 我自泉州渡海来 [J]. 福建杂志，1988（38）：16-17；王友钊. 追忆我的学海生涯 [J]. 集美校友，1991（1）：26.

② 苏炳炎. 我所认识的王友钊校友 [J]. 集美校友，1993（3）：8.

③ 王人瑞. 泉州与我 [J]. 北京：新华出版社，2001：254-255.

④ 同①。

⑤ 同②。

⑥⑦ 同①。

⑧ 洪静华. 民国时期泉州华侨档案史料 [M]. 哈尔滨：北方文艺出版社，2006：182-183.

⑨ 同①。

⑩ 同②。

⑪ 同①。

⑫ 朱晨光，梁振坤. 集美学校 80-90 周年 [M]. 北京：中央文献出版社，2003：134-135.

⑬ 严向群. 深情寄于小刊中 [J]. 中国老年，1994（9）：22.

⑭ 同①。另：王友钊在其回忆录中误以为《块肉余生记》是严复所译。

毕业。[①] 因为这段求学经历，王友钊后来与集美大学颇有联系，还于 2001 年被其聘为名誉教授。[②]

从集美高商毕业之后，王友钊考入福建直接税局，先后在厦门、龙溪等沿海地区工作。[③] 当时人们对税务人员的印象很不好，觉得他们待遇高却贪污舞弊，所以王友钊决定离开，继续念书。[④]1946 年，[⑤] 因大哥王友焕已从重庆来到台北，王友钊便从泉州乘帆船抵达布袋镇，坐小火车转往嘉义，再换车抵达台北投奔大哥。[⑥]

安定下来后，王友钊先到台湾省农业试验所当会计，[⑦] 仍一心想要继续深造，并先后报考了台湾大学、厦门大学等学校，可惜都失败了。[⑧]1948 年，他终于考取了台湾省立农学院（1961 年升格为"国立"中兴大学）农业经济系，次年又成功地通过了转学试，转入台湾大学农业经济系就读。在校期间，他经常到图书馆阅读经济学书籍，开阔了自己的视野；同时，他也从系主任张德粹及王益滔、谢森中等教师身上受益良多。[⑨]

1952 年夏，王友钊从台湾大学毕业，随后参加了第一期预备军官训练。[⑩] 完成训练之后，他被分配到物资局工作。不过，他更喜欢学术研究工作。于是，在张德粹的帮助下，他回到台湾大学担任助教，同时还到"中国农村复兴联合委员会"（简称"农复会"；英文名为 Joint Commission on Rural Reconstruction, 简称 JCRR）帮忙研究计划。[⑪]1954 年，年近三十岁的王友钊终于成婚，其夫人的英文名为 Jean Eng-ling，[⑫] 中文名则为金颖龄。[⑬] 两人后来生育了两个儿子。[⑭]

1956 年，王友钊申请到洛克基金（The Rockefeller Foundation, 现一般译为洛克菲勒基金会）的全额奖学金，前往美国爱荷华州立大学攻读硕士学位。他的导师为厄尔·O. 黑迪教授（Earl O. Heady）。[⑮] 黑迪是全球闻名的农业经济学家。他继承和发展了 H. C. 泰勒等

① 中共厦门市委党史研究室. 华侨领袖陈嘉庚 [M]. 北京：中央文献出版社，2001：180.

② 吉友. 集大聘吕振万、王友钊为名誉教授 [J]. 集美校友，2001（5）：8.

③ 王友钊. 我自泉州渡海来 [J]. 福建杂志，1988（38）：16-17；王友钊. 追忆我的学海生涯 [J]. 集美校友，1991（1）：26.

④ 同③.

⑤ 苏炳炎. 我所认识的王友钊校友 [J]. 集美校友，1993（3）：8.

⑥ 同③.

⑦ 同③.

⑧ 同⑤.

⑨ 同③.

⑩ 同⑤.

⑪ 王友钊. 我自泉州渡海来 [J]. 福建杂志，1988（38）：20；王友钊. 追忆我的学海生涯 [J]. 集美校友，1991（1）：27.

⑫ von Elizabeth, Sleemann. *The International Who's Who 2004*[M]. London：Europa Publications，2003：1774.

⑬ 张家驷，尤元仁. 嘉定区（县）人民政府 [EB/OL]. [2015-08-20]. http://dangan.jiading.gov.cn/platformData/infoplat/pub/jddaweb_2522/88-04/1993/nr/0603.htm.

⑭ 同⑫.

⑮ 同⑤.

人的生产经济理论,并结合数量分析方法,建立了现代农业生产经济学理论体系。[①] 这激发了王友钊对数学与统计学的兴趣,为他日后研究计量经济学奠定了基础。[②]

1957年,王友钊在爱荷华州立大学获得了农业经济学的理学硕士学位。[③] 他随即回到台湾大学任教,历任讲师、副教授。[④] 1960年,他指导学生周义祥撰写了题为《主要作物制度收益安定性之测定(台湾南部地区)》的学士学位论文。

此后,他正式转到"农复会"任职,历任该会农村经济组技正(1960—1966)、农村经济组组长(1966—1971)、企划处处长(1971—1972)、副秘书长(1972—1973)、秘书长(1973—1979)。[⑤] 其间,在1962—1964年,王友钊又至爱荷华州立大学深造,最终获得了哲学博士学位,[⑥] 其博士学位论文题为"Statistical Analysis of Resource Productivity in Selected Farm Regions of Taiwan"(中译为《台湾特定农业区域劳动生产率的统计分析》)。1960—1973年,他还在台湾大学兼任教授。[⑦]

1979年,王友钊转任台湾"行政院"农业发展委员会秘书长。1979—1984年,任"行政院"农业发展委员会副主任委员。[⑧] 1984年6月1日至1984年9月15日,王友钊开始担任台湾"行政院"农业发展委员会主任委员。1984年9月15日至1988年7月,他担任台湾"行政院"农业委员会主任委员。[⑨] 1988年7月20日起,他担任台湾"行政院"政务委员,至1990年卸任。[⑩] 1990—1996年,他改任台湾"总统府""国策顾问"。[⑪] 1993—1995年间,他还担任亚洲农业技术服务中心主任。[⑫] 1995—1998年,他担任台湾财团法人农村发展基金会执行长,1998年起改任董事长。[⑬]

在农村发展基金会任职期间,王友钊积极推进台湾地区与大陆之间的农业交流。他曾多次到福建等地访问、参观。[⑭] 比如,1998年12月,他就带团到泉州永春、福州福清、南

---

① 《中国大百科全书》总编委会. 中国大百科全书9(第二版)[M]. 北京:中国大百科全书出版社,2009:453.

② 苏炳炎. 我所认识的王友钊校友[J]. 集美校友,1993(3):8.

③ Stevenson, A. Russell & Locke, Virginia O. *Agricultural Development Council: A History*[M]. Little Rock, Ark.: Winrock International Institute for Agricultural Development, 1989:204.

④ von Elizabeth, Sleemann. *The International Who's Who 2004*[M]. London:Europa Publications, 2003:1774.

⑤ 黄俊杰. "农复会"的成功之处——王友钊先生访问纪录[M]// 黄俊杰. "中国农村复兴联合委员会"口述历史访问记录. 台北:"中央研究院"近代史研究所,1992:214.(双引号为编者所加)

⑥ 同③。

⑦ 同④。

⑧ 同⑤。

⑨ 刘国铭. 中华民国国民政府军政职官人物志[M]. 北京:春秋出版社,1989:769.

⑩ 中共泉州市委对台工作部. 泉州寓台名人录(一)[M]. 泉州:中共泉州市委对台工作部,1986:16.

⑪ 同④。

⑫ 同⑨。

⑬ 同⑤。

⑭ 黄华康,朱淑芳. 福建省志·农业志(1991—2005)[M]. 北京:社会科学文献出版社,2012:327.

平武夷山等地考察农业生产技术。[①] 此外,王友钊也曾邀请大陆农业专家赴台湾考察。比如,1995 年 2 月 27 日,在王友钊的邀请下,中国农业交流协会会长相重扬率农业专家考察组一行六人赴台湾考察农业两周,收获很大。[②]

第二节　王友钊的经济学成就

当前,人们一般只知道王友钊著有《农业生产经济学》一书,却不清楚他还有其他诸多著述存世。由于文献渠道不够顺畅,我们只能根据手头掌握的极为有限的资料,按时间顺序对其经济学著述略作描述。具体如下:

1952 年,尚在台湾大学农业经济系就读的王友钊就在漆中权教授的指导下撰写了一篇题为《农场企业之选择与配合》的学士学位论文。

1961 年 6 月,王友钊撰写的《台湾之农场规模》发表在《台湾银行季刊》第 12 卷第 2 期上。

1961 年,王友钊与他人合作撰写了《台湾农业与其他经济部门关系之分析——投入产出表之初步研究》一文,后来曾推出单行本。

1965 年,王友钊所撰《〈台湾农工平衡发展中之农业政策问题〉读后》一文发表在《自由中国之工业》第 24 卷第 5 期上。

1966 年,王友钊撰写的《台湾农业生产计数之改进与生产函数之测定》一文发表在《自由中国之工业》第 25 卷第 4 期上。

1966 年 4 月,王友钊所著 *Technological Changes and Agricultural Development of Taiwan* (*1946-65*)(中译为《台湾的技术变迁与农业发展(1946—1965)》)一书由"农复会"出版,列为"农业经济特刊"(Economic Digest Series)第 19 种。

1966 年,王友钊编著的《农业生产经济学》由台北正中书局出版,并经台湾"国立"编译馆部定大学用书编审委员会审定为高校教材,此后多次再版。

1967 年,张果为主编的《台湾经济发展》一书由正中书局出版,内收王友钊所撰《台湾之农业发展》一文。

1968 年 12 月,王友钊所撰《台湾农业生产结构之变动》一文发表在《台湾土地金融季刊》第 5 卷第 4 期上。

1970 年,王友钊所撰研究报告《肥料换谷制度之探讨与改进》由"农复会"油印出版。

1970 年 6 月,王友钊所撰《台湾现阶段之农业发展——兼论扩大农场经营与农业投资》一文发表在《台湾银行季刊》第 21 卷第 2 期上。

1971 年,王友钊所撰《肥料换谷制度之检讨》载于"农复会"编辑出版的《台湾农业

---

① 吉讯. 王友钊校友来闽 [J]. 集美校友,1999(1):8.
② 杨思知. 赴台湾考察农业见闻 [J]. 台湾农业探索,1996(1):1-5.

发展问题》一书。

1971 年 12 月，王友钊所撰《肥料换谷制度》一文发表在财税研究杂志社出版的《财税研究》第 3 卷第 11 期上。

1973 年，沈宗瀚与王友钊合撰的《创设农业生产专业区》发表在台湾《建设》第 21 卷第 8 期上。

1974 年 2 月 1 日，王友钊撰写的《农业生产专业区的再认识》一文发表台湾丰年社出版的《丰年》（半月刊）第 24 卷第 3 期上。

1974 年 12 月，毛育刚与王友钊合撰的《台湾北部地区猪肉供需之研究》发表在《台湾土地金融季刊》第 11 卷第 4 期上。

1975 年 4 月，"中国农村复兴联合委员会"出版了论文集《台湾农业发展问题》，列为"中国农村复兴联合委员会丛刊第一号"。该书总共收录了 12 篇文章，其中就包括王友钊的 3 篇，即《台湾现阶段之农业发展》《台湾农村经济现况与建设方向》与《台湾省粮政制度之检讨》。

1975 年 9 月，余玉贤主编的《台湾农业发展论文集》由台北联经出版事业公司出版。该书分为 4 编，即第 1 编"农业发展的综合概述"、第 2 编"农业发展策略的探讨"、第 3 编"农工部门关系的分析"与第 4 编"农业发展问题的研究"，共计 21 章。其中，王友钊撰写了第 1 编的第 2 章《技术改进与台湾之农业发展》与第 4 编第 13 章《台湾现阶段的农业发展》。

1980 年 6 月，王友钊所撰《经济建设与农业问题》一文发表在台湾"立法院""国会"月刊社出版的《"立法院"院闻》第 8 卷第 6 期上。

1980 年 10 月，王友钊撰写的《台湾农业生产结构之改变与农业发展》一文发表在台湾合作金库商业银行调查研究处出版的《今日合库》第 6 卷第 10 期（总第 80 期）上。

1982 年，王友钊（Wang, You-tsao）与陈希煌（Cheng, Hsi-huang）合著的 *Strategies of Technological Progress in Taiwan's Agricultural Development, Experiences and Lessons of Economic Development in Taiwan*（中译为《台湾农业发展中的技术进步战略及台湾经济发展的经验教训》）一书由台湾"中央研究院"（Academic Sinica）出版。

1985 年，王友钊所撰《十年来台湾农业建设成果》发表在台湾《农业经济》总第 225 期上。

1986 年，王友钊撰写的《今后渔业发展方向》一文发表在台湾《"中国"水产》总第 397 期与《养鱼世界》1986 年第 1 期上。

1986 年 12 月，"中华水土保持学会"编辑出版了《水土保持文献专辑（2）》一书，内收 12 篇文章，其中就包括王友钊所撰《台湾造林与治山防洪工作》一文。

1988 年 12 月，王友钊所撰《当前我国农业合作事业展望》发表在《农业推广文汇》第 33 辑上。

以上介绍挂一漏万，尚不全面，但从中已经可以大致了解王友钊从事的经济学研究的范围与成就。

除了研究台湾农业发展问题，为台湾当局及社会各界提供改进意见外，王友钊还在计量经济学研究方面取得了很深的造诣,在国际经济学界颇有名气,并曾多次参加国际会议。[①] 比如,1974年9月9—19日,世界银行主办的第二届国际农业演变研讨会(The Second International Seminar on Change in Agriculture)在英国雷丁大学举行,王友钊与沈宗瀚一同赴会。[②] 此外,王友钊还曾应亚洲银行等国际性机构之邀,担任短期性顾问,以协助一些较为落后的国家与地区发展其农业经济。[③]

第三节　王友钊译《计量经济学方法》简析

目前所见,王友钊仅有两种经济学译著正式出版,即杰克·约翰斯顿(Jack Johnston)的《计量经济学方法》(*Econometric Methods*,台湾银行经济研究室1968年3月出版、1974年6月再版,列为"经济学名著翻译丛书"第二十五种)以及托玛斯·F. 德恩堡(Thomas F. Dernbury)与邓肯·M. 麦克杜格尔(Duncan M. Mcdougall)合著的《总体经济学》(*Macroeconomics*,台湾银行经济研究室1970年1月出版、1970年3月再版、1981年3月三版,列为"经济学名著翻译丛书"第四十五种)。在此,我们将对王友钊所译《计量经济学方法》一书略作评析。

据查,该书的原作者杰克·约翰斯顿曾在哈佛大学、威斯康星大学麦迪逊校区、加利福尼亚大学等名校执教,是著名的计量经济学家、计量经济学会资深会员。他最早著有《统计成本分析》(*Statistical Cost Analysis*)一书,由麦格劳－希尔公司于1960年出版。他又著有《计量经济学方法》一书,亦由麦格劳－希尔公司于1963年出版,此后大约每隔十年就修订再版。该书的第二、第三、第四版均由麦格劳－希尔公司分别于1972年、1984年、1997年出版。其中,第四版是约翰斯顿与约翰·迪纳尔多(John DiNardo)合著而成。

王友钊所译《计量经济学方法》是根据*Econometric Methods*第一版翻译而成。1986年,于清文也译过一本《计量经济学方法》,但并未正式出版。[④] 从时间上来看,这个译本可能是据约翰斯顿所著*Econometric Methods*第三版翻译而成,可惜未见原书,无法确定。1989年4月,中国展望出版社也推出了该书第三版的中译本,即林少宫(前言、第一章)、吴可杰(第二、三章)、秦宛顺(第四、五、六章)、滕成业(第七、八、九章)、唐国兴(第十、十一、十二章及附录)共同翻译的《经济计量学方法》,[⑤] 但印数极少,鲜为人知。进入21世纪,唐齐鸣、费剑平、李春涛、何彦与林少宫共同完成了*Econometric Methods*第四版的翻译工作,由中国经济出版社于2002年4月正式出版,书名沿用王友钊所译的《计量经济学方法》。

据我们所见,王友钊所译的《计量经济学方法》具有如下几大特征:

① 熊纯生. 中华民国当代名人录(一)[M]. 北京:中华书局,1978:529.
② 沈宗瀚. 沈宗瀚自述·下·晚年自述[M]. 合肥:黄山书社,2011:439.
③ 同①。
④ 李子奈. 计量经济学——方法和应用[M]. 北京:清华大学出版社,1992:390.
⑤ 译者. 译者序[M]// 约翰斯顿. 经济计量学方法. 林少宫等译. 北京:中国展望出版社,1989:1-2.

一、译文古色古香,具有明显的古汉语特征

王友钊长年在台湾工作、生活,其语言环境与大陆地区大相径庭。那里使用繁体字,文字表达方面留有较多的古文言特征。王友钊在其译文中就常使用"之、系、系在、计、此、盖、俾"等古代汉语中常用而现代汉语(尤其是大陆当代的规范汉语)中已经基本消失的词汇。试看以下几个例子:

例 1:

中文译文:本书之目的系在对于已经学习过一年之统计理论与统计方法的学生,提供有关计量经济学方法较为完整的说明。[①]

分析:按照当前大陆地区使用的规范汉语,这一句中的"之"应当改成"的","系在"应当改成"旨在"。全句似乎可以改成:"本书旨在为已经学习过一年统计理论与统计方法的学生提供关于计量经济学方法的较为完整的说明。"

例 2:

中文译文:本书计分两篇。[②]

分析:大陆地区的规范汉语中,一般不用"计"来表达总量多少,而使用"总共"、"共"等语汇。这一句可以改为:"本书共分为两篇。"

例 3:

中文译文:此一部份是为第二篇所讨论之计量经济学理论的重要基础。[③]

分析:现代汉语中,通常以"这"来代替"此"字,"是"与"为"也大多单独使用。这一句可以改为:"这一部分是第二篇讨论的计量经济学理论的重要基础。"

例 4:

中文译文:凡已学习过一年数理统计学的学生,即可以省略最初两章的大部份篇幅。盖可省略之部份,大多在补充研习社会科学之学生平日所习之一般统计课程。[④]

分析:在古汉语中,"凡"可以表示概括,相当于现代汉语一般所用"凡是"。"盖"在古汉语中的意义多样、用法各异。它既可放在句首或句中,表示以下的文字属于推测,意即"大概"、"大约"等;也可用于句首,表示要发表议论;还可连接上句或上一段,表示解说缘由,相当于"因为"、"本来"、"原来"。这一句中的"盖"字应当是指"本来"、"原来"。全句似乎可以改为:"凡是已经学习过一年数理统计学的学生,可以略过前两章的大部分篇幅。因为,这些可以省略的部分大多只是用来补充研习社会科学的学生平常所学的一般统计课程。"

---

① 杰克·约翰斯顿. 原序 [M]// 杰克·约翰斯顿. 计量经济学方法. 王友钊译. 台北:台湾银行经济研究室, 1968:1.
②③④ 同①。

二、专业术语翻译基本准确

王友钊在美国接受过专业的经济学训练,先后获得硕士、博士学位,因而能够准确理解与把握英语中经济学术语的所指。同时,他的中文功底较为深厚,因而能够使用较为妥当的中文词汇来加以表达。试看以下两例:

例 5:

英文原文:econometric[1]

中文译文:计量经济学[2]

根据我们掌握的资料,王友钊所译《计量经济学方法》并非该领域最早面世的中文文献。在他之前,巫宝三编有《当代资产阶级经济学说·第四册·经济计量学》(商务印书馆1964年8月出版),陈辅源也译有苏联学者尼基金所著《资本主义经济"计划化"经济计量理论批判》一书(生活·读书·新知三联书店1964年8月出版)。巫宝三所说的经济计量学与陈辅源所译的经济计量理论其实跟约翰斯顿研究的 econometric 是一回事。但是,王友钊最早将 econometric 译为"计量经济学",不仅反映了计量经济学是经济学一大分支的学科属性,也跟宏观经济学、微观经济学、理论经济学等术语的翻译一脉相承。即便林少宫等人后来又将 econometric 译为"经济计量学",但已经扭转不了大势。计量经济学一词得到了经济学界的广泛认同。

例 6:

英文原文:the linear normal regression model[3]

中文译文:线型常态回归模式[4]

分析:the linear normal regression model 现在一般被译为"线形正态回归模型",这在概率论与数理统计领域十分常见。但是,normal 本来就有"常态的"之义,model 译成"模式"或"模型"均可,而汉语中"形"与"型"也经常混用,所以从翻译本身来讲,王友钊将其译为"线型常态回归模式"无疑是准确的。只不过这个术语没能得到学术界的接受,没能传播开来。

三、句子翻译灵活多变

在句子翻译方面,王友钊的处理灵活多变,并无一定之规。

比如,他会适当添加原文所没有的词汇,或者将原文省略不用的词汇呈现出来。试看下面一例:

---

[1] Johnston, J. *Econometric Methods*[M]. New York/San Francisco/Toronto/London:Mc-Graw-Hill Book Company, 1963:vii.

[2] 杰克·约翰斯顿. 原序 [M]// 杰克·约翰斯顿. 计量经济学方法. 王友钊译. 台北:台湾银行经济研究室, 1968:1.

[3] 同[1]。

[4] 同[2]。

例 7:

英文原文:This serves as an essential basis for the theory of econometrics in Part 2. [1]

中文译文:此一部份是为第二篇所讨论之计量经济学理论的重要基础。[2]

分析:原文中 the theory of econometrics in Part 2 省略了 discussed 一词,其完整表达应当是 the theory of econometrics discussed in Part 2。所以,王友钊在其译文中补充了"所讨论之"一词,将其译成"第二篇所讨论之计量经济学理论",十分准确。

再如,英语中有很多长句,结构复杂,或者是从句中又套有从句,或是修饰性定语与状语(从句)太长,难于理解与迻译。王友钊则将复杂长句层层剥离,适当分解若干个短句加以表达,以降低读者的理解难度。试看下面这个例子:

例 8:

英 文 原 文:Students who have already done a year's work in mathematical statistics will be able to skip much of the first two chapters, which have been inserted as a link with the conventional courses in statistical methods taken by most students in the social sciences. [3]

中文译文:凡已学习过一年数理统计学的学生,即可以省略最初两章的大部份篇幅。盖可省略之部份,大多在补充研习社会科学之学生平日所习之一般统计课程。[4]

分析:原文仅为一个长句,但里面套了两个定语从句,普通读者颇难以理解。王友钊将其分成两个短句来进行表达,则降低了读者的理解难度。

总体而言,王友钊所译《计量经济学方法》较为准确、可读,是一部难得的佳译。只不过,他的译文留有较多的文言特征,适合台湾地区的语言环境,却不太适合大陆读者阅读。再者,这本译著出版时两岸局势紧张,交流不便。因此,这本译著在大陆地区流传得并不广泛。不仅收藏该译本的大陆图书馆屈指可数,也很少有大陆学者加以参考与引用。他翻译的《总体经济学》亦是如此,殊为遗憾。

附:王友钊翻译成果一览

1.《计量经济学方法》,杰克·约翰斯顿著,王友钊译,台湾银行经济研究室 1968 年 3 月出版、1974 年 6 月再版,列为"经济学名著翻译丛书"第二十五种。

2.《总体经济学》,托玛斯·F. 德恩堡与邓肯·M. 麦克杜格尔著,王友钊译,台湾银行经济研究室 1970 年 1 月出版、1970 年 3 月再版、1981 年 3 月三版,列为"经济学名著翻译丛书"第四十五种。

---

[1] Johnston, J. Econometric Methods[M]. New York/San Francisco/Toronto/London:Mc-Graw-Hill Book Company, 1963:vii.

[2] 杰克·约翰斯顿. 原序 [M]// 杰克·约翰斯顿. 计量经济学方法. 王友钊译. 台北:台湾银行经济研究室,1968:1.

[3] 同[1]。

[4] 同[2]。

第十二章

科技情报翻译家——蔡国栋 ①

第一节　蔡国栋生平简介

蔡国栋(1926—),祖籍福建南安官桥,② 生于菲律宾。③

众所周知,在晚清、民国时期,由于中国政府软弱无能,海外华侨华人无法得到祖国的保护与支持,普遍受到殖民者与土著的歧视和迫害。也正因为如此,海外华侨华人更加注重他们在祖国的根,更关心祖国的安危与发展。蔡家的长辈之所以给他取名叫国栋,也就是希望他长大之后能够成为祖国之栋梁,为祖国的建设与发展作出自己的贡献。④ 蔡国栋果然没有辜负长辈对他的期望。他从小就勤奋好学,成绩优秀。

1946 年 10 月 10 日,中国共产党领导下的达德学院在香港宣布成立,同月 20 日正式开学。⑤ 该校以爱国、民主、自由、科学为其教育方针,教学内容方面则以马克思主义的社会科学和文艺的基础理论为主,辅以技能训练,强调理论与实践相结合,注重培养学生的实际工作能力。⑥ 尤其值得注意的是,该校拥有强大的师资力量,许多知名学者都到该校授课,如讲授财政学与租税论的千家驹,讲授文学概论与文艺理论的黄药眠,讲授诗歌概论、民间文学与中国小说研究的钟敬文,讲授戏剧的夏衍,讲授小说概论和小说选的司马

---

① 本章原载于岳峰、郑锦怀与林佩璇主编的《福建翻译史论(当代卷)》(厦门大学出版社 2013 年出版),题为《情系中华的国之栋梁——记科技情报翻译家蔡国栋》。收入本书时有所增订。

② 李深水,潘用庭. 南安人物选介 [M]. 福州:福建人民出版社,1993:209.

③ 青海省归国华侨联合会. 情系中华　爱洒高原——记著名翻译家青海省侨联主席蔡国栋 [C]// 中国人民政治协商会议青海省委员会文史资料委员会. 青海文史资料选辑(第二十一辑). 银川:中国人民政治协商会议青海省委员会文史资料委员会,1992:28.

④ 同③.

⑤ 香港达德学院北京校友会. 达德学院的教育实践 [M]. 北京:群言出版社,1992:6.

⑥ 曹直. 文化青山——香港达德学院概况 [M]. 广州:中山大学出版社,2004:3.

文森,讲授历史的胡绳、侯外庐、翦伯赞、石兆棠、李栋莼以及冯乃超、周而复等。此外,还有大批名人曾应邀到该校做专题报告或参加座谈,如郭沫若、茅盾、曹禺、沈钧儒、柳亚子、叶圣陶、郑振铎、萧乾等。[①] 因此,该校对广大追求进步的青年产生了极大的吸引力。蔡国栋也正是受此影响,来到达德学院就读。

在达德学院求学期间,蔡国栋初步接触了共产主义思想,并对中国共产党及其革命事业有了更加深刻的了解,思想上进步很快。1949年5月,蔡国栋不顾亲朋好友的劝阻,更等不及毕业,便乘船离开香港,奔赴解放区,积极投身于中国共产党领导下的革命事业。[②]

1949—1952年间,蔡国栋先被保送到华北人民大学(全称为华北人民革命大学)学习,后转到哈尔滨外国语专门学校继续学业。[③] 后者的前身为东北民主联军总司令部附设外国语学校,1948年底改称哈尔滨外国语专门学校,1953年院校调整时改称哈尔滨外国语专科学校,1956年6月改名为哈尔滨外国语学院,1958年8月升格为黑龙江大学。[④]

在哈尔滨外国语专门学校就读期间,他勤奋学习,较好地掌握了俄语、英语与日语这三门外语,还进一步提高了自己的思想觉悟,树立了为国家、为人民服务的信念与决心。

1952年夏,蔡国栋从哈尔滨外国语专门学校毕业,开始全身心地投入到新中国建设事业中去。他先后在东北人民政府工业部电管总局、东北水电工程公司、中央电力部水电总局专家工作室等部门担任科技译员。[⑤] 他不仅为小丰满水电站的恢复工程和三门峡水电站的设计翻译了大量外文资料,还为工程技术人员开设外语课程,推广外语速成教学,培养了一批科技翻译人才,为新中国的水电工程建设作出了不小的贡献。[⑥]

1958年,蔡国栋自愿从中央电力部调到青海省工作,先后在青海农学院、青海农牧学院、(老)青海大学(1960年11月由青海工学院与青海农牧学院、青海医学院、青海财经学院合并而成,"文革"期间被撤销)、青海牧医学院、青海工农学院(1971年恢复办学,包括工、农两大学科,1988年更名为青海大学)等高校执教,历任讲师、副教授、教授。[⑦]

蔡国栋一方面努力做好教学工作,另一方面持之以恒地译介外国科技情报资料。他为自己设定了一个高标准、严要求,即不管任何领域,只要有需要就进行译介,同时还要加以学习,直到精通。蔡国栋也确实说到做到。他翻译的文献资料涉及电力、水利、机械、农

① 香港达德学院北京校友会. 达德学院的教育实践 [M]. 北京:群言出版社,1992:8-10.
② 青海省归国华侨联合会. 情系中华 爱洒高原——记著名翻译家青海省侨联主席蔡国栋 [C]// 中国人民政治协商会议青海省委员会文史资料委员会. 青海文史资料选辑(第21辑). 银川:中国人民政治协商会议青海省委员会文史资料委员会,1992:28-29.
③ 陈晓星. 一生奋斗 真诚不改——记青海省侨联主席、归侨蔡国栋 [M]// 龚陶怡. 菲律宾华侨归侨爱国丹心录. 北京:华文出版社,2003:123. 另:很多文献误称蔡国栋就读于哈尔滨外国语学院或哈尔滨外语学院,书中一律将其改为哈尔滨外国语专门学校.
④ 赵桂荣,田丽娟. 黑龙江大学图书馆简史(1941—2001) [M]. 哈尔滨:黑龙江人民出版社,2001:1-6.
⑤ 李生玉等. 中国人民政治协商会议第八届全国委员会委员名录 [M]. 北京:文化教育出版社,1994:494.
⑥ 同②:29.
⑦ 同⑤.

业、兽医等十几个领域。而且,他在每个领域都刻苦钻研,造诣颇深。①

改革开放以来,蔡国栋开始了新的人生旅程。由于深感自己在"文革"期间浪费了太多时间,他加倍努力地工作、学习。他将自己的外语教学经验总结为综合分析教学法,深受学生欢迎。②他还积极主编《青海大学学报》与《青海大学科技译丛》,建立青海省第一个高校科技情报室,翻译大量科技资料,并发表了一系列学术论文,在全国科技情报学界与翻译界都产生了较大的影响。③他作出的贡献与取得的成就也得到了各级政府的认可与表彰。他曾于 1984 年荣获青海省人民政府授予的省劳动模范光荣称号,④并且多次获得省部级先进工作者称号。⑤1993 年起,他开始享受国务院颁发的政府特殊津贴。⑥

1983 年 10 月 15 日,青海省翻译工作者协会在西宁成立,蔡国栋当选为第一届副会长,并兼任秘书长,⑦后当选为会长。⑧1986 年 4 月 21 日至 26 日,中国翻译工作者协会在北京召开第一次全国代表会议。1986 年 4 月 25 日,中国翻译工作者协会第二届理事会领导机构成员和理事名单获得通过,蔡国栋当选为协会理事。⑨1992 年 6 月 11 日到 14 日,中国翻译工作者协会在北京召开了第二次全国代表会议。这期间,在 1992 年 6 月 14 日,中国翻译工作者协会第三届全国理事会领导机构成员和理事名单获得通过,蔡国栋当选为理事、协会副会长。⑩这些社会兼职无疑从侧面向我们反映了蔡国栋的翻译成就及其在翻译界的地位。

作为归国华侨中的杰出代表,他曾担任青海省归国华侨联合会第二届委员会副主席(1983.10—1987.6)⑪与主席(1987.6—1989.4)及第三届委员会主席(1989.4—1997.9)。⑫1989 年,他又获得国务院侨办、全国侨联授予的全国优秀归侨知识分子称号。⑬1994 年,他

①　青海省归国华侨联合会. 情系中华 爱洒高原——记著名翻译家青海省侨联主席蔡国栋 [C]// 中国人民政治协商会议青海省委员会文史资料委员会. 青海文史资料选辑(第 21 辑). 银川:中国人民政治协商会议青海省委员会文史资料委员会,1992:30.

②　陈晓星. 一生奋斗 真诚不改——记青海省侨联主席、归侨蔡国栋 [M]// 龚陶怡. 菲律宾华侨归侨爱国丹心录. 北京:华文出版社,2003:124.

③　同①:31-32.

④　李生玉等. 中国人民政治协商会议第八届全国委员会委员名录 [M]. 北京:文化教育出版社,1994:494.

⑤　吴永虎. 20 世纪中华人物志(第 1 卷)[M]. 香港:银河出版社,2001:957.

⑥　《中外名人辞典》编委会. 中外名人辞典 [M]. 香港:香港新世纪出版社,1998:981.

⑦　中国翻译协会. 中国翻译年鉴(2005—2006)[M]. 北京:外文出版社,2007:856.

⑧　严正德,王毅武. 青海百科大辞典 [M]. 北京:中国财政经济出版社,1994:603.

⑨　同⑦:777.

⑩　同⑦:793-795.

⑪　中共青海省委组织部等. 中国共产党青海省组织史资料(1949.9-1987.10)[M]. 西宁:中共青海省委组织部等,1995:716.

⑫　中共中央组织部等. 中国共产党组织史资料·附卷四·中华人民共和国群众团体组织(1949.10-1997.9)[M]. 北京:中共党史出版社,2000:630-631.

⑬　同④。

又获得全国侨界十杰提名奖。[①] 此外，他还当选为青海省第六届（1988.1—1993.1）与第七届（1993.1—1998.1）政协常委，[②] 并且是第八届全国政协委员会委员（1993.3—1998.3）。[③]

此外，蔡国栋的妻子傅钟敏（1927—）也是一位知名的译者。傅钟敏是吉林人。跟蔡国栋一样，她也是毕业于哈尔滨外国语专门学校，毕业后也曾在小丰满水电站担任科技译员。两人就这样相识并最终喜结连理。1958 年以后，她又随蔡国栋扎根青海，长期从事科技翻译、外语教学、科技情报工作，曾任青海大学科技情报室副主任、青海省外语学会副会长等职务。1981 年 10 月，青海人民出版社出版了她本人翻译、蔡国栋审校的《日本科学技术百年大事记》一书。

第二节　蔡国栋在科技翻译与科技情报方面的成就

自 1952 年夏从哈尔滨外国语专门学校毕业起，蔡国栋就长期投身于科技文献翻译领域。据不完全统计，蔡国栋一生翻译出版了外国科技专著与论文约 400 万字。[④] 而且，我们注意到，蔡国栋的翻译活动具有很强的实用主义目的，即专门翻译对国家对社会有用的科技文献，以便为中国的社会主义建设与发展提供助力。

1952—1958 年，蔡国栋大多数时间都在为小丰满水电站的恢复工程和三门峡水电站的设计工作翻译外文资料。小丰满水电站是日本军国主义者为侵略中国、掠夺东北地区资源而兴建的水电工程。它位于吉林省丰满区丰满乡境内的松花江上，在吉林市区南面约 24 千米处。1937 年 1 月 1 日，以日本人本间德雄为首的吉林工程事务所（后称丰满工程处）宣告成立。1937 年 4 月，工程开始动工建设。1943 年 3 月 25 日起，各发电机组陆续开始发电，并向吉林、长春、哈尔滨、抚顺等地供电。不过，到了工程后期，由于日本侵略战争的扩大化，财力物力逐渐变得紧张，进度延缓乃至停顿。抗战结束后，小丰满水电站又连续受到了苏联军队与国民党政府的三次人为破坏，岌岌可危。[⑤]

三门峡水电站则位于黄河中游下段的干流上，连接豫、晋两省。早在 1935 年，李仪祉等人便开始考察黄河，勘验在三门峡等处兴建水电站的可能性。抗战期间，日本东亚研究所也提出过一个建设三门峡水电站的计划。新中国成立之后，这一设想屡被提起却又屡受争议。1954 年 1 月，苏联政府派出七人专家组来到北京，并与中方专家组成 120 多人的庞大勘察团，从兰州沿黄河一路勘察到入海口。1956 年，苏联专家完成了《三门峡工程初步设计要点》。1957 年 4 月 13 日，三门峡工程正式开工，到 1960 年 9 月进行第一次

① 《中外名人辞典》编委会. 中外名人辞典 [M]. 香港：香港新世纪出版社，1998：981.

② 朱训，郑万通. 中国人民政协全书（下）[M]. 北京：中国文史出版社，1999：543-544.

③ 李生玉等. 中国人民政治协商会议第八届全国委员会委员名录 [M]. 北京：文化教育出版社，1994：494.

④ 林煌天，贺崇寅. 中国科技翻译家辞典 [M]. 上海：上海翻译出版公司，1991：61.

⑤ 刘海燕. 中国企业史·典型企业卷（上）[M]. 北京：企业管理出版社，2002：399-402.

蓄水,1961 年 4 月大坝主体基本竣工,1962 年 2 月第一台 15 万千瓦机组和 110 千伏开关站安装完成并投入试运行。[①]

　　中华人民共和国成立之初,水电工程建设人才稀少,可资学习与借鉴的资料十分匮乏。在小丰满水电站恢复工程和三门峡水电站设计过程中,情况更是如此。正因为如此,苏联派遣多批顾问与专家来华援建,同时我国又不等不靠,充分发挥本国人才的力量,翻译了大量外国科技文献,以加快我国水电资源的开发与利用。蔡国栋正是这许多外国科技文献翻译人员中普通而又可敬的一员。从 1953 年起,他先后独立翻译或参与翻译了《变压器不吊铁心的检修》(1953)、《电气装置接触点研究》(1953)、《中小型水电设备》(1954)、《电气实验设备检修》(1954)、《自动重合闸》(1954)、《水力发电词汇汇编》(1955)、《水工建筑物》(1956)等 7 部外国水利水电方面的科技文献,均由燃料工业出版社出版。此外,蔡国栋翻译了苏联工程师 C. A. 高劳捷茨基(外文名不详)的《变压器绝缘湿度的求算》(译自苏联《发电厂》月刊 1953 年 10 月号)一文,先是发表在 1954 年出版的《电世界》第 8 卷第 4 期上,后来又收入汪世襄主编《变压器文辑(第二集)》(科学技术出版社 1956 年 5 月出版);他还翻译了苏联专家 И. И. 札别让斯基(外文名不详)的《变压器合闸的自动装置》一文,刊载在《电业技术通讯》1956 年第 5 期上。这些文献涉及的都是水电站设计与建设过程中极其重要的若干方面,也是当时我国科技力量还很薄弱、资料缺乏的领域。而且,在翻译不止的同时,蔡国栋还充分利用有限的时间,为参与小丰满水电站恢复工程的工程技术人员开设了外语课程,推广外语速成教学,培养了一批科技翻译人才。蔡国栋的翻译活动与外语课程,无疑对小丰满水电站恢复工程和三门峡水电站设计工作乃至其后新中国的水利水电开发活动作出了相当大的贡献。

　　1958 年,蔡国栋自愿从中央电力部调到青海省工作,主要是在高校中进行外语教学与科研。在蔡国栋看来,教学活动与科研活动是密不可分的,将二者合而为一才能达到最佳,而他也确实是这样做的。他在高校中从事公共俄语的教学工作,便将其与学术写作相结合,撰写了《从公共俄语课程中培养阅读专业书籍问题的探讨》一文,发表在《青海农牧学院学报》1960 年第 1 期上。但是,外语教学与研究绝非蔡国栋的关注重点。蔡国栋更注重的是为社会建设与经济发展服务。他看到,青海以农业、牧业为主,工业极其落后,所以需要扬长避短,推动青海农业、牧业等的健康、高速发展;但是,只有以先进的科学技术为指引,青海的农牧业才能发展得又快又好。于是,蔡国栋又开始了此前从事多年的科技文献翻译工作,在教学之余翻译了大量能够对青海农牧业发展起到推动作用的农牧业科技文献。比如,1960 年,蔡国栋翻译了苏联学者 А. И. 米尔佐杨(外文名不详)的《马铃薯的施肥问题》,发表在《青海农牧学院学报》1960 年第 2 期上。1962 年,他先后翻译了《苏联农业电气化、机械化、水利化和化学化》与《马铃薯穴施肥料的研究》两篇论文,均刊载在该年的《青海农牧学院学报》上。1964 年,蔡国栋又在《青海农牧学院学报》上发表了译文《牲畜病害》。

　　"文革"中,蔡国栋浪费了最宝贵也最可能出成果的十年。但改革开放之后,蔡国栋依

[①]　三门峡市地方史志编纂委员会. 三门峡市志(第 1 册)[M]. 北京:方志出版社,2010:438-441.

旧是老骥伏枥,志在千里。他不怨天尤人,也不自怨自艾,而是抓紧时间发挥余热。他先是在青海工农学院主编多期的《国外工农业科技资料》,并亲自译介了一些国外最为先进的工农业科技文献,如《当代科学技术发展特点及其主要领域发展趋势》《适应干旱条件的理想型蚕豆的性状》《提高农业化学化设施的效率》《论肥料与农产品的关系》《论小麦品种间非结构上染色体变异——特别是近缘种的染色体变异》等。后来,他又主编《青海大学学报》与《青海大学科技译丛》,并在这两份刊物上面发表了多篇他亲自翻译的外国科技文献,极力为祖国的科技翻译工作再尽一分力量。这些译文包括《有机肥料的制作与应用》(1989、1990)、《土壤、肥料和产量》(1990)与《盐渍化土壤改良》(1991、1992)等。

由科技文献翻译工作入手,蔡国栋在科技情报领域也做出了不少的成绩。他在青海大学创办了科技情报室,并担任主任。在他的主持下,青海大学与国内外诸多单位建立了科技情报交流网络,积累了众多文献资料。他主编《国外工农业科技资料》,专门刊载相关领域的译文。他还对科技情报工作加以科学探讨与分析,发表了一系列论文,在我国科技情报界产生了很大影响。这些论文包括《图书馆与科技情报工作关系初见》(载于《青海图书馆》1980年第1期)、《关于科技情报工作的几个问题》(载于《青海图书馆》1980年第2期)、《国外科技情报工作》(载于《青海图书馆》1981年第2期)、《试论科学学的形成和发展》(载于《青海工农学院学报》1984年第2期)、《加强高校图书馆情报职能是时代发展的必然趋势》(载于《青海图书馆》1986年第4期)等。他还据此撰写了《科技情报工作入门》一书,在1983年由青海工农学院作为内部教学资料印行,惠泽众多师生。

总而言之,蔡国栋一生著译不止,科技文献翻译领域与科技情报工作方面取得了巨大的成就,为新中国的建设与发展作出了莫大贡献,不愧是"祖国之栋梁"。

附:蔡国栋翻译成果一览

一、译著

1.《变压器不吊铁心的检修》,蔡国栋译,燃料工业出版社1953年出版。

2.《电气装置接触点研究》,蔡国栋译,燃料工业出版社1953年出版。

3.《中小型水电设备》,蔡国栋译,燃料工业出版社1954年出版。

4.《电气实验设备检修》,蔡国栋译,燃料工业出版社1954年出版。

5.《自动重合闸》,蔡国栋译,燃料工业出版社1955年出版。

6.《水力发电词汇汇编》,蔡国栋译,燃料工业出版社1955年出版。

7.《水工建筑物》,蔡国栋译,燃料工业出版社1956年出版。

二、审校的译著

《日本科技百年大事记》,吉村典夫著,傅钟敏译,蔡国栋审校,青海人民出版社1981年出版。

三、报刊译文

1.《变压器绝缘湿度的求算》，C. A. 高劳捷茨基撰，蔡国栋译，载于 1954 年《电世界》第 8 卷第 4 期，后收入汪世襄主编的《变压器文辑（第二集）》（科学技术出版社 1956 年 5 月出版）。

2.《变压器合闸的自动装置》，И. И. 札别让斯基撰，蔡国栋译，载于《电业技术通讯》1956 年第 5 期。

3.《马铃薯的施肥问题》，А. И. 米尔佐杨撰，蔡国栋译，载于《青海农牧学院学报》1960 年第 2 期。

4.《苏联农业电气化、机械化、水利化和化学化》，蔡国栋译，载于 1962 年《青海农牧学院学报》（期次不详）。

5.《马铃薯穴施肥料的研究》，蔡国栋译，载于 1962 年《青海农牧学院学报》（期次不详）。

6.《牲畜病害》，蔡国栋译，载于 1964 年《青海农牧学院学报》（期次不详）。

7.《当代科学技术发展特点及其主要领域发展趋势》，蔡国栋译，载于《国外工农业科技资料》1980 年第 1～2 期。

8.《适应干旱条件的理想型蚕豆的性状》，李华英、蔡国栋译，载于《国外工农业科技资料》1985 年第 1～2 期。

9.《培育无叶干豌豆计划的产生和进展》，董遵、蔡国栋译，载于《国外工农业科技资料》1985 年第 1～2 期。

10.《提高农业化学化设施的效率》，杨裁信、蔡国栋译，载于《国外工农业科技资料》1986 年第 1～2 期。

11.《论肥料与农产品的关系》（续），蔡国栋、傅钟敏译，载于《国外工农业科技资料》1986 年第 1～2 期。

12.《论小麦品种间非结构上染色体变异——特别是近缘种的染色体变异》，张金如、蔡国栋译，载于《国外工农业科技资料》1986 年第 1～2 期。

13.《有机肥料的制作与应用》，蔡国栋译，载于《青海大学科技译丛》（1989、1990）。

14.《土壤、肥料和产量》，蔡国栋译，载于《青海大学科技译丛》（1990）。

15.《盐渍化土壤改良》，拉维林（外文名不详）撰，蔡国栋译，载于《青海大学科技译丛》（1991）。

16.《盐渍化土壤改良》（续），拉维林撰，蔡国栋译，载于《青海大学科技译丛》（1991）。

第十三章

诗人翻译家——余光中

第一节　余光中生平简介

余光中,英文名为 Kwang-Chung Yu,笔名有光中、何可歌、聂敏等,当代著名的诗人、散文家、翻译家、评论家,祖籍是福建省泉州市永春县桃城镇洋上村。[①]

1928 年农历九月初九重阳节,亦即公历 1928 年 10 月 21 日,余光中在南京出生。[②] 其父名叫余超英(1896—1992),字自衍,[③] 早年毕业于福建省立十二中(今永春一中),曾在县立第二高初两等小学执教。[④]1919 年,他随兄长赴马来西亚拓殖橡胶园,并创办育民与益智两所学校。[⑤]1924 年回国后,他历任永春县教育局局长,北伐军新编第一师政治部副主任,中国国民党中央海外部第一、第二处处长,安溪县县长,国民政府行政院侨务委员会委员与常务委员等职。赴台湾后,他仍在侨务委员会就职。[⑥]1992 年 2 月 4 日,余超英在台

---

① 中共泉州市委对台工作部. 泉州寓台名人录(一)[M]. 泉州:中共泉州市委对台工作部,1986:291-292;孙建斌整理. 台湾名作家余光中 [C]// 中国人民政治协商会议福建省泉州市委员会文史资料委员会. 泉州文史资料(新十二辑). 泉州:中国人民政治协商会议福建省泉州市委员会文史资料委员会,1994:36.

② 陈君华. 望乡的牧神——余光中传 [M]. 北京:团结出版社,2001:1.

③ 永春县地方志编纂委员会. 永春县姓氏志 [M]. 北京:方志出版社,2010:541. 另:或称余超英生于1895 年. 具体参见中共泉州市委对台工作部. 泉州寓台名人录(一)[M]. 泉州:中共泉州市委对台工作部,1986:283.

④ 刘永乐. 70 载乡恋——记余光中先生"原乡行"[C]// 中国人民政治协商会议福建省泉州市委员会文史资料委员会. 泉州文史资料(新二十二辑). 泉州:中国人民政治协商会议福建省泉州市委员会文史资料委员会,2003:132.

⑤ 同③。

⑥ 刘国铭. 中国国民党百年人物全书(上)[M]. 北京:团结出版社,2005:1087.

北逝世,享年97岁。[①] 其母名叫孙秀君,1905年出生,江苏武进人。武进地处江南鱼米之乡,所以余光中有时也自称江南人。余光中从小在母亲的呵护下成长,抗战期间更随之四处逃亡,所以母子感情很深。[②]1958年7月4日,孙秀君在台北病逝,享年53岁。

余光中的少年时代时局动荡,但在父母的关爱与督导下,他的学业并未落下。1938年,他随母亲逃到重庆与父亲汇合。1940年,他到内迁至重庆江北悦来场的南京青年会中学就读。当时,国学水平很高的陈梦佳、戴伯琼等人担任过他的国文老师,毕业于金陵大学的孙良骥曾教过他英语课。在这些名师的教导下,余光中的中英双语都学得很好,为他后来从事文学创作与翻译事业打下了坚实的基础。[③]

抗战胜利后,余光中随父母回到南京。1947年夏,余光中从南京青年会中学毕业,同时考取了北京大学与金陵大学。不过,时值解放战争,北方时局动荡,余光中选择进入金陵大学外文系求学。[④]金陵大学原本是教会大学,十分重视英语教学。因此,余光中的英语水平得到了很大的提升,受益良多。不过,随着国民党军队兵败如山倒,余光中全家南下福建。

1949年2月,余光中转入厦门大学外文系二年级。[⑤]1949年7月,他随父母前往香港,至1950年5月又前往台湾,失学达一年之久。[⑥]同年9月,他通过插班考试,同时考取了台湾大学外文系三年级与台湾省立师范学院英语系二年级。[⑦]他选择了前者,至1952年夏顺利毕业。其间,在1951年春天,他开始与范我存相恋相爱。[⑧]

从台湾大学毕业后,余光中考取了台湾联勤陆海空编译人员训练班。1953年培训结束后,他回到台北,进入台湾"国防部"联络官室服役,任少尉编译官。[⑨]虽然工作繁忙,但他仍然笔耕不辍,发表了不少作品。

1956年,余光中退役,开始在东吴大学兼课。同年9月2日,他与范我存结为夫妻。1957年,他又到更名后的台湾省立师范大学兼课,教授一年级英文。[⑩]

1958年,余光中获得亚洲协会颁发的奖学金。[⑪]他于同年10月从台湾基隆港乘船东

---

① 永春县地方志编纂委员会. 永春县姓氏志 [M]. 北京:方志出版社,2010:541. 另:或称余超英生于1895 年. 具体参见中共泉州市委对台工作部. 泉州寓台名人录(一)[M]. 泉州:中共泉州市委对台工作部,1986:283.

② 陈君华. 望乡的牧神——余光中传 [M]. 北京:团结出版社,2001:2-6.

③ 同②:7-10.

④ 刘永乐. 70 载乡恋——记余光中先生"原乡行"[C]// 中国人民政治协商会议福建省泉州市委员会文史资料委员会. 泉州文史资料(新二十二辑). 泉州:中国人民政治协商会议福建省泉州市委员会文史资料委员会,2003:131.

⑤⑥ 同④。

⑦ 同②:26.

⑧ 同②:28.

⑨ 同②:37-39.

⑩ 同②:65.

⑪ 阳光文化网络电视控股有限公司. 余光中年表 [M]// 阳光文化网络电视控股有限公司. 杨澜访谈录(1). 北京:人民文学出版社,2002:139.

渡,在旧金山上岸,然后转赴爱荷华城,入爱荷华州立大学进修英美诗歌与现代艺术。① 一年后,他顺利毕业,获得艺术硕士学位。②

1959 年 8 月,余光中返回台湾,应邀到台湾省立师范大学英语系执教。③1964 年秋,④他应美国国务院之邀,以富布赖特学者的身份赴美国讲学一年,先后在伊利诺、密歇根、宾夕法尼亚与纽约四个州授课。⑤1965 年秋,他受聘西密歇根大学英文系副教授一年。⑥1966年夏,他回台湾省立师范大学教书,晋为副教授。⑦1969 年秋至 1971 年夏,他又应美国教育部的邀请,在科罗拉多州教育厅任外国课程顾问,还在丹佛市的寺钟学院担任客座教授。⑧

1971 年秋,他回到台湾"国立"师范大学执教,升为教授。1972 年秋,他转任台湾政治大学西语系系主任。⑨

1974 年秋,他赴香港工作,任香港中文大学联合书院中文系教授,次年又担任系主任一职。其间,在 1980 年,因为已经在香港中文大学服务满六年,他获得一年长假,回台湾"国立"师范大学担任客座教授。⑩

1985 年秋,他回到台湾,担任设在高雄的台湾中山大学文学院院长、外文研究所所长,⑪1991 年起专任外文研究所教授,1994 年获中山讲座教授荣衔,1999 年受聘为光华讲座教授。⑫2011 年 11 月 12 日,台湾"中山大学"授予余光中名誉博士学位。该校还专门建设了一个余光中数位文学馆(Kwang-Chung Yu's Digital Archives),计划将余光中已出版或未出版的文学作品手稿、珍藏照片等进行数字化处理,以呈现其令人瞩目的文学成就。这无疑是对余光中人生成就的巨大肯定与褒奖。

---

① 陈君华. 望乡的牧神——余光中传 [M]. 北京:团结出版社,2001:80.

② 阳光文化网络电视控股有限公司. 余光中年表 [M]// 杨澜. 杨澜访谈录(1). 北京:人民文学出版社,2002:139.

③ 同①:104.

④ 余光中. 乡愁四韵 [M]. 南京:南京大学出版社,2008:6.

⑤ 胡有清. 后记("凡我所在,即为中国"——论余光中乡愁诗与中国认同)[M]// 余光中. 乡愁四韵. 南京:南京大学出版社,2008:145.

⑥ 同④。

⑦ 同①:364.

⑧ 同④。

⑨ 同①:364-365.

⑩ 同①:365.

⑪ 同①:365-366.

⑫ 刘永乐. 70 载乡恋——记余光中先生"原乡行" [C]// 中国人民政治协商会议福建省泉州市委员会文史资料委员会. 泉州文史资料(新二十二辑). 泉州:中国人民政治协商会议福建省泉州市委员会文史资料委员会,2003:131.

第二节 余光中的文学成就 ①

1949年转入厦门大学就读期间,余光中开始发表文学作品,曾在厦门《星光》、《江声》上发表了不少新诗作品与文艺短评。1950年赴台后,他开始在《新生副刊》、《中央副刊》、《野风》等杂志上发表新诗。②1951年,经同学蔡绍班安排引荐,余光中登门拜访了文学大师梁实秋。③ 此后两人交游密切。

1952年4月,余光中的第一部新诗集《舟子的悲歌》由野风出版社出版。④ 全书分为两辑,收录了余光中已经发表和未发表的30首新诗及后记。余光中本来还向梁实秋约了一篇序文,但后来因故未用。该书出版后,梁实秋又专门为其写了一篇短评,很快就刊登在1952年4月16日出版的《自由中国》第6卷第8期上。⑤ 梁实秋在文中对余光中称赞有加,称其诗的"字音和字义充分地在我们的想象中唤起一幅生动的图画",并称余光中从中西诗歌中汲取养分,是一条值得思考的诗歌发展道路。⑥ 可惜的是,虽有梁实秋为之鼓吹、宣传,但《舟子的悲歌》销量不佳,并未在台湾文坛上掀起多大的波澜。

1954年3月,余光中与覃子豪、钟鼎文等人发起成立蓝星诗社。这是一个相对松散的具有沙龙特色的现代主义诗社。余光中曾主编过社刊《公论报·蓝星周刊》、《蓝星》月刊、《蓝星诗页》等。⑦ 在其成立当年,蓝星诗社就出版了余光中的第二部诗集《蓝色的羽毛》。该书亦分为两辑,分别收录余光中于1952年撰写的22首诗歌和1953年撰写的19首诗歌作品,另附后记。 该书在诗坛产生了一定的影响。比如,马敏娥就在1955年5月23日出版的《香港时报》上发表了《台湾诗人余光中〈蓝色的羽毛〉简介》一文,对其加以评介。不过,《舟子的悲歌》与《蓝色的羽毛》多采用较为工整的格律,其主题与意蕴也缺乏独特个性。⑧

1960年,余光中又出版了两种诗集。其中,《万圣节》由蓝星诗社出版,内收33首诗作;《钟乳石》则由香港的中外画报社出版,内收42首诗作。两种诗集均受到诗坛的关注。比如,张学玄撰有《谈余光中的诗集〈万圣节〉》,载于1961年9月13日《香港时报·浅水湾》。又如,陈一山写了《现代新诗的欣赏——余光中的〈钟乳石〉评介》一文,载于1962年10月1日出版的第211期《文坛》。

---

① 1988年3月,海峡文艺出版社推出了刘登翰与陈圣生选编的《余光中诗选》。这是目前所见余光中在大陆出版的第一种作品选集。同年11月,四川文艺出版社也推出了流沙河编选的《余光中一百首》。此后,几乎每年都有大陆出版机构引进出版余光中的作品,数量很多。限于篇幅,此处不再一一介绍。此外,由于余光中的各种作品经常再版,此处只介绍其初版情况。

② 陈君华. 望乡的牧神——余光中传 [M]. 北京:团结出版社,2001:363.

③ 同②:27.

④ 同②:30-31.

⑤ 同②:32.

⑥ 古远清. 余光中:诗书人生 [M]. 武汉:长江文艺出版社,2008:235.

⑦ 赵小琪. 西方话语与中国新诗现代化 [M]. 北京:中国社会科学出版社,2012:173.

⑧ 丁帆. 中国新文学史(上) [M]. 北京:高等教育出版社,2013:388.

　　1963 年，余光中的第一本散文集《左手的缪思》由台北文星书店出版，后多次再版，影响很大。该书内收 18 篇散文与随笔，论及多位西方著名作家与艺术家，如《记佛洛斯特》、《艾略特的时代》、《莎翁非马罗》等。刘湘池撰有书评《评余光中的〈左手的缪思〉》，发表在 1964 年 7 月 17 日出版的《中国学生周报》第 626 期上。

　　1964 年 6 月，台北文星书店又推出了余光中的第一种评论集《掌上雨》。该书内收 22 篇评论文章，讨论的重点为文言与白话、现代诗、现代画。余光中强调，白话和文言可以并存，并且取得良好的文字效果。① 对此，刘湘池撰写了《评余光中的〈掌上雨〉》一文，发表在 1964 年 9 月 18 日出版的《中国学生周报》第 635 期上。夏江冬也写有《余光中和现代诗论——〈掌上雨〉推介》一文，载于 1970 年 6 月 6 日出版的《中报周刊》。

　　1965 年，台北文星书店出版了余光中的两种作品集。一种是散文集《逍遥游》，内收 20 篇散文，列为"文星丛刊"第 167 种。另外一种则是诗集《莲的联想》，列为"文星丛刊"第 58 种。这部诗集是余光中告别现代主义、回归传统的一部诗集。② 余光中在诗中表达了他对于爱情的观感，其情感"充分、热烈而又克制"，十分突出。③ 后来，德国诗人杜纳德（Andreas Donath）将《莲的联想》译为德文，书名为 *Lotos Assoziationen*，由德国图宾根的埃德曼出版社于 1971 年出版。

　　1967 年，余光中的诗集《五陵少年》由台北文星书店出版。1968 年，台北纯文学出版社推出了他的《望乡的牧神》，列为"蓝星丛书"第 5 种。这是一部散文与评论合集，既有《咦呵西部》、《南太基》、《登楼赋》、《望乡的牧神》等散文，也有《谁是大诗人？》、《论二房东批评家》、《劳伦斯和现代诗人》等文学评论作品。不过，余光中的文学评论写得颇有散文气息，所以也有人直接将《望乡的牧神》一书归为散文集。

　　1969 年，余光中一下子推出了 3 种诗集，即《天国的夜市》（台北三民书局出版）、《在冷战的年代》（台北纯文学出版社出版）与《敲打乐》（蓝星诗社出版）。其中，《天国的夜市》收入 62 首诗作，被赞为"闪烁着富有时代气息的思想闪念，意象奇特，比喻新颖，色彩绚丽，语言简洁有力，别具风格"。④

　　1972 年，余光中又有 3 种作品集问世，即诗集《白玉苦瓜》（台北大地出版社出版）以及 2 部散文集《焚鹤人》与《听听那冷雨》（均由台北纯文学出版社出版）。《白玉苦瓜》的成就最大、影响最广，被誉为"带有抒情民谣风格的集大成之作"，而《乡愁》无疑是其中传唱最广的一首诗作。⑤

　　1975 年，台北洪建全教育文化基金会出版了余光中作诗、杨弦谱曲的《中国现代民歌集》。杨弦当时是台湾大学生物学硕士。他于 1975 年 6 月 6 日举行了一场现代民谣创作演唱会，表演了他为余光中的《乡愁》等 8 首诗作谱写的民谣歌曲，拉开了持续多年、影响

---

① 秦牧等. 台港澳暨海外华文文学大辞典 [M]. 广州：花城出版社，1998：409.

② 丁帆. 中国新文学史（上）[M]. 北京：高等教育出版社，2013：388.

③ 李丹. 走向诗学 [M]. 广州：花城出版社，2013：96.

④ 同①：159.

⑤ 同②：389.

很大的现代民谣运动的帷幕。①

1977年,散文集《青青边愁》由台北纯文学出版社出版。该书分成4辑,即抒情散文、小品杂文、文学批评、书评。书中所收散文具有较强的"现代"意味,善于运用意象的转换营造气势或情调。②

1979年,台北洪范书店出版了他的诗集《与永恒拔河》。这本诗集中收入的同名诗作《与永恒拔河》被誉为"余光中最出色的作品之一","构思奇特而主旨明朗,哲理气味十分浓郁"。③

1981年,台北纯文学出版社推出了余光中的评论集《分水岭上》。全书收录了24篇文章,分为新诗、古典诗、英美诗、白话文、小说与综论6个部分。④同年,台北洪范书店也推出了他主编的《文学的沙田》一书。

1983年,台北洪范书店出版了余光中的诗集《隔水观音》。该书内收53首诗作,具有很强的怀旧复古色彩。这从很多诗作的题目即可看出一斑,如《夜读东坡》、《山中传奇》、《寻李白》、《念李白》等。

1985年,香江出版有限公司推出了余光中的诗文集《春来半岛》。该书是余光中在香港10年间所撰诗文的合集,收录了24首诗作与10篇散文,均以香港为写作主题与对象。⑤

1986年,台北洪范书店出版了余光中的诗集《紫荆赋》。该书所收诗作其实也都是余光中在香港工作期间创作的。书名中的"紫荆"二字就表明了这一点。

1987年,台北洪范书店出版了余光中的散文集《记忆像铁轨一样长》。该书内收20篇散文,以自传式抒情为主要特点。这些散文也均是写于余光中在香港工作期间,始于1978年冬天而终于1985年夏天,前后历时7年。

1988年,台北九歌出版社出版了余光中的小品文作品集《凭一张地图》。该书分为第一辑"隔海书"与第二辑"焚书礼"。第一辑"隔海书"是余光中在香港工作期间为《联合副刊》所写的专栏文章,共28篇。第二辑"焚书礼"共收入20篇,其中多篇曾发表在《西子湾•山海经》的专栏上。

1990年,余光中的又一种散文集《隔水呼渡》由台北九歌出版社出版,内收16篇散文,而游记就占了13篇。同年,台北洪范书店也推出了诗集《梦与地理》,内收余光中在1985—1988年间创作的部分诗歌作品,反映了他自香港回台湾之后的种种思想感情,包括对文学、人生、地理、风土等的感受。⑥

1994年,台北九歌出版社出版了余光中的评论集《从徐霞客到梵谷》。该书所收文章中,最早的写于1981年,最晚的写于1993年,共计14篇。其中,有4篇析论中国古代的游记作品,而《徐霞客游记》无疑是中国游记中最为重要的一种;另有4篇则是探讨了梵谷

① 屠锦英. 中国流行音乐的发展与代表作品评述［M］. 沈阳:辽宁大学出版社,2012:47.
② 秦牧等. 台港澳暨海外华文文学大辞典［M］. 广州:花城出版社,1998:293.
③ 胡益民. 中外哲理名诗鉴赏辞典［M］. 北京:昆仑出版社,1999:393.
④ 徐乃翔. 台湾新文学辞典(1919—1986)［M］. 成都:四川人民出版社,1989:540-541.
⑤ 黄淑娴. 香港文学书目［M］. 香港:青文书屋,1996:111.
⑥ 同②:395.

（即凡·高）的绘画艺术。二者所占分量最重，故名。①

1996 年，台北九歌出版社出版了余光中的《井然有序：余光中序文集》，台北洪范书店则推出了他的诗歌集《安石榴》与《双人床》。其中，《安石榴》内分 3 辑，第一辑 10 首，均以水果为主题，颇为独特；第二辑多达 40 首；第三辑仅有 4 首。

1997 年，台北九歌出版社出版了余光中的诗集《五行无阻》、散文集《日不落家》与评论集《蓝墨水的下游》，台北新世纪出版社则推出了他的诗文集《真空的感觉》。

2000 年，台北九歌出版社出版了《高楼对海》一书，内收余光中在 1995—1998 年间所写的 59 首诗作。书名中的"高楼"指的是余光中在高雄西子湾"中山大学"所住楼居，"海"则指"台湾海峡"。当时，余光中与海为邻。壮丽海景令其怡情养性，得以写下许多动情的诗文。

2003 年，三联书店（香港）有限公司推出了余光中的散文集《飞毯原来是地图》。2005 年，台北九歌出版社出版了他的散文新作集《青铜一梦》。2006 年，香港商务印书馆出版了他的《语文大师如是说：中和西》。2008 年，台北九歌出版社出版了他的诗集《藕神》与评论集《举杯向天笑》。

除了以上各种作品集，余光中还有许多种选本在大陆及港台等地出版，此处不再赘述。与此同时，他还有许多文章与诗作被收入各种文集中。比如，1970 年，台北环宇出版社出版的《文学漫谈》一书就收录了余光中所撰《给莎士比亚的一封回信》与《评〈英美诗选〉》两篇文学评论。又如，台北大林出版社于 1981 年出版的《第七度》一书收录了余光中的《怀夏菁》、《诀》与《第七度》3 首诗作。诸如此种，数不胜数。

值得一提的是，余光中还编选或主编了多种文集或丛书。其中，分量最重的当属台北九歌出版社分别于 1989 与 2003 年出版的《中华现代文学大系 台湾（1970—1989）》与《中华现代文学大系（二）台湾（1989—2003）》。

余光中一生创作无数，其成就得到了整个华人文学界的认同与赞誉。他也因此获得了许多褒奖。1962 年，他荣获台湾"中国文艺协会"颁发的新诗奖。1966 年，他当选为台湾"十大杰出青年"。②1982 年，他凭《传说》获金鼎奖歌词奖。1984 年，他获第七届吴三连文学奖散文奖，又以所撰《小木屐》再获金鼎奖歌词奖。③1985 年，他获《中国时报》新诗推荐奖。④1989 年，他荣获金鼎奖图书类主编奖。⑤1990 年，他当选为台湾笔会会长。⑥1991 年，获美西华人学会颁发的文学成就奖。⑦1998 年，他获文工会第一届五四奖

① 余光中. 自序 [M]// 余光中. 从徐霞客到梵谷. 台北：九歌出版社有限公司，1994：1-3.
② 陈君华. 望乡的牧神——余光中传 [M]. 北京：团结出版社，2001：364.
③ 阳光文化网络电视控股有限公司. 余光中年表 [M]// 阳光文化网络电视控股有限公司. 杨澜访谈录（1）. 北京：人民文学出版社，2002：143-144.
④ 同②：366.
⑤ 同③：145.
⑥ 同②：366.
⑦ 同③：146.

的文学交流奖、斐陶斐杰出成就奖等。[①]2001,他荣获广州霍英东成就奖。2004,他又获得了广州华语文学传媒大奖散文家奖。2015 年 2 月 13 日,余光中更是与齐邦媛、汉宝德同获台湾第 34 届"行政院"文化奖。

此外,余光中还被香港中文大学、台湾政治大学、"中山大学"、澳门大学等著名高校授予名誉博士或荣誉博士的头衔。

第三节　余光中的翻译成就

余光中不仅是一位笔耕不辍的诗人与散文家,也是一位杰出的翻译家。

目前所见,余光中的翻译活动始于 1952 年。当时,刚从台湾大学毕业的余光中将美国作家汉明威(现一般译为海明威)的代表作 *The Old Man and the Sea* 译成中文,书名译为《老人和大海》,先是连载在 1952 年 12 月 1 日至 1953 年 1 月 23 日的《大华晚报》上,后又由台北重光文艺出版社于 1957 年 12 月推出单行本。[②]

1954 年 11 月到 1955 年 10 月,余光中用了近一年的时间将美国作家欧文·斯通(Irving Stone)所著 *Lust for Life* 一书译成中文,书名译为《梵谷传》。这个译本先在《大华晚报》上连载,过了一年多才由台北重光文艺出版社分为上、下册出版,在文艺界引起了很大的反响,梁实秋、张隆延、梁云坡、黄用等人纷纷在报纸上发表书评,大加赞誉。[③]

1960 年 5 月,余光中完成的《英诗译注》由台北文星书店出版,后又由大林书店、水牛出版社等多次再版。《英诗译注》是余光中的第一本译诗集,内收余光中在 1950—1960 年间陆续译出的 37 首英诗,[④]均以中英对照的形式呈现,并附原文难解字句的诠释、创作的背景、形式的分析、作者的生平等信息,以适应初学英文者的阅读水平。同年,余光中的第一部中国新诗英译选集 *New Chinese Poetry*(一般译成《中国新诗选》)由台北文学遗产出版社(The Heritage Press)出版。

1961 年 9 月,林以亮编选,余光中与梁实秋、张爱玲、林以亮、夏菁、邢光祖六人合译的《美国诗选》由香港今日世界社出版,后多次重印。1988 年,台湾英文杂志社也出版这部译诗集。余光中一人就翻译了爱伦·坡(Edgar Allen Poe)、狄金森(E. Dickinson)、拉尼尔(S. Lanier)、罗宾逊(E. A. Robinson)、马斯特斯(E. L. Masters)、克莱恩(S. Crane)、弗罗斯特(R. Frost,或译佛洛斯特)、桑德堡(C. Sandburg)、蒂斯黛尔(S. Teasdale)与麦克利什

① 陈君华. 望乡的牧神——余光中传 [M]. 北京:团结出版社,2001:367.

② 余光中. 译序 [M]// 海明威. 老人与海. 余光中译. 南京:译林出版社,2013:8.

③ 余光中. 从惨褐到灿黄——《梵谷传》新译本译者序 [M]// 欧文·斯通. 梵谷传. 余光中译. 台北:大地出版社,1978:10.

④ 黄维梁. 余光中"英译中"之所得——试论其翻译成果与翻译理论 [C]// 黄维梁. 璀璨的五采笔——余光中作品评论集(1979—1993). 台北:九歌出版社,1994:418.

（A. MacLeish）等 10 位美国诗人的总计 76 首诗歌作品，几乎占到全部译诗的二分之一。[①]

1962 年，余光中翻译了英国作家毛姆的小说《书袋》（*The Book Bag*），连载于《联合报》。次年，他又在《联合报》上连载了所译长文《缪思在地中海》。[②]《缪思在地中海》的原文刊登在《生活》杂志上，介绍的是拜伦（George Gordon Byron）与雪莱（Percy Bysshe Shelley）在意大利的交往。[③]

1968 年，台北学生书局推出了余光中翻译的《英美现代诗选》。该书分为英国与美国两部分，共计收录了 99 首英美名诗，并附各个诗人的一篇评传。[④] 后来，余光中又加译了 8 首诗作，并重写了缪尔（Edwin Muir）的评传，[⑤] 由时报文化出版事业有限公司于 1980年 4 月 10 日推出新版。至此，新版《英美现代诗选》的英国部分收录了叶慈（W. B. Yeats，18 首）、缪尔（4 首）、艾略特（T. S. Eliot，4 首）、魏里（Arthur Waley，1 首）、史班德（Stephen Spender，2 首）与汤默斯（Dylan Thomas，2 首）的共计 31 首诗作，美国部分则收录了狄金森（9 首）、佛洛斯特（Robert Lee Frost，6 首）、史蒂文斯（Wallace Stevens，5 首）、庞德（Ezra Pound，6 首）、杰佛斯（Robinson Jeffers，16 首）、兰逊（J. C. Ransom，3 首）、艾肯（Conrad Aiken，2 首）、派克夫人（Dorothy Parker，1 首）、康明思（E. E. Cummings，8 首）、鲍庚（Louise Bogan，1 首）、艾伯哈特（Richard Eberhart，4 首）、瑞克斯洛斯（Kenneth Rexroth，1 首）、奥登（W. H. Auden，6 首）、安格尔（Paul Engle，3 首）、魏尔伯（Richard Wilbur，3 首）与塞克丝敦夫人（Anne Sexton，2 首）的总共 78 首诗作。

1970 年，余光中主编了"现代文学译丛"，由台北大林出版社出版。这套译著主要包括陈永昭翻译的《贝凯特》、何欣翻译的《梦境》、陈绍鹏翻译的《铁窗外的春天》、江玲翻译的《泥土里的娃娃云》、元真翻译的《谁怕吴尔芙》、王轶群翻译的《流浪记》等。

1971 年，余光中将自己的 48 首诗作译成英文，汇为 *Acres of Barbed Wire—To China, in Daydreams and Nightmares*（《满田的铁丝网》）一书，由台湾美亚出版公司（Mei-ya Publications）出版。

1970 年，身在美国的余光中将梅尔维尔（Herman Melville）的短篇小说 "Bartleby the Scrivener" 译为中文，题为《录事巴托比》，后由香港今日世界社于 1972 年 8 月出版英汉对照本，列为"美国短篇小说集锦"第一种。

1976 年秋至 1977 年秋，余光中花了大约一年的时间重译了《梵谷传》，[⑥] 由台北大地出版社于 1978 年 5 月出版，后多次重印。

---

① 黄维梁. 余光中"英译中"之所得——试论其翻译成果与翻译理论 [C]// 黄维梁. 璀璨的五采笔——余光中作品评论集（1979—1993）. 台北：九歌出版社，1994：418.

② 阳光文化网络电视控股有限公司. 余光中年表 [M]// 阳光文化网络电视控股有限公司. 杨澜访谈录（1）. 北京：人民文学出版社，2002：140.

③ 余光中. 另一段城南旧事 [M]// 余光中. 余光中作品精选. 武汉：长江文艺出版社，2006：349.

④ 余光中.《英美现代诗选》新版序 [M]// 余光中译. 英美现代诗选. 台北：时报文化出版事业有限公司，1980：15.

⑤ 同④：15-16.

⑥ 同①。

进入 20 世纪 80 年代，余光中对英国作家王尔德的剧作产生了深厚的兴趣。他先是翻译了《不可儿戏》（*The Importance of Being Earnest*），由台北大地出版社于 1983 年 8 月出版。1986 年，中国友谊出版公司也引进出版了这个译本。此剧曾在中国大陆、香港、台湾等地多次上演，影响很大。此后，余光中又翻译了《温夫人的扇子》（*Lady Windermere's Fan*），仍由台北大地出版社于 1992 年出版。1995 年，台北大地出版社出版了余光中所译《理想丈夫》（*An Ideal Husband*）。这三种译本均曾由辽宁教育出版社引进出版。其中，《温夫人的扇子》出版于 1997 年，《理想丈夫》则与《不可儿戏》合为一册于 1998 年出版。2008 年，余光中翻译的第四种王尔德剧作《不要紧的女人》（*A Woman of No Importance*）由台北九歌出版社出版。

此外，余光中还译有《土耳其现代诗选》，由台北林白出版社于 1984 年出版。这是从英文版《企鹅版土耳其诗选》（*The Penguin Book of Turkish Verse*）转译而成的，共收录了 25 位土耳其诗人的总共 69 首诗歌作品。[①]1988 年，台北雅歌出版社推出了余光中等人合译的《艾略特的心灵世界》（*Spiritual World of T. S. Eliot*）。

大约在 1991 年，余光中将旧译《满田的铁丝网》加以调整与扩充，并将书名改为《守夜人》（*The Night Watchman: A Bilingual Selection of Poems*），由台北九歌出版社于 1992 年 10 月出版。《守夜人》共收录了 68 首诗，其中 27 首沿用《满田的铁丝网》的旧译，其余则是改译或新译后的版本。[②]

2010 年春，余光中花了两个多月的时间对《老人和大海》大加修订，[③]再交由南京译林出版社于同年 10 月推出简体版。不过，此时书名已经改为《老人与海》，原作者名也改成了海明威。

2012 年 4 月，台北九歌出版社出版了余光中的最新译著《济慈名著译述》。该书为中英对照版本，收录了济慈的全部诗作及书信，分成"十四行诗"、"抒情诗"、"颂体"、"长诗"与"书信"五辑，辑前附有余光中撰写的专文导读，附录则有余光中《吊济慈故居》、《想象之真》、《如何诵读英诗》等诗文。台北九歌出版社还同时推出了《济慈名著译述藏诗版》，内含《济慈名著译述》与全彩精印《济慈名著译述藏诗本》，收录了余光中的诗作《吊济慈故居》及《夜莺颂》与《希腊古瓮颂》两首译诗的手稿，并附原诗对照。此后，未见余光中再有翻译成果正式发表或出版。

因其在翻译领域取得的突出成就，香港翻译学会在 1991 年授予余光中荣誉会士名衔。[④]此外，余光中还长期受邀担任台湾梁实秋文学奖翻译组的评审员与点评人。历届梁实秋文学奖得奖作品集都收录了他对获奖的翻译作品的点评。其点评可谓言之有物，令人信服。

---

① 黄维梁. 余光中著作编译目录 [C]// 黄维梁. 璀璨的五采笔——余光中作品评论集(1979—1993). 台北:九歌出版社,1994:558-559.

② 余光中.《守夜人》自序 [M]// 余光中自译. 守夜人. 台北:九歌出版社,1992:153.

③ 余光中. 译序 [M]// 海明威(Ernest Hemingway). 老人与海. 余光中译. 南京:译林出版社,2013: 10.

④ 陈君华. 望乡的牧神——余光中传 [M]. 北京:团结出版社,2001:366.

第四节　余光中的译论成就

除了翻译实践,余光中还撰写了多篇译论,既对其翻译经验进行总结与升华,又从不同角度阐述了他对于翻译的认识与理解。

关于余光中的翻译观,论者颇众。除了为数众多的期刊论文,还有一部专著业已出版,即江艺据其博士学位论文修订而成的《对话与融合:余光中诗歌翻译艺术研究》(世界图书出版公司 2009 年出版)。因此,我们不拟对余光中的翻译观进行大刀阔斧的介绍与评析,而是根据我们掌握的资料,从历时的角度出发,对余光中译论的发表与出版情况略做介绍。

目前所见,余光中发表的第一篇译论应当是发表在 1957 年 10 月 4 日《公论报》上的《关于译诗》一文。

1967 年 9 月 7—9 日,余光中在《"中央日报"》发表了《中国古典诗的句法》。同年,他还发表了《谈翻译问题》(载于《幼狮文艺》第 27 卷第 5 期)与《中西文学之比较》(载于《书和人》第 73 期)。1968 年 7 月,余光中又在《幼狮文艺》第 9 卷第 1 期发表了《几块试金石——如何识别假洋学者》。

1969 年 2 月 26—28 日,香港中文大学校外进修部举办翻译问题研讨会,时任台湾省立师范大学英语系副教授的余光中出席,并提交了论文《翻译与创作》。[①] 这篇译论传播甚广,影响很大。1969 年 11 月,香港辰冲图书公司出版了香港中文大学校外进修部编辑的《翻译十讲》一书,其中就收录了余光中的这篇《翻译与创作》。1970 年,台北晨钟出版社推出了一本《翻译的艺术》,余光中的《翻译与创作》仍被收入其中。1976 年 8 月,台北联经出版事业公司出版了叶维廉主编的《中国现代文学批评选集》,内收余光中的《翻译与创作》与《从象牙塔到白玉楼》。

进入 20 世纪 70 年代,余光中发表了多篇译论。其中,有两篇属于书评性质。一篇以《思果著〈翻译研究〉读后——变通的艺术》为题,分两次连载于 1973 年 2 月 20—21 日出版的《中国时报》。另外一篇则是写于 1974 年 4 月的《庐山面目纵横看——评丛树版英译〈中国文学选集〉》一文,刊登在同年 6 月出版的《书评书目》杂志第 14 期上。

1976 年 5 月,余光中在《中国语文》第 38 卷第 5 期上发表了《哀中文之式微》一文。1979 年,余光中又有三篇译论发表。他先是在 8 月 10—13 日出版的《联合报》上发表了《从西而不化到西而化之》一文。9 月,他又在《中外文学》第 8 卷第 4 期上发表了《论中文之西化》一文。同年,他还接受胡子丹的访谈,由对方记录成文,以《城南的约会——访余光中谈翻译》为题,收入台北翻译天地杂志社出版的《翻译因缘》一书中。

1992 年,余光中撰写了《锈锁难开的金钥匙——序梁宗岱译〈莎士比亚十四行诗〉》,后被收入彭镜禧主编的《发现莎士比亚:台湾莎学论述选集》(台北猫头鹰出版社 2000 年 11 月出版)等书中。

2002 年,中国对外翻译出版公司出版了《余光中谈翻译》一书。该书内收余光中撰写

---

① 宋淇. 编者的话 [C]// 香港中文大学校外进修部. 翻译十讲. 香港:辰冲出版公司,1969:1.

的 22 篇涉及翻译问题的文章,集中呈现了他对于翻译的认识与理解。这 22 篇文章分别是《翻译与批评》、《中国古典诗的句法》、《中西文学之比较》、《几块试金石——如何识别假洋学者》、《翻译和创作》、《外文系这一行》、《用现代中文报道现代生活》、《变通的艺术——思果著〈翻译研究〉读后》、《庐山面目纵横看——评丛树版英译〈中国文学选集〉》、《哀中文之式微》、《论中文之西化》、《早期作家笔下的西化中文》、《从西而不化到西而化之》、《与王尔德拔河记——〈不可儿戏〉译后》、《白而不化的白话文——从早期的青涩到近期的繁琐》、《横行的洋文》、《翻译乃大道》、《译者独憔悴》、《中文的常态与变态》、《作者,学者,译者——"外国文学中译国际研讨会"主题演说》、《论的不休》、《翻译之教育与反教育》。这些文章很多都已经公开发表。值得注意的是,2014 年,外语教学与研究出版社推出了一本《翻译乃大道》,其内容跟《余光中谈翻译》一书完全相同。

　　《余光中谈翻译》出版之后,余光中仍然没有放下对翻译问题的思考。2008 年 1 月,台湾政治大学外国语学院与南京大学外国语学院合作创办的翻译学刊物《广译:语言、文学与文化翻译》创刊发行,余光中专门为之撰写了《翻译之为文体》("Translation with/as Style")一文。2009 年 2 月,他又在《明报月刊》第 44 卷第 2 期上发表了《唯诗人足以译诗?》一文。

附:余光中翻译成果一览

一、译著

1.《梵谷传》,欧文·斯通著,余光中译,台北重光文艺出版社 1957 年 3 月出版。

2.《老人和大海》,汉明威(Ernest Hemingway)著,余光中译,台北重光文艺出版社 1957 年 12 月出版。

3.《英诗译注》,余光中译注,台北文星书店 1960 年 6 月出版。

4. *New Chinese Poetry*(《中国新诗选》),余光中译,台北文学遗产出版社 1960 年出版。

5.《美国诗选》,林以亮编选,余光中、梁实秋、张爱玲、林以亮、夏菁、邢光祖合译,香港今日世界社 1961 年 9 月出版。

6.《英美现代诗选》,余光中译,台北学生书局 1968 年出版。

7. *Acres of Barbed Wire—To China, in Daydreams and Nightmares*(《满田的铁丝网》),余光中自译,台湾美亚出版公司 1971 年出版。

8.《录事巴托比》,梅尔维尔著,余光中译,香港今日世界社 1972 年 8 月出版,列为"美国短篇小说集锦"第一种。

9.《梵谷传》(重译本),欧文·斯通著,余光中译,台北大地出版社 1978 年 5 月出版。

10.《英美现代诗选》(增订版),余光中译,时报文化出版事业有限公司 1980 年 4 月 10 日出版。

11.《不可儿戏》,王尔德著,余光中译,台北大地出版社 1983 年 8 月出版。后由中国友谊出版公司 1986 年推出简体版。

12.《土耳其现代诗选》,余光中译,台北林白出版社 1984 年出版。

13.《艾略特的心灵世界》,余光中等人合译,台北雅歌出版社 1988 年出版。

14.《温夫人的扇子》,王尔德著,余光中译,台北大地出版社 1992 年出版。后由辽宁教育出版社于 1997 年引进出版。

15. *The Night Watchman: A Bilingual Selection of Poems*（《守夜人》）,余光中自译,台北九歌出版社 1992 年 10 月出版。即 *Acres of Barbed Wire—To China, in Daydreams and Nightmares*（《满田的铁丝网》）的增订版。

16.《理想丈夫》,王尔德,余光中译,台北大地出版社 1995 年出版。后与《不可儿戏》合为一册,由辽宁教育出版社于 1998 年引进出版。

17.《不要紧的女人》,王尔德著,余光中译,台北九歌出版社 2008 年出版。

18.《老人与海》（修订本）,海明威著,余光中译,译林出版社 2010 年 10 月出版。

19.《济慈名著译述》,济慈（John Keats）著,余光中译,台北九歌出版社 2012 年 4 月出版。

20.《济慈名著译述藏诗版》,济慈著,余光中译,台北九歌出版社 2012 年 4 月出版。内含《济慈名著译述》与《济慈名著译述藏诗本》。

二、报刊译文

1.《老人和大海》,汉明威著,余光中译,连载于 1952 年 12 月 1 日至 1953 年 1 月 23 日《大华晚报》。

2.《梵谷传》,欧文·斯通著,余光中译,连载于《大华晚报》,时间不详。

3.《书袋》,毛姆著,余光中译,连载于 1962 年《联合报》。

4.《缪思在地中海》,原载于《生活》杂志,余光中译,连载于 1963 年《联合报》。

二、译论合辑

1.《余光中谈翻译》,余光中著,中国对外翻译出版公司 2002 年出版。

2.《翻译乃大道》,余光中著,外语教学与研究出版社 2014 年出版,内容跟《余光中谈翻译》一书相同。

四、单篇译论

1.《关于译诗》,余光中著,载于 1957 年 10 月 4 日《公论报》。

2.《中国古典诗的句法》,余光中著,连载于 1967 年 9 月 7—9 日《"中央日报"》。

3.《谈翻译问题》,余光中著,载于 1967 年 11 月出版的《幼狮文艺》第 27 卷第 5 期。

4.《中西文学之比较》,余光中著,载于 1967 年 12 月 16 日出版的《书和人》第 73 期。

5.《几块试金石——如何识别假洋学者》,余光中著,载于 1968 年 7 月出版的《幼狮文艺》第 9 卷第 1 期。

6.《翻译与创作》,余光中著,载于香港中文大学校外进修部编辑的《翻译十讲》（香港辰冲图书公司 1969 年 11 月出版）,后又载于《翻译的艺术》（台北晨钟出版社 1970 年出版）、叶维廉主编的《中国现代文学批评选集》(台北联经出版事业公司 1976 年 8 月出版)等。

7.《思果著〈翻译研究〉读后——变通的艺术》,余光中著,连载于 1973 年 2 月 20—21 日的《中国时报》。

8.《庐山面目纵横看——评丛树版英译〈中国文学选集〉》,余光中著,载于 1974 年 6 月出版的《书评书目》杂志第 14 期。

9.《哀中文之式微》,余光中著,载于 1976 年 5 月出版的《中国语文》第 38 卷第 5 期。

10.《从西而不化到西而化之》,余光中著,连载于 1979 年 8 月 10—13 日《联合报》。

11.《论中文之西化》,余光中著,载于 1979 年 9 月《中外文学》第 8 卷第 4 期。

12.《城南的约会——访余光中谈翻译》,胡子丹记录,载于《翻译因缘》(台北翻译天地杂志社 1979 年出版)。

13.《锈锁难开的金钥匙——序梁宗岱译〈莎士比亚十四行诗〉》,余光中著,载于彭镜禧主编的《发现莎士比亚:台湾莎学论述选集》(台北猫头鹰出版社 2000 年 11 月出版)

14.《翻译之为文体》,余光中著,载于 2008 年 1 月出版的《广译:语言、文学与文化翻译》创刊号。

15.《唯诗人足以译诗?》,余光中著,载于 2009 年 2 月出版的《明报月刊》第 44 卷第 2 期。

第十四章

编辑出身的科普翻译家——吴伯泽

第一节　吴伯泽生平简介

吴伯泽,福建晋江人,[①]生于 1933 年 2 月,[②]有笔名柯红玉、李华等。[③]

吴伯泽 4 岁时就开始上小学,但 1938 年起随父辗转于南安九都、永春蓬壶、南安丰州等地,以至于耽误了学业。1943 年,全家回到泉州。因家境困难,他只得在其父执教的培英女中(今泉州幼儿师范高等专科学校的前身)旁听了三年的初中课程。1946 年,他以同等学力考入培元中学高中部。[④]高中毕业后,喜欢文学的吴伯泽原本打算读中文专业,但遭到家人反对,[⑤]只得入读厦门大学数理系。1953 年夏,他成为厦门大学数理系的 31 位毕业生之一。[⑥]

众所周知,新中国成立的最初几年,中苏关系良好。双方达成协定,由苏联援助中国建设 100 多项重大工程(一般称"156 项工程",实际数目则不止),[⑦]而这些工程的建设需要用到大批俄文资料。苏联还派了一批技术专家援华,涉及安全、军事、情报、经济、文化、

---

① 翁勇青等. 厦门大学校史资料(第六辑)[M]. 厦门:厦门大学出版社,1990:219.

② 马国龙. 中国专家学者辞典 [M]. 北京:中国大地出版社,2001:620. 另:也有资料称吴伯泽生于 1933 年 1 月. 具体参见庄毅. 中华人民共和国享受政府特殊津贴专家、学者、技术人员名录:1992 年卷第三分册 [M]. 北京:中国国际广播出版社,1996:531.

③ 黄娟娟,林本椿. 无言笔耕数十载　甘做科普搭桥人——记科普翻译家吴伯泽 [C] // 林本椿. 福建翻译家研究. 福州:福建教育出版社,2005:383.

④⑤　同③:375.

⑥ 同①。另:许多资料称吴伯泽毕业于厦门大学物理系,此处据《厦门大学校史资料(第六辑)》取"数理系"之说.

⑦ 中共中央党史研究室第二研究部.《中国共产党历史(第 2 卷)》注释集 [M]. 北京:中共党史出版社,2012:56-57.

教育、体育、卫生等各个领域，[①] 也需要有翻译人员在一旁协助。与此同时，中国还积极主动地向苏联学习，掀起了译介苏联科技文献的浪潮。在这种大形势下，中国无疑需要一大批俄语水平较高而又精通专业的翻译人员。于是，大批高校毕业生被选送到哈尔滨外国语专科学校[②]继续修习俄语，而吴伯泽便是其中一员。通过两年的学习，他于 1955 年 7 月顺利毕业。

1955 年 8 月，[③] 吴伯泽被分配到北京大学物理系担任俄语翻译。[④] 不过，由于吴伯泽曾于 1948 年秋赴台湾游历六周，领导并不信任他，只给他安排了一些无足轻重的任务，将他闲置不管。吴伯泽犹如闲人一般，只得自寻乐趣，搞起科技翻译来。经朋友介绍，他从科学出版社接下苏联学者帕诺夫（Д. Ю. Панов）所著科普读物《自动翻译》一书的翻译任务。该书的译稿得到科学出版社编辑人员的好评，于 1957 年 3 月正式出版。对方了解到吴伯泽的尴尬处境，便力劝他调入科学出版社工作。[⑤]

1957 年 9 月，吴伯泽正式调入科学出版社工作，[⑥] 至 1993 年退休。[⑦] 其间，他曾两次被下放到农村接受贫下中农再教育。[⑧] 2005 年 4 月 13 日，吴伯泽离开了人世。[⑨]

第二节　吴伯泽的编辑生涯

从 1957 年到 1993 年，吴伯泽从事编辑工作的时间长达 37 年。他总共编辑出版了近百种图书，约 2000 万字。[⑩] 他的编辑生涯大致可以分为两个阶段，即"文革"之前、"文革"后期及改革开放以后。

从 1957 年 9 月到 1966 年 6 月，吴伯泽在科学出版社主要负责核物理和水声学两个

① 中共中央党史研究室第二研究部.《中国共产党历史（第 2 卷）》注释集 [M]. 北京：中共党史出版社，2012：57-58.

② 该校的前身为东北民主联军总司令部附设外国语学校，1948 年底改称哈尔滨外国语专门学校，1953 年院校调整时改称哈尔滨外国语专科学校，1956 年 6 月改名为哈尔滨外国语学院，1958 年 8 月升格为黑龙江大学。

③ 庄毅. 中华人民共和国享受政府特殊津贴专家、学者、技术人员名录：1992 年卷第三分册 [M]. 北京：中国国际广播出版社，1996：531.

④ 柯红玉. 热爱科技编译工作的吴伯泽 [C]// 中共中央宣传部出版局. 编辑家列传（二）. 北京：中国展望出版社，1988：538；吴伯泽. 隐形人 [C]// 金涛. 复活的恐龙. 郑州：海燕出版社，1999：140.

⑤ 黄娟娟，林本椿. 无言笔耕数十载　甘做科普搭桥人——记科普翻译家吴伯泽 [C]// 林本椿. 福建翻译家研究. 福州：福建教育出版社，2005：376-377.

⑥ 同③。

⑦⑧　同⑤：377.

⑨ 刘兵. 我与一位可敬前辈的交往点滴——悼科普翻译家吴伯泽先生 [N]. 中华读书报，2005-04-27（15）.

⑩ 柯红玉. 热爱科技编译工作的吴伯泽 [C]// 中共中央宣传部出版局. 编辑家列传（二）. 北京：中国展望出版社，1988：540.

学科书籍的编辑工作。[①] 这个时期,中国正大力发展核事业,但很多从业人员都是新调入的外行,需要接受专业基础教育。在著名核物理学家王淦昌的指导下,[②] 吴伯泽组织人手翻译或编撰了一批基础读物,主要包括格拉斯登(S. Glasstone)与爱德仑(M. C. Edlund)合著、和平译的《原子核反应堆理论纲要》(1958 年 9 月出版),海森堡(W. Heisenberg)著、马振玉译的《原子核物理学》(1958 年 11 月出版),中国科学院原子能研究所编的《放射性同位素应用知识》(1959 年 2 月出版),B. 戴维逊(B. Davison)著、和平译的《中子迁移理论》(1961 年 8 月出版)等。[③]

在水声学领域,吴伯泽则在声学家汪德昭的指导下,编辑出版了苏联科学家布列霍夫斯基赫(Л. М. Бреховских)著、杨训仁译的《分层介质中的波》(1960 年 8 月出版),王祝翔所撰《气泡室》(1962 年 8 月出版),中国科学院声学研究所编的《水声学论文集(第一集)》(1965 年出版)等。[④]

1960 年,英国麦克唐纳出版社出版了 J. 布罗诺夫斯基(J. Bronowski)等主编的"麦克唐纳插图丛书·科学卷"(The Macdonald Illustrated Library. Science)。这套丛书基本反映了当时西方最新的科技发展水平与发展概貌。因此,有关部门要求科学出版社尽快翻译出版这套丛书,供相关领导干部与科学工作者参考用。其中,第一分册《科学:化学、物理学、天文学》(Science: Chemistry, Physics, Astronomy)的编辑工作由吴伯泽承担。[⑤] 该书包括化学、物理学与天文学三大部分,共 16 章,每章又分为若干专题,每个专题只有两页,图文并茂。[⑥] 由于译著要保留原著的大量插图,且其大小与位置均要与原著保持一致,译文又要与插图密切配合,所以其编辑工作具有很大的难度。但吴伯泽克服了各种困难,与翻译单位中国科学技术情报研究所默契配合,译出一章便编辑加工一章,力争缩短排版时间。[⑦]1966 年 4 月,该书顺利出版,质量极高,广受好评。

"文革"开始后,吴伯泽的工作基本陷入停顿。1973 年 6 月以后,在 1972—1976 年间任科学出版社副总编辑的林自新[⑧]的指导与支持下,吴伯泽开始致力于编辑出版外国科普作品,主要包括美国电子学家 J. R. 皮尔斯(J. R. Pierce)著、他本人以笔名柯红玉翻译的《电子与波》(1974 年 10 月出版),美国科普作家阿西摩夫(I. Asimov,现通译为阿西莫夫)著、王涛等译的《宇宙、地球和大气》(1976 年 12 月出版),美国物理学家盖莫夫(G. Gamow,现通译为伽莫夫)著、暴永宁译的《从一到无穷大:科学中的事实和臆测》

① 马国龙. 中国专家学者辞典 [M]. 北京:中国大地出版社,2001:620.

② 同①。

③ 柯红玉. 热爱科技编译工作的吴伯泽 [C]// 中共中央宣传部出版局. 编辑家列传(二). 北京:中国展望出版社,1988:538.

④ 同①。

⑤ 同③:539.

⑥ 科学出版社编辑部. 出版者说明 [M]//J. 布罗诺夫斯基等. 科学:化学、物理学、天文学. 中国科学技术情报研究所译. 北京:科学出版社,1966:无页码.

⑦ 同③:539.

⑧ 科学出版社. 科学出版之光——科学出版社五十五年(1954—2009)[M]. 北京:科学出版社,2009:186.

（1978年11月出版）^①以及美国物理学家默根（M. Meken）著、暴永宁与李永新等翻译的《物理科学及其现代应用》（1983年3月出版）。

吴伯泽善于从其编辑出版工作中总结经验。他注意向老编辑请教，也虚心地向设计与校对人员学习，总结出了一套编辑加工经验。1961年，他编写了一本题为《著译须知》的小册子，由科学出版社在约稿时发给著译者，给著译者与编辑双方都带来了很大的便利。^②1964年，科学出版社编印了《著译审校手册》，至1978年修订再版。^③该书第一部分"写稿注意事项"涉及文稿、书写、标点符号、名词名称、计量单位、数字、公式、图及表格、注释、引文、参考文献、索引及其他等12个事项，据称是以吴伯泽所编《著译须知》为蓝本。^④

吴伯泽还在《科技出版通讯》1983年第1期上发表了《在实践中提高》一文，后收入中国翻译工作者协会与《中国翻译》杂志编辑部合编的《科技翻译技巧文集》（中国对外翻译出版公司1987年8月出版）。吴伯泽在文中总结了自己对于科技编辑工作的认识与经验。他强调，编辑工作绝非只是跑跑腿、标标字号的简单工作。他指出，科技编辑除了要熟悉本专业的理论知识，还要尽可能广泛地涉猎各种文化知识，要具有较高的中文修养与外文水平，更要全面掌握技术加工业务。^⑤

尽管资历渐老，但吴伯泽一直保持着平常心。他广泛涉猎各类杂书，积极提高自己的编辑能力；始终关心后进编辑，不厌其烦地为他们解答疑难问题。^⑥因其在编辑出版领域取得的成绩，吴伯泽于1982年晋升为副编审，至1986年又晋升为编审。^⑦1992年起，他开始享受政府特殊津贴。有关方面对他评价如下："精通编辑业务，在物理专业方面有较高的造诣，有较高的俄语、英语翻译水平和中文修养，在解决审稿的疑难问题、提高图书质量方面起到了重要作用。"^⑧

第三节　吴伯泽的科普文章与科幻小说

从1978年起在完成本职工作之余，吴伯泽还积极从事科普创作与科幻小说写作。

目前所见，吴伯泽发表的第一篇科普文章题为《希特勒对科学家的迫害》，载于1978

---

① 马国龙. 中国专家学者辞典 [M]. 北京：中国大地出版社，2001：620.

② 柯红玉. 热爱科技编译工作的吴伯泽 [C] // 中共中央宣传部出版局. 编辑家列传（二）. 北京：中国展望出版社，1988：538.

③ 科学出版社. 著译审校手册（修订版）[M]. 北京：科学出版社，1978：前言.

④ 同②。

⑤ 吴伯泽. 在实践中提高 [C] // 中国翻译工作者协会，《中国翻译》杂志编辑部. 科技翻译技巧文集. 北京：中国对外翻译出版公司，1987：296-302.

⑥ 王鸣阳. 编辑典范　人生导师——追忆吴伯泽 [N]. 中国新闻出版报，2005-06-22（8）.

⑦ 庄毅. 中华人民共和国享受政府特殊津贴专家、学者、技术人员名录：1992年卷第三分册 [M]. 北京：中国国际广播出版社，1996：531.

⑧ 同⑦。

年 10 月 2 日《人民日报》"国际副刊"第 52 期。1978 年 12 月 31 日,他又在《人民日报》"国际副刊"第 65 期上发表了《一分灵感,九十九分汗水——发明家爱迪生的故事》一文。此后,他又陆续在各种报刊上发表了诸多科普文章,其中有不少曾被中国人民大学的复印报刊资料转载,影响很大。

1979 年,他在《科学画报》2 月号上发表了《二十世纪的科学巨匠——纪念爱因斯坦诞生一百周年》,在《中国青年》上发表了《得不偿失》(第 7 期)、《摘星星》(第 10 期)、《地球的卫士》(第 11 期),在《百科知识》第 2 期上发表了《激光在化学研究中的应用》。1980年,他又在《我们爱科学》第 1 期上发表了《奇妙的相对论》,在《百科知识》第 1 期上发表了《准备向外太空移民》,在《新观察》第 1 期上发表了《学会做梦》,在《中国青年》第 1期上发表了《气煞龙王》。1981 年,他在《科学与生活》上发表了《火星上有没有生命?》(第 3 期)与《盲人能看到东西吗?》(第 6 期),又在《知识就是力量》第 5 期发表了《用玻璃丝代替电话丝》。1982 年,他在《新观察》第 16 期上发表了《浅谈四维空间》。1983 年,他又在《自然杂志》第 2 期上发表了《移居太空,势在必行》。1986 年,他在《追求》第 2 期上发表了《美国"大脚野人"之谜》。此后,未见吴伯泽再发表科普文章。

此外,在 1979 年初,吴伯泽应邀为刚刚复刊不久的《工人日报》写稿。[①] 他创作了科幻小说《隐形人》,分八部分连载于 1979 年 1 月 31 日至 2 月 7 日的《工人日报》上。这部小说极受读者欢迎,成为 20 世纪中国科幻小说的代表作之一,被陆续收入了许多科幻作品集,如工人出版社编辑出版的《"飞毯"的风波(科学幻想小说集)》(1980)、中国青年出版社编辑出版的《科学幻想小说选》(1980)、叶永烈主编的《中国惊险科学幻想小说选》(1981)、饶忠华主编的《中国科幻小说大全》(1982)等。

因其在科普创作方面取得的不俗成就,吴伯泽于 1979 年被中国科普创作协会(即今中国科普作家协会)吸收入会,并担任了该会外国作品研究会委员。[②]

第四节　吴伯泽的科技翻译成就

吴伯泽的科技翻译活动大致可以分成两个阶段。

第一个阶段是 20 世纪五六十年代。在这个阶段,吴伯泽主要翻译苏联的科技文献,尤其是物理学著述。

还在北京大学工作之时,吴伯泽就接下了苏联学者帕诺夫所著《自动翻译》一书的翻译任务,其译稿由科学出版社于 1957 年 3 月出版。调入科学出版社之后,他在完成编辑本职工作之余,继续独自翻译了多种苏联科技论著,包括扎维里斯基(Х. С. Завельский)的《时间及其计量》(科学出版社 1958 年 5 月出版)、古尔维奇(А. М. Гурвич)与沙乌洛夫(Ю. Ф. Шаулов)合撰的《爆炸法热力学研究和燃烧过程的计算》(国防工业出版社 1959

① 黄娟娟,林本椿. 无言笔耕数十载　甘做科普搭桥人——记科普翻译家吴伯泽 [C] // 林本椿. 福建翻译家研究. 福州:福建教育出版社,2005:377.

② 马国龙. 中国专家学者辞典 [M]. 北京:中国大地出版社,2001:261.

年 5 月出版)、索科洛夫(A. A. Соколов)的《量子电动力学导论》(人民教育出版社 1962 年 8 月出版)、捷里多维奇(Я. Б. Зельдович)的《冲击波理论及气体动力学概论》(国防工业出版社 1963 年 6 月出版)、布洛欣采夫(Д. И. Блохинцев)的《量子力学原理》(分上、下两册,由人民教育出版社分别于 1965 年 12 月与 1966 年 2 月出版)。他还与韩国尧合作翻译了库津(A. M. Кузин)等著的《生物学中的示踪原子》(科学出版社 1958 年 6 月出版),与张捷合作翻译了梅留兴(С. Т. Молохин)的《谈谈有限和无限问题》(生活·读书·新知三联书店 1962 年 11 月出版)。此外,科学出版社于 1963 年 6 月出版了鲍姆(X. A. Баум)等的《爆炸物理学》一书,署名众智,但这是一个集体署名,吴伯泽亦是译者之一。[①] 因其在翻译苏联物理学论著方面的成绩,吴伯泽于 1963 年被中国物理学会吸收为会员。[②]

第二个阶段则是 20 世纪 70 年代以后。在这个阶段,吴伯泽主要致力于译介欧美(尤其是美国)的科普作品,也包括少数科技文献。他独立翻译的美国作品包括 J. R. 皮尔斯的《电子与波》(科学出版社 1974 年 10 月出版)、盖莫夫的《物理世界奇遇记》(科学出版社 1978 年 4 月出版)、兰佐斯(C. Lanczos)的《无穷无尽的数》(北京出版社 1979 年 11 月出版)、R. 埃斯伯格(Robert Eisberg)与 R. 瑞斯尼克(Robert Resnick)合著的《量子物理学》(分为上、下两册,由北京工业学院出版社分别于 1985 年 12 月与 1987 年 12 月出版)、《王安自传:教训》(连载于 1986 年 12 月至 1987 年 3 月的《科技日报》)、乔治·伽莫夫(或译盖莫夫)与英国学者罗索·斯坦纳德(Russell Stannard)合著的《物理世界奇遇记》(最新版)(湖南教育出版社 2000 年 8 月出版)。他还独自翻译了英国语言学家彼得·拉迪福吉德(Peter Ladefoged)的《声学语音学纲要》(连载于《方言》1980 年第 3、4 期与 1981 年第 1 期)。

吴伯泽还跟暴永宁、陈养正和钟元昭合作翻译了阿西莫夫的《你知道吗? 现代科学中的一百个问题》(科学普及出版社 1980 年 4 月出版),跟翁菊容合作翻译了费米夫人(Laura Fermi)的《原子能的故事》(原子能出版社 1982 年 3 月出版),跟暴永宁合作翻译了《艺术与物理学——时空和光的艺术观与物理观》(科学普及出版社 1980 年 4 月出版)。

此外,我们注意到,吴伯泽也曾作为翻译组成员之一参与了多种欧美科技文献的翻译工作,但是译著的书名页、版权页等处并未出现吴伯泽之名。这类译著包括美国学者香伯格(G. D. Schaunberg)的《化学和我们》(范毅等译,科学出版社 1982 年 2 月出版)、默根的《物理科学及其现代应用》(暴永宁、李永新等译,科学出版社 1983 年 3 月出版)、乔治·O.阿贝尔(George O. Abell)等的《科学与怪异》(中国科普研究所组译,上海科学技术出版社 1989 年 9 月出版)以及丹麦学者 S. 罗森塔尔(S. Rozental)编的《尼尔斯·玻尔——他的朋友和同事对他的生活和工作回忆》(《尼尔斯·玻尔》翻译组译,上海翻译出版公司 1985 年

① 黄娟娟,林本椿. 无言笔耕数十载　甘做科普搭桥人——记科普翻译家吴伯泽 [C]// 林本椿. 福建翻译家研究. 福州:福建教育出版社,2005:383.
② 同①:377.

10 月出版）。[①]

　　据不完全统计，吴伯泽一生正式发表或出版的翻译成果多达 500 万字左右，可谓硕果累累。[②] 尤其值得一提的是，他独立翻译的《物理世界奇遇记》（最新版）获得 2001 年第四届全国优秀科普作品奖一等奖[③] 和 2001 年第五届国家图书奖提名奖，[④] 与暴永宁合译的《艺术与物理学》则于 2001 年底被《中华读书报》等媒体评为当年十佳科普读物，[⑤] 均在社会上产生了巨大的影响。

　　1982 年，因其取得的令人瞩目的翻译成就，吴伯泽当选为第一届中国翻译工作者协会理事。[⑥] 此后，在 1986 年与 1992 年，吴伯泽又连任为第二、第三届中国翻译工作者协会理事。[⑦]1986 年 9 月 24 日，中国科学院科技翻译工作者协会成立，吴伯泽当选为理事，并兼任副秘书长一职。[⑧]

第五节　吴伯泽的翻译观

　　在《在实践中提高》一文中，吴伯泽强调了掌握外语对于科技编辑人员的重要性。他认为，通过对照原文加工译稿，既可以从别人翻译成功的地方吸取经验，也可以从别人译错的事例中汲取教训。在此基础上，自己动手翻译、写作，就能大大提高自己的中外文修养。[⑨] 正因为如此，吴伯泽在完成编辑工作之余，一直坚持翻译与写作，著译等身。

　　就其翻译观而言，吴伯泽十分推崇严复提出的"信、达、雅"之说。而在"信、达、雅"三标准中，他首重"信"与"达"。[⑩] 按照曾与吴伯泽共事多年的王鸣阳的总结与分析，吴伯泽认为：翻译要忠实的并非文字，而是原文背后作者所要表达的思想；词汇的确切意义，不是存在于辞典中，而是存在于其使用语境中。[⑪] 因此，在其翻译过程中，他总是采用比较翻译法，在反复细读原著的基础上进行推敲、比较。如果汉语中有与原著相应的词汇，就直接采用；如果没有，则要仔细琢磨一下汉语中如何表达才地道。[⑫] 也就是说，他并不拘泥于

① 岳峰,郑锦怀,林佩璇. 福建翻译史论(当代卷)[M]. 厦门:厦门大学出版社,2013:63.

② 马国龙. 中国专家学者辞典[M]. 北京:中国大地出版社,2001:621.

③ 潘国彦. 中国出版年鉴(2002)[M]. 北京:中国出版年鉴社,2002:326.

④ 刘鸣泰. 湖南省志·出版志(1978—2002)[M]. 长沙:湖南人民出版社,2006:111-112.

⑤ 黄娟娟,林本椿. 无言笔耕数十载　甘做科普搭桥人——记科普翻译家吴伯泽[C]// 林本椿. 福建翻译家研究. 福州:福建教育出版社,2005:378.

⑥ 中国翻译协会. 中国翻译年鉴(2005—2006)[M]. 北京:外文出版社,2007:755-757.

⑦ 同⑥:776-795.

⑧ 中国科学院办公厅. 中国科学院年报(1986)[M]. 北京:中国科学院,1987:81.

⑨ 吴伯泽. 在实践中提高[C]// 中国翻译工作者协会,《中国翻译》杂志编辑部. 科技翻译技巧文集. 北京:中国对外翻译出版公司,1987:299-301.

⑩ 同⑤。

⑪ 王鸣阳. 编辑典范　人生导师——追忆吴伯泽[N]. 中国新闻出版报,2005-06-22(8).

⑫ 同⑤:378-379.

字面意义上的忠实。他并不受外文词汇的词典意义的束缚,而是注重根据上下文语境来确定词汇的真正意义。

吴伯泽指出,不同学科文献的翻译对"雅"的要求各有不同,但这并不意味着科技翻译中就不需要"雅"。他认为,"雅"应当寓于通顺之中。语言规范、流畅、通俗易懂就意味着"雅"。^① 所以,他提出,译者必须用读者容易理解的规范的中文来表达出自己理解的那种意思,才能使译文忠实于原文,^② 亦即达到"信"与"达"的要求。从这一点上来看,他显然还注意到译著的潜在读者的阅读需求问题,提出译文表达应当考虑读者的理解问题。

吴伯泽极力将其翻译观付诸实践。黄娟娟与林本椿在进行细致的文本分析后发现,吴伯泽译著最为突出的特点就是准确而又符合汉语的表达习惯,而且还能够较好地传译原著的文体风格。^③这是十分困难的事情,但也恰恰是吴伯泽的译著广受好评的根本原因。

附:吴伯泽翻译成果一览

一、译著

1.《自动翻译》,帕诺夫著,吴伯泽译,科学出版社 1957 年 3 月出版。

2.《时间及其计量》,扎维里斯基著,吴伯泽译,科学出版社 1958 年 5 月出版。

3.《生物学中的示踪原子》,库津等著,吴伯泽、韩国尧译,科学出版社 1958 年 6 月出版。

4.《爆炸法热力学研究和燃烧过程的计算》,古尔维奇、沙乌洛夫著,吴伯泽译,国防工业出版社 1959 年 5 月出版。

5.《量子电动力学导论》,索科洛夫著,吴伯泽译,人民教育出版社 1962 年 8 月出版。

6.《谈谈有限和无限问题》,梅留兴著,张捷、吴伯泽译,生活•读书•新知三联书店 1962 年 11 月出版。

7.《冲击波理论及气体动力学概论》,捷里多维奇著,吴伯泽译,国防工业出版社 1963 年 6 月出版。

8.《爆炸物理学》,X. A. 鲍姆等著,众智译,科学出版社 1963 年 6 月出版。(众智为集体署名,吴伯泽为其中的译者之一)^④

9.《量子力学原理(上)》,布洛欣采夫著,吴伯泽译,人民教育出版社 1965 年 12 月出版。

10.《量子力学原理(下)》,布洛欣采夫著,吴伯泽译,人民教育出版社 1966 年 2 月出版。

---

① 黄娟娟,林本椿. 无言笔耕数十载 甘做科普搭桥人——记科普翻译家吴伯泽 [C]// 林本椿. 福建翻译家研究. 福州:福建教育出版社,2005:378.

② 王鸣阳. 编辑典范　人生导师——追忆吴伯泽 [N]. 中国新闻出版报,2005-06-22(8).

③ 同①:379-381.

④ 同①:383.

11.《电子与波》，J. R. 皮尔斯著，柯红玉译，科学出版社 1974 年 10 月出版。

12.《物理世界奇遇记》，盖莫夫著，吴伯泽译，科学出版社 1978 年 4 月出版。

13.《无穷无尽的数》，兰佐斯著，吴伯泽译，北京出版社 1979 年 11 月出版。

14.《你知道吗？现代科学中的一百个问题》，阿西莫夫著，暴永宁、陈养正、钟元昭、吴伯泽译，科学普及出版社 1980 年 4 月出版。

15.《化学和我们》，香伯格著，范毅等译，科学出版社 1982 年 2 月出版。（吴伯泽为译者之一）[①]

16.《原子能的故事》，费米夫人著，翁菊容、吴伯泽译，原子能出版社 1982 年 3 月出版。

17.《物理科学及其现代应用》，默根著，暴永宁、李永新等译，科学出版社 1983 年 3 月出版。（吴伯泽为译者之一）[②]

18.《尼尔斯·玻尔——他的朋友和同事对他的生活和工作回忆》，S. 罗森塔尔编，《尼尔斯·玻尔》翻译组译，上海翻译出版公司 1985 年 10 月出版。（吴伯泽为译者之一）[③]

19.《量子物理学（上）》，R. 埃斯伯格、R. 瑞斯尼克著，吴伯泽译，北京工业学院出版社 1985 年 12 月出版。

20.《量子物理学（下）》，R. 埃斯伯格、R. 瑞斯尼克著，吴伯泽译，北京工业学院出版社 1987 年 12 月出版。

21.《科学与怪异》，乔治·O. 阿贝尔等著，中国科普研究所组译，上海科学技术出版社 1989 年 9 月出版。（吴伯泽为译者之一）[④]

22.《物理世界奇遇记》（最新版），乔治·伽莫夫（George Gamow）、罗索·斯坦纳德著，吴伯泽译，湖南教育出版社 2000 年 8 月出版。

23.《艺术与物理学——时空和光的艺术观与物理观》，伦纳德·史莱因（Leonard Shlain）著，暴永宁、吴伯泽译，吉林人民出版社 2001 年 9 月出版。

二、审校的译著

《从一到无穷大——科学中的事实和臆测》（修订版），G. 伽莫夫著，暴永宁译，吴伯泽校，科学出版社 2002 年 11 月出版。

三、报刊译文

1.《声学语音学纲要》（一），彼得·拉迪福吉德著，吴伯泽译，载于《方言》1980 年第 3 期。

2.《声学语音学纲要》（二），彼得·拉迪福吉德著，吴伯泽译，载于《方言》1980 年第 4 期。

---

① 黄娟娟，林本椿. 无言笔耕数十载　甘做科普搭桥人——记科普翻译家吴伯泽 [C]// 林本椿. 福建翻译家研究. 福州：福建教育出版社，2005：383.

②③ 同①。

④ 岳峰，郑锦怀，林佩璇. 福建翻译史论（当代卷）[M]. 厦门：厦门大学出版社，2013：63.

3.《声学语音学纲要》（三），彼得·拉迪福吉德著，吴伯泽译，载于《方言》1981年第1期。

4.《王安自传：教训》，王安（An Wang）著，吴伯泽译，连载于1986年12月至1987年3月的《科技日报》。①

四、其他形式的翻译成果

1. 1974—1992年，吴伯泽每年为科学出版社翻译出版的美国《科学年鉴》（*Science Year: The World Book Science Annual*）翻译一篇专题论文。1974—1978年署名李华，1978—1992年署以本名吴伯泽。②

2. 20世纪80年代初，受中央电视台委托，吴伯泽主持翻译美国天文学家卡尔·萨根的13集天文系列片《宇宙》。他本人翻译了2集，并校订了全部各集。③

3. 1983年，受北京科普创作协会委托，吴伯泽主持翻译并校订了美国的《鱼梯》等11部科普短片。④

① 吴伯泽. 用玻璃丝代替电话线（附作品要目）[M]// 章道义. 中国科普名家名作（下）. 济南：山东教育出版社，2002：975.

② 黄娟娟，林本椿. 无言笔耕数十载　甘做科普搭桥人——记科普翻译家吴伯泽 [C]// 林本椿. 福建翻译家研究. 福州：福建教育出版社，2005：383.

③④ 同②：384.

第十五章

美国文学研究专家、翻译家——杨仁敬

第一节 杨仁敬生平简介

杨仁敬,笔名木文,[①] 晋江人,中国当代著名的美国文学研究专家、翻译家。

1937年12月6日,[②] 杨仁敬出生在晋江的龙湖镇瑶林村。[③] 其父当过小学教员和会计,其母则在家相夫教子。[④] 由于家中清贫,他主要依靠各种助学金求学,[⑤] 先后就读于震瑶小学、南侨中学和泉州五中。[⑥] 1954年秋,他考入厦门大学外文系,[⑦] 是该系当年招收的15位本科生之一。[⑧] 在校期间,他热爱翻译与写作,不仅在《厦门日报》上发表了译自《苏联文学》的诗作《飞越祖国的土地》,还成为《光明日报》、《中国青年》、《厦门日报》等多家报刊的通讯员。[⑨]

1958年夏,杨仁敬从厦门大学毕业,并留校工作,担任外文系助教。他主要是给英语专业一年级学生上课,业余则阅读18世纪英国小说作品,并撰写论文。[⑩]

① 黄启明. 温陵英彦——泉州历代状元宰相全传 [M]. 北京:中国文联出版社,2003:229.
② 林晓琴. 一位学者型的文学翻译家——记厦门大学博士生导师杨仁敬 [C]// 林本椿. 福建翻译家研究. 福州:福建教育出版社,2005:403.
③ 陈苗. 晋江市人物志 [M]. 上海:上海三联书店,1994:414.
④ 梅李. 春风一杯酒 夜雨十年灯——记厦大博导、海明威研究专家杨仁敬教授 [J]. 炎黄纵横,2009(8):17.
⑤ 同④。
⑥ 曾平晖等. 晋江当代著述录 [M]. 厦门:厦门大学出版社,2002:134.
⑦ 杨仁敬. 难忘的记忆 喜人的前景——美国文学在中国60年回顾 [C]// 庄智象. 中国外语教育发展战略论坛. 上海:上海外语教育出版社,2009:649.
⑧ 翁勇青等. 厦门大学校史资料(第六辑)[M]. 厦门:厦门大学出版社,1990:297.
⑨ 同⑥。
⑩ 同⑦:649-650.

　　1963 年秋,杨仁敬考取南京大学外文系的硕士研究生,师从范存忠与陈嘉两位名教授。[①] 在校期间,他专注于英国文学,而很少接触美国文学。[②]1966 年夏,他毕业并获得英美文学方向的硕士学位,[③] 之后被留在南京大学外文系执教。

　　“文革”期间,杨仁敬受到影响,先被下放到军垦农场当战士,再调到缝纫机厂钳工,后又调到江苏省外贸局当英文译员,[④] 干了大约五年的外贸翻译工作。[⑤]1978 年 11 月,他终于被调回南京大学外文系,[⑥] 历任讲师(1979—1983)、副教授(1983—1986)。[⑦] 他被分配到外国文学研究所,一边给英语专业三年级学生讲授英语文学选读,一边搞英美文学研究。他还协助陈嘉编写了英文版《英国文学作品选读》,由商务印书馆在 1981—1982 年间分三册陆续出版,后多次重印,影响很大。[⑧]

　　1980 年 8 月,杨仁敬赴美国哈佛大学当博士后,其合作导师是该校英文系终身教授丹尼尔·艾伦(Daniel Allen)和比较文学系终身教授哈里·列文(Harry Levin)。杨仁敬集中精力研读美国文学,尤其是两次世界大战之间的美国文学作品,兼学比较文学。1981 年 9 月初,他经伦敦、香港等地返回南京大学,继续给英语专业三年级学生讲授英国文学选读,同时代陈嘉为其硕士研究生讲授现代美国小说导论。与此同时,他还大量译介美国文学作品。[⑨]

　　1986 年 5 月初,杨仁敬从南京大学调入厦门大学工作,次年 2 月就破格晋升为教授。[⑩]不久,他又被评为硕士研究生导师,开设了现代美国小说导论、西方文论概要、女权主义理论与英美女作家、海明威研究、美国黑人小说与犹太小说等课程。[⑪]

　　在厦门大学执教期间,杨仁敬成果显著,屡获嘉奖,而他领衔申报的厦门大学英语语言文学专业博士点也于 1993 年 12 月获国务院学位办批准。杨仁敬成为该博士点的第一位博士生导师,并于 1996 年春开始招收博士生。[⑫] 从 1996 年到 2009 年,他总共指导了 30 多名英美文学方向的博士生,其中有 18 人顺利毕业,多人赴欧美深造或晋升为教授。[⑬]

---

① 杨仁敬. 难忘的记忆 喜人的前景——美国文学在中国 60 年回顾 [C]// 庄智象. 中国外语教育发展战略论坛. 上海:上海外语教育出版社,2009:650.

② 同①。

③ 杨仁敬. 哈佛与我的海明威研究 [C]// 刘海平. 世纪之交的中国与美国——中国哈佛·燕京学者第二届学术研讨会论文选编. 上海:上海外语教育出版社,2000:415.

④ 同①:652.

⑤ 黑马. 杨仁敬:岸上海里 [M]// 黑马. 文学第一线——45 位译界耆宿和文学名家访谈印象. 北京:中央编译出版社,2010:70.

⑥ 同①:652.

⑦ 庄毅. 中华人民共和国享受政府特殊津贴专家、学者、技术人员名录:1992 年卷第二分册 [M]. 北京:中国国际广播出版社,1996:223.

⑧ 同①:652.

⑨ 同①:653-654.

⑩ 同①:654.

⑪ 同①:655.

⑫ 同①:656.

⑬ 梅李. 春风一杯酒 夜雨十年灯——记厦大博导、海明威研究专家杨仁敬教授 [J]. 炎黄纵横,2009(8):17.

因其教学与科研方面取得的杰出成就,杨仁敬在 1992 年成为享受中华人民共和国政府特殊津贴的专家学者。[1] 此后,他曾入选《中国作家大辞典》、《中国翻译家大辞典》、《中国教育专家名典》、《世界名人录》、《强国丰碑》、《剑桥名人录》等国内外多种名人录或传记词典。[2]

杨仁敬不仅治学有术,家庭也和和美美,令人艳羡。他的夫人名叫许宝瑞,曾任厦门大学电子工程系党支部书记,是助其事业有成的贤内助。[3] 夫妇两人生有一子一女。儿子杨钟宁、儿媳李选文、女儿杨凌雁与女婿杨晓宇四人均拥有博士学位。[4] 全家都是高级知识分子,十分难得。

第二节　杨仁敬与海明威研究

杨仁敬早期研究的是英国作家作品。在 20 世纪 60 年代,他就撰写了《〈鲁滨孙飘流记〉的艺术特色——纪念世界文化名人、英国现实主义作家笛福诞生三百周年》与《〈格尼弗游记〉的讽刺手法》两篇论文,分别发表在《厦门大学学报(社会科学版)》1961 年第 3 期与 1962 第 4 期上。不过,20 世纪 70 年代末以来,杨仁敬就专注于美国文学研究,尤其是海明威研究。因其成果丰富,他还曾担任美国海明威学会国际委员会委员。[5]

目前所见,1954—1958 年在厦门大学外文系就读期间,杨仁敬就开始接触了海明威的《丧钟为谁而鸣》等作品。[6]1978 年 11 月调回南京大学外文系任教后,杨仁敬开始计划从他较为熟悉的海明威入手搞点学术研究,好将他在"文革"期间失去的时间找补回来。[7]1979 年 8 月底,全国美国文学研究会在烟台成立。杨仁敬参加了这次盛会,并在会上宣读了论文《论海明威〈永别了,武器〉和〈丧钟为谁而鸣〉中的人物塑造》。[8]同年,他还翻译了海明威的《印第安人营》,并撰写了《海明威写作二三事》一文,同时发表在《译林》1979 年第 1 期上。1980 年,他又在《当代外国文学》第 1 期上发表了所译《海明威短篇小说三篇》,包括《雨中的猫》、《一个明净的地方》与《暴风雨之后》。

1981—1982 年在哈佛大学做博士后期间,杨仁敬专注于两次大战之间的美国小说,抽空拜访了普林斯顿大学的海明威研究专家卡洛斯·贝克(Carlos Baker)教授,并参观了肯尼迪图书馆海明威藏书部。他一头钻进图书馆和书店,广泛阅读资料,并做好笔记,为其后

---

① 庄毅. 中华人民共和国享受政府特殊津贴专家、学者、技术人员名录:1992 年卷第二分册 [M]. 北京:中国国际广播出版社,1996:223.

② 曾平晖等. 晋江当代著述录 [M]. 厦门:厦门大学出版社,2002:136.

③ 梅李. 春风一杯酒　夜雨十年灯——记厦大博导、海明威研究专家杨仁敬教授 [J]. 炎黄纵横,2009(8):30.

④ 杨仁敬. 编选者序 [M]// 杨仁敬. 海明威研究文集. 南京:译林出版社,2014:3.

⑤ 同②。

⑥ 杨仁敬. 难忘的记忆　喜人的前景——美国文学在中国 60 年回顾 [C]// 庄智象. 中国外语教育发展战略论坛. 上海:上海外语教育出版社,2009:649.

⑦ ⑧ 同⑥:652.

来的论文写作打下了牢固基础。① 其间,他在《译林》1982 年第 1 期上发表了《洛斯·贝克教授谈海明威》,即他与卡洛斯·贝克的访谈成果。

归国后,杨仁敬利用业余时间搜集了抗战期间中国报刊对海明威中国之行的报道与评论,结合他在美国查阅的关于海明威访华的第一手资料,② 撰成《海明威的中国之行》一文,发表在《外国文学研究》1983 年第 2 期上,后改题为《评海明威的中国之行》,又收入南京大学外国文学研究所编的《外国文学论集》(南京大学外国文学研究所 1984 年刊印)。杨仁敬在文中介绍了海明威夫妇来华访问的整个过程、目的与意义等,引起了读者的浓厚兴趣,并被几家报刊摘录发表。③ 他还在《春风》1983 年第 3 期上发表了所译海明威的《雨中的猫》。

1986 年 5 月调入厦门大学后,杨仁敬继续从厦门大学图书馆与北京图书馆(现国家图书馆)等处查阅重庆《中央日报》、《新华日报》、香港《大公报》、《西书精华》等报刊,撰成论文《三十年代以来海明威作品在中国的翻译与评介》,并携至在意大利召开的第二届海明威国际会议宣读,受到好评。④

之后,杨仁敬继续广泛查阅中西文史料,并于 1989 年发表了三篇与海明威相关的文章,即《60 年代以来美国的"海明威热"》(载于《译林》1989 年第 1 期)、《海明威——中美文化交往的热点》(载于《厦门大学学报(哲学社会科学版)》1989 年第 3 期)与《海明威在古巴之谜》(载于《译林》1989 年第 3 期)。1990 年 11 月,厦门大学出版社推出了他的研究成果《海明威在中国》,并列入"南强丛书"。该书获得海内外学术界的广泛好评。1991年 7 月 27 日,香港《大公报》发表书评,称赞该书"无疑地具有国际意义了"。⑤ 该书还获得了厦门大学南强奖一等奖、厦门市社科一等奖和美国肯尼迪图书馆的海明威研究奖等荣誉。⑥ 直到十多年后,郑凯梅还摘译了该书中的部分段落,发表在 2003 年秋季出版的美国《北达科他季刊》上。⑦

此后,杨仁敬并未终止其海明威研究事业。他曾在《译林》1991 年第 3 期上发表所撰《海明威的中国朋友谈海明威》一文。1992 年 1 月,他翻译的《向巴黎进军》与《我们攻入巴黎》被收入刘白羽总主编、李辉凡主编的《世界反法西斯文学书系 21 美国卷(3)》,由重庆出版社出版。1996 年,台湾业强出版社出版了他编著的《海明威传》。其间,他还于1992 年 7 月和 1996 年 7 月分别去西班牙的潘普洛纳市和美国的克茨姆—太阳谷出席了

---

① 杨仁敬. 难忘的记忆 喜人的前景——美国文学在中国 60 年回顾 [C] // 庄智象. 中国外语教育发展战略论坛. 上海:上海外语教育出版社,2009:653-654.

② 杨仁敬. 哈佛与我的海明威研究 [C] // 刘海平. 世纪之交的中国与美国——中国哈佛·燕京学者第二届学术研讨会论文选编. 上海:上海外语教育出版社,2000:414.

③④⑤ 同②:415.

⑥ 曾平晖等. 晋江当代著述录 [M]. 厦门:厦门大学出版社,2002:1358.

⑦ 苏友贞. 当王子爱上女巫 [M]. 郑州:河南大学出版社,2013:167.

第五届和第七届海明威国际会议,并且都在大会上宣读了论文。[①]

进入 21 世纪,杨仁敬又陆续出版或发表了诸多海明威研究成果。文章方面,主要包括《海明威新闻作品散论》(载于郭继德主编的《美国文学研究(第 4 辑)》,山东大学出版社 2008 年 9 月出版)、《论海明威新闻作品的特色和意义》(载于《厦门大学学报(哲学社会科学版)》2009 年第 4 期)、《古巴的海明威》(载于《世界知识画报》2009 年第 7 期)、《海明威在广东抗战前》(载于《羊城晚报》2011 年 7 月 30 日第 B10 版,后改题为《海明威在广东抗日前线》,载于梁力编选的《羊城沧桑(2)》,花城出版社 2012 年 4 月出版)、《八十年来美国的海明威评论》(载于郭继德主编的《美国文学研究(第 5 辑)》,山东大学出版社 2010 年 4 月出版)、《美国文学批评语境下的海明威研究》(载于《外国文学评论》2010 年第 2 期)、《海明威故乡橡树园印象:纪念海明威逝世 50 周年》(载于《译林》2011 年第 5 期)、《海明威小说中的现代主义成分:纪念小说家海明威逝世 50 周年》(载于《山东外语教学》2011 年第 6 期)、《论海明威 30 年代的政治转向——纪念小说家海明威逝世 50 周年》(载于李维屏编的《英美文学研究论丛(第 16 辑)》,上海外语教育出版社 2012 年 5 月出版)、《论海明威与象征主义》(载于《外国语言文学》2012 年第 1 期)、《论海明威的小说悲剧》(载于《厦门大学学报(哲学社会科学版)》2012 年第 1 期)、《论海明威 30 年代的政治转向:纪念小说家海明威逝世 50 周年》(载于《英美文学研究论丛》2012 年第 1 期)、《海明威论外语学习》(载于《英语学习(阳光英语)》2012 年第 2 期)、《论海明威的女性意识》(载于《外文研究》2014 年第 2 期)、《海明威评论六十年:从冷清到繁荣》(载于《厦门大学学报(哲学社会科学版)》2014 年第 3 期)、《论海明威与存在主义》(载于《外国文学》2015 年第 3 期)。

著作方面,他先是完成《海明威在中国(增订本)》,由厦门大学出版社于 2006 年 5 月出版。该书获得教育部第五届中国高校人文社会科学研究优秀成果奖三等奖。他还编选了《海明威:美国文学批评八十年》(上海外语教育出版社 2012 年 9 月出版)与《海明威研究文集》(译林出版社 2014 年 9 月出版),并著有《海明威学术史研究》(译林出版社 2014 年 1 月出版)。

第三节 杨仁敬的其他美国文学研究成果

杨仁敬对美国文学的兴趣并非仅仅局限于海明威其人其作。事实上,他对美国后现代派小说、美国少数族裔小说以及美国文学史研究都抱有浓厚兴趣。

对于美国后现代派小说,杨仁敬既注重整体分析,也擅长个案研究。在整体分析方面,他撰有《论美国后现代派小说的嬗变》(载于《山东外语教学》2001 年第 2 期)与《论美国后现代派小说的新模式和新话语》(载于《外国文学研究》2003 年第 2 期)等论文。在个

---

① 杨仁敬. 哈佛与我的海明威研究 [C]// 刘海平. 世纪之交的中国与美国——中国哈佛·燕京学者第二届学术研讨会论文选编. 上海:上海外语教育出版社,2000:416-417.

案研究方面，他主要关注 E. L. 多克托罗（E. L. Doctorow）、唐·德里罗（Don DeLillo）与威廉·伏尔曼（William Vollmann）三人的作品，先后撰有《模糊的时空　无言的反讽——评多克托罗的〈皮男人〉和〈追求者〉》与《关注历史和政治的美国后现代派作家 E. L. 多克托罗》（均载于《外国文学》2001 年第 5 期）、《用语言重构作为人类一员的"自我"——评唐·德里罗的短篇小说》（载于《外国文学》2003 年第 4 期）、《威廉·伏尔曼：美国后现代派小说的新"品钦"》（与钱程合撰，载于《当代外国文学》2006 年第 4 期）、《美国历史的文学解读——评 E. L. 多克托罗的长篇小说〈进军〉》（与林莉合撰，载于《当代外国文学》2007 年第 1 期）等。此外，他还与人合著《美国后现代派小说论》（青岛出版社 2004 年 5 月出版），并与陈世丹合编了《美国后现代派小说选读》（外语教学与研究出版社 2009 年 8 月出版），有助于中国读者更加深入地了解美国后现代派小说。其中，《美国后现代派小说论》荣获 2005 年福建省第六届社会科学优秀成果奖二等奖。

对于美国少数族裔小说，杨仁敬很早就产生了兴趣。比如，他曾在《译林》1980 年第 1 期上发表《美国当代作家马拉默德和他的小说》与《会见马拉默德先生》，介绍了美国犹太裔作家马拉默德的作品。又如，他曾多次撰文介绍美国非裔作家作品，包括《美国黑人文学的新突破：评艾丽丝·沃克的〈紫色〉》（载于《外国文学研究》1989 年第 1 期）、《艾立克·狄基：美国黑人文学的新秀》（载于《文景》2005 年第 11 期）等。再如，他曾在《译林》1993 年第 1 期上发表《美国华文文学的先驱者——艾迪丝·伊顿》一文，向读者介绍美国华裔作家的相关情况。除了论文，他还与人合作撰写了《新历史主义与美国少数族裔小说》一书，由上海外语教育出版社于 2013 年 12 月出版，列入"外教社外国文学研究丛书"。

至于美国文学史研究，杨仁敬的主要成果是三部著作。第一部是《20 世纪美国文学史》，先由青岛出版社于 1999 年 12 月出版，列入"20 世纪外国国别文学史丛书"，后又由译林出版社于 2014 年 1 月再版，列入"外国文学学术史研究"丛书。该书广受好评，曾荣获 2000 年中国社科院科研成果三等奖与福建省第四届社会科学优秀成果奖二等奖。第二部是他与女儿杨凌雁合著的《美国文学简史》，由上海外语教育出版社于 2008 年 6 月出版。第三部则是他最新独撰的《简明美国文学史》一书，由复旦大学出版社于 2014 年 7 月出版。

除了以上三大领域，杨仁敬还关注美国的传记文学（如《独领风骚的美国传记文学》，载于《译林》2002 年第 1 期；《美国自传文学的再定位与主题回归》，载于郭继德主编的《美国文学研究（第 6 辑）》，山东大学出版社 2012 年 9 月出版）、战争文学（如《论罗伯特·斯通和梯姆·奥布莱恩有关越南战争的小说》，与甘文平合撰，载于《英美文学研究论丛》2006 年第 1 期）、垮掉派文学（《论美国"垮掉派"文学对现代主义的继承和发展》，与孙坚合撰，载于《宁夏社会科学》2007 年第 3 期；《用对话和狂欢颠覆现实世界：读凯鲁亚克的〈在路上〉》，与孙坚合撰，载于《外语研究》2009 年第 1 期）等。简而言之，杨仁敬并未故步自封，而是积极引入新的研究视角，努力拓展自己的研究领域。

由于杨仁敬在美国文学研究领域取得的巨大成就，他曾当选为中国外国文学学会理事，中国美国文学研究会常务理事、副会长，福建省社会科学联合会、福建省外国语文学会与福建省比较文学学会理事等，并于 1992 年荣获美国传记学院颁发的金质奖章。

第四节　杨仁敬的翻译成就

目前所见,杨仁敬的翻译活动始于 1959 年。同年,他翻译了埃兰(外文名不详)的《印度尼西亚的采矿工业》一文,载于《南洋资料译丛》1959 年第 3 期。"文革"期间,他曾在江苏省外贸局担任了五年左右的外贸译员,陪同过不少外宾,并且翻译和主审了《江苏投资指南》和《江苏》等对外宣传资料,《江苏工艺品》、《江苏针灸仪器》等英文电视广告片以及大量机械、化工、土畜产等方面的产品说明书与广告文字等。①

1978 年 11 月调回南京大学后,杨仁敬长期致力于美国文学的汉译工作。而且,他的这些翻译活动经常是跟其学术研究相互配合、相得益彰。

杨仁敬的第一篇美国文学汉译作品是海明威的《印第安人营》,载于《译林》1979 年第 1 期。其后,他在《春风》、《译林》、《当代外国文学》、《外国文学》等重要杂志上发表了大量篇译文,涵盖海明威、纳撒尼尔·韦斯特(Nathanael West)、艾丽丝·沃克(Alice Walker)、伯纳德·马拉默德等美国知名作家的作品。其中,《春风》1983 年第 3 期载有海明威的《雨中的猫》;《当代外国文学》载有纳撒尼尔·韦斯特的《蝗虫之日》(1985 年第 2 期)、伯纳德·马拉默德的《部族人》(1997 年第 1 期);《译林》载有伯纳德·马拉默德的《模特儿》(1988 年第 3 期)、《美国名作家最早习作三篇》(2002 年第 5 期,内含诺曼·梅勒(Norman Mailer)的《火星人入侵》、谭恩美(Amy Tan)的《图书馆对我意味着什么？》与斯蒂芬·金(Stephen King)的《乔纳森和女巫》);《外国文学》载有 E. L. 多克托罗的《皮男人》与《追求者》(均载于 2001 年第 5 期),唐·德里罗的《象牙杂技艺人》、《第三次世界大战中的人情味》与《作家通过语言构建自我——美国后现代派作家唐·德里罗谈小说创作》(均载于 2003 年第 4 期)。

此外,杨仁敬还有多篇文学译作被收入各种译文集中,包括艾丽丝·沃克的《紫色》(载于《长篇小说》(总第 12 辑),北京十月文艺出版社 1986 年 11 月出版)、海明威的《向巴黎进军》与《我们攻入巴黎》(载于刘白羽总主编、李辉凡主编的《世界反法西斯文学书系 21 美国卷 3》,重庆出版社 1992 年 1 月出版)。他甚至还翻译了意大利作家路伊吉·皮兰德娄(Luigi Pirandello)的《日出》、《黑围巾》与《这等于 2！》三篇短篇小说,载于厦大六同人(加洛、杨仁敬、陈敦全、黄水乞、吴依俤、杨信彰)合译的《自杀的故事——皮兰德娄短篇小说选》一书,由辽宁教育出版社于 2000 年 1 月出版。

除了载于期刊与译文集的单篇译文,杨仁敬还有多种译著单行本正式出版。他的第一种译著是他与刘海平、王希苏合作翻译的马拉默德小说作品《店员》,由江苏人民出版社于 1980 年 9 月出版。这是他赴哈佛大学做博士后之前就已经完成的翻译成果。

留美归国后,杨仁敬又独立翻译了马拉默德的《基辅怨》,由江苏人民出版社于 1984 年 6 月出版。2011 年 9 月,浙江文艺出版社将该译本改题为《修配工》再版,列入"经典印象译丛"。《书城杂志》2012 年第 1 期也摘录介绍了该译本。

---

① 林晓琴. 一位学者型的文学翻译家——记厦门大学博士生导师杨仁敬 [C]// 林本椿. 福建翻译家研究. 福州:福建教育出版社,2005:403-404.

　　其后，杨仁敬翻译了纳桑尼尔·韦斯特的《末流演员》与《孤心小姐》两篇小说，以《末流演员》为书名，由浙江文艺出版社于 1986 年 8 月出版，列入"当代外国文学名著译丛"。1987 年 9 月，他翻译的艾丽丝·沃克小说《紫色》由北京十月文艺出版社推出单行本，至 1999 年 9 月又由沈阳出版社再版，列入"影响世界的百部书"丛书。

　　1987—1993 年，杨仁敬组织翻译了一套 10 册的"插图本外国古典文学名著"，由北京少年儿童出版社陆续出版。这套书多为改写本，包括大仲马（Alexandre Dumas）原著的《三个火枪手》（1987 年 1 月）、凡尔纳（Jules Gabriel Verne）原著的《海底两万里》（1987 年 8 月）、马克·吐温原著的《一个美国佬的奇遇》（1987 年 11 月）、柯南道尔（Arthur Conan Doyle）原著的《巴斯克维尔猎犬案》（1987 年 11 月）、麦尔维尔（Herman Melville，或译梅尔维尔）原著的《白鲸》（1989 年 2 月）、马克·吐温原著的《汤姆·索亚历险记》（1993 年 1 月）、狄更斯（Charles Dickens）原著的《大卫·科波菲尔》（1993 年 9 月）、大仲马原著的《基度山伯爵》（1993 年 9 月）、丹尼尔·笛福（Daniel Defoe）原著的《鲁滨孙飘流记》（1993 年 9 月）、斯蒂文森（Robert Louis Stevenson）原著的《金银岛》（1993 年 9 月）。其中，《汤姆·索亚历险记》由杨仁敬的女儿杨凌雁翻译并由杨仁敬校审，其余 9 本均由杨仁敬本人翻译。这套丛书未全部出版完毕就获得了北京市优秀少儿图书二等奖。

　　1990 年 6 月，杨仁敬所译《青少年读书指南》一书由江苏人民出版社出版。该书的原作者是英国学者卡尔逊（G. R. Carlsen）。这是一部面向青年读者的入门指南，全书分为"读书的经验""青少年界""读书的不同发展阶段""近文学""青年小说""成年通俗作品""读书的权利""现代文学作品""古典文学作品""诗歌""传记文学""戏剧""非小说""妇女文学""科幻小说"与"幻想故事"等 15 章。

　　1991 年 8 月，海峡文艺出版社出版了英国作家特伦斯·斯特朗（Terence Strong）原著、杨仁敬等合译的《人质》一书，列入"当代英美畅销小说丛书"。

　　杨仁敬跟女儿杨凌雁合译了马拉默德的另外一部小说《杜宾的生活》，由湖南文艺出版社于 1992 年 2 月出版，列入"美国当代文学名著译丛"。译林出版社也于 1998 年 11 月再版了这个译本，列入"译林世界文学名著"丛书。

　　进入 21 世纪，杨仁敬依旧没有停止其译事活动。他与詹树魁、周南翼合译了莫尼卡·克罗利（Monica Crowley）的《冬天里的尼克松》，由江苏人民出版社于 2000 年 1 月出版，列入"汉译大众精品文库"。他还独立翻译了美国后现代派作家 E. L. 多克特罗的《比利·巴思格特》一书，由译林出版社于 2000 年 5 月出版，列入"后现代主义文学代表作丛书"。2004 年 5 月，青岛出版社出版了《美国后现代派短篇小说选》一书，内收杨仁敬此前翻译并正式发表过的多篇美国后现代派短篇小说，包括 E. L. 多克特罗的《追求者》与《皮男人》、威廉·伏尔曼的《可见的光谱》、唐·德里罗的《第三次世界大战中的人情味》与《象牙杂技艺人》。2007 年 5 月，中央编译出版社出版了杨仁敬、詹树魁、蔡春露与甘文平合译的《剑桥美国文学史（第八卷）》一书，后荣获 2009 年福建省第八届社会科学优秀成果奖二等奖。杨仁敬此前发表过的韦斯特小说《蝗灾之日》也由东方出版社于 2011 年 7 月推出单行本，列入钱满素主编的"韦斯特作品集"。

　　福建省从 2001 年起开始组织英语翻译资格证书考试，由福建省外事翻译中心承担其具体组织与实施工作。为配合这项工作,福建省外事翻译中心会同福建省翻译工作者协会组织专家编写福建省情英语翻译教材,由杨仁敬担任主编,共分《实用文秘》、《对外经贸》、《福建省情和时政》与《福建旅游》四册,均采用中英对照的形式。①

综上所述,杨仁敬在外国文学尤其是美国文学汉译领域取得了令人瞩目的成就。他也因此加入了中国作家协会,曾长期担任福建省翻译协会(原称福建省翻译工作者协会)副会长。②2007年,他又成为中国翻译协会表彰的资深翻译家之一。

可惜的是,尽管其翻译成果异常丰富,但杨仁敬很少对其翻译实践与经验教训进行总结、抽象和提升。目前所见,他仅于《译林》1997年第6期发表过《翻译这门学问大有研究余地——纪念范存忠先生逝世十周年》,在文中介绍了其恩师范存忠教授的翻译观并略加发挥。③2005年,林晓琴在其《一位学者型的文学翻译家——记厦门大学博士生导师杨仁敬》一文中比较详细地介绍了杨仁敬对于翻译活动的阐述,但这些阐述大多源于她与杨仁敬的沟通交流,而并未付诸纸册,所以她并未标注文献出处以供读者参考。④但无论如何,那一长串翻译成果题名录已经足以证明杨仁敬的杰出。

附:杨仁敬翻译成果一览

一、译著

1.《店员》,马拉默德著,杨仁敬、刘海平、王希苏译,江苏人民出版社1980年9月出版。

2.《基辅怨》(原名《修配工》),伯纳德·马拉默德著,杨仁敬译,江苏人民出版社1984年6月出版。后正式改题为《修配工》,由浙江文艺出版社于2011年9月出版,列入"经典印象译丛",《书城杂志》2012年第1期也加以摘录介绍。

3.《末流演员》,韦斯特著,杨仁敬译,浙江文艺出版社1986年8月出版,列入"当代外国文学名著译丛"。内收《末流演员》与《孤心小姐》两篇小说。

4.《三个火枪手》,大仲马原著,杨仁敬译,北京少年儿童出版社1987年1月出版,列入"插图本外国古典文学名著"。

5.《紫色》,艾丽丝·沃克著,杨仁敬译,北京十月文艺出版社1987年9月出版。沈阳出版社又于1999年9月出版该书,列入"影响世界的百部书"丛书。

6.《海底两万里》,凡尔纳原著,杨仁敬译,北京少年儿童出版社1987年8月出版,列

① 赵珠元. 实施翻译资格证书考试 加强翻译人才队伍建设 [C]// 尹承东. 翻译产业经营论集. 北京:中央编译出版社,2007:579-583.

② 中国翻译协会. 中国翻译年鉴(2005—2006)[M]. 北京:外文出版社,2007:425;中国翻译协会. 中国翻译年鉴(2007—2008)[M]. 北京:外文出版社,2009:482;中国翻译协会. 中国翻译年鉴(2009—2010)[M]. 北京:外文出版社,2011:436.

③ 杨仁敬. 翻译这门学问大有研究余地——纪念范存忠先生逝世十周年 [J]. 译林,1997(6):201-205.

④ 林晓琴. 一位学者型的文学翻译家——记厦门大学博士生导师杨仁敬 [C]// 林本椿. 福建翻译家研究. 福州:福建教育出版社,2005:405-416.

入"插图本外国古典文学名著"。

7.《一个美国佬的奇遇》，马克·吐温原著，杨仁敬译，北京少年儿童出版社 1987 年 11 月出版，列入"插图本外国古典文学名著"。

8.《巴斯克维尔猎犬案》，柯南道尔原著，杨仁敬译，北京少年儿童出版社 1987 年 11 月出版，列入"插图本外国古典文学名著"。

9.《白鲸》，麦尔维尔原著，杨仁敬译，北京少年儿童出版社 1989 年 2 月出版，列入"插图本外国古典文学名著"。

10.《青少年读书指南》，卡尔逊著，杨仁敬译，江苏人民出版社 1990 年 6 月出版。

11.《人质》，特伦斯·斯特朗著，杨仁敬等译，海峡文艺出版社 1991 年 8 月出版，列入"当代英美畅销小说丛书"。

12.《杜宾的生活》，马拉默德著，杨仁敬、杨凌雁译，湖南文艺出版社 1992 年 2 月出版，列入"美国当代文学名著译丛"。译林出版社又于 1998 年 11 月出版此书，列入"译林世界文学名著"丛书。

13.《汤姆·索亚历险记》，马克·吐温原著，代德·莱肯改写，杨凌雁译，杨仁敬校，北京少年儿童出版社 1993 年 1 月出版，列入"插图本外国古典文学名著"。

14.《大卫·科波菲尔》，狄更斯原著，杨仁敬译，北京少年儿童出版社 1993 年 9 月出版，列入"插图本外国古典文学名著"。

15.《基度山伯爵》，大仲马原著，杨仁敬译，北京少年儿童出版社 1993 年 9 月出版，列入"插图本外国古典文学名著"。

16.《鲁滨孙飘流记》，丹尼尔·笛福原著，杨仁敬译，北京少年儿童出版社 1993 年 9 月出版，列入"插图本外国古典文学名著"。

17.《金银岛》，斯蒂文森著，莱肯改写，杨凌雁译，杨仁敬校，北京少年儿童出版社 1993 年 9 月出版，列入"插图本外国古典文学名著"。

18.《冬天里的尼克松》，莫尼卡·克罗利著，杨仁敬、詹树魁、周南翼译，江苏人民出版社 2000 年 1 月出版，列入"汉译大众精品文库"。《读者》2000 年第 5 期摘登了其中部分内容。

19.《比利·巴思格特》，E. L. 多克特罗（Edgar Lawrence Doctorow）著，杨仁敬译，译林出版社 2000 年 5 月出版，列入"后现代主义文学代表作丛书"。

20.《美国后现代派短篇小说选》，杨仁敬等译，青岛出版社 2004 年 5 月出版、2010 年 1 月再版。其中，杨仁敬翻译了 E. L. 多克特罗的《追求者》与《皮男人》，威廉·伏尔曼的《可见的光谱》，唐·德里罗的《第三次世界大战中的人情味》与《象牙杂技艺人》。《追求者》、《皮男人》、《第三次世界大战中的人情味》与《象牙杂技艺人》后来又被收入李德恩与马文香主编的《后现代主义文学导读》（河南大学出版社 2007 年 4 月出版）。

21.《蝗灾之日》，韦斯特著，杨仁敬译，东方出版社 2011 年 7 月出版，收入钱满素主编的"韦斯特作品集"。

二、报刊译文

1.《印度尼西亚的采矿工业》，埃兰著，杨仁敬译，载于《南洋资料译丛》1959年第3期。

2.《印第安人营》，海明威著，杨仁敬译，载于《译林》1979年第1期。后收入《译林短篇小说精选（英汉对照）》（译林出版社2002年5月出版）。

3.《海明威短篇小说三篇》，海明威著，杨仁敬译，载于《当代外国文学》1980年第1期。内含《雨中的猫》、《一个明净的地方》与《暴风雨之后》三篇短篇小说。

4.《雨中的猫》，海明威著，杨仁敬译，载于《春风》1983年第3期。

5.《蝗虫之日》，纳撒尼尔·韦斯特著，杨仁敬译，载于《当代外国文学》1985年第2期。后改题为《蝗灾之日》，收入钱满素编、张文等译的《韦斯特小说集》（作家出版社1998年12月出版）。

6.《紫色》，艾丽丝·沃克著，杨仁敬译，载于北京十月文艺出版社文艺编辑室编《长篇小说（总第12辑）》（北京十月文艺出版社1986年11月出版）。

7.《模特儿》，伯纳德·马拉默德著，杨仁敬译，载于《译林》1988年第3期。

8.《向巴黎进军》，欧·海明威（Ernest Hemingway）著，杨仁敬译，载于刘白羽总主编、李辉凡主编的《世界反法西斯文学书系21美国卷3》（重庆出版社1992年1月出版）。后载于郑鲁南编《外国军事文学精品·散文篇》（军事谊文出版社2004年1月出版）。

9.《我们攻入巴黎》，欧·海明威著，杨仁敬译，载于刘白羽总主编、李辉凡主编的《世界反法西斯文学书系21美国卷3》（重庆出版社1992年1月出版）。

10.《部族人》，伯纳德·马拉默德著，杨仁敬译，载于《当代外国文学》1997年第1期。

11.《日出》，杨仁敬译，载于路伊吉·皮兰德娄著、厦大六同人译《自杀的故事——皮兰德娄短篇小说选》（辽宁教育出版社2000年1月出版）。

12.《黑围巾》，杨仁敬译，载于路伊吉·皮兰德娄著、厦大六同人译《自杀的故事——皮兰德娄短篇小说选》（辽宁教育出版社2000年1月出版）。

13.《这等于2！》，杨仁敬译，载于路伊吉·皮兰德娄著、厦大六同人译《自杀的故事——皮兰德娄短篇小说选》（辽宁教育出版社2000年1月出版）。

14.《皮男人》，埃德加·劳伦斯·多克托罗（Edgar Lawrence Doctorow）著，杨仁敬译，载于《外国文学》2001年第5期。

15.《追求者》，埃德加·劳伦斯·多克托罗著，杨仁敬译，载于《外国文学》2001年第5期。

16.《美国名作家最早习作三篇》，杨仁敬译，载于《译林》2002年第5期。内含诺曼·梅勒的《火星人入侵》、谭恩美的《图书馆对我意味着什么？》与斯蒂芬·金（Stephen King）的《乔纳森和女巫》。其中，《火星人入侵》后又载于《世界中学生文摘》2003年第2期。

17.《象牙杂技艺人》,唐·德里罗著,杨仁敬译,载于《外国文学》2003 年第 4 期。

18.《第三次世界大战中的人情味》,唐·德里罗著,杨仁敬译,载于《外国文学》2003 年第 4 期。

19.《作家通过语言构建自我——美国后现代派作家唐·德里罗谈小说创作》,唐·德里罗著,杨仁敬译,载于《外国文学》2003 年第 4 期。

附　录

翻译史研究中的 e-考据:作用与局限

第一节　引　言

　　近三十年来,翻译学在全世界范围内都呈现方兴未艾的大好局面。作为翻译学的一个重要分支学科,翻译史研究所取得的成就更是引人瞩目,不仅为翻译学的学科身份建构提供了经验基础,也为翻译学的学科建设与发展提供了强大动力。

　　从学科划分来看,翻译史研究当然位列翻译学之下。但是,翻译史研究首先涉及的是"史"的范畴,其研究对象是与翻译相关的各种史实。因此,由其本质属性来看,翻译史研究无疑亦可被划归历史研究之下。事实上,当前中国的历史学学科划分中,专门史这个分支学科经常分出一个名为"中外关系史"的研究方向,其中便涉及利用历史方法来展开翻译史个案研究。

　　从古到今,尽管侧重点有所差异,但历史研究一般都无法脱离史料而进行。一些历史学家将史料的搜集、鉴辨、整理与利用提到一个极高的地位。近代中国历史学界甚至出现了以傅斯年为代表的史料学派,强调史料高于一切。[1] 基于同样的道理,翻译史研究无疑亦要以与翻译相关的各种文献资料(简称翻译史料)为本。不过,翻译史料分散流存,载体各异,需要翻译史研究者通过各种渠道加以搜集、整理;同时,翻译史料内涵丰富,类型多样,其可信度与准确性各不相同,需要翻译史研究者加以考察、鉴别。由此可见,对翻译史料的考据鉴辨在翻译史研究中无疑具有极其重要的意义,而这也要求研究者从考据学中汲取养料,拓展翻译史研究的渠道与方法。

　　中国传统考据学源于汉儒经注,到清代乾隆、嘉庆年间发展到了极致,以顾炎武为先行者、戴震为中坚、王国维为集大成者的乾嘉考据学派应运而生。[2] 其中,王国维提出了影

---

① 汤勤福. 中国史学史 [M]. 太原:山西教育出版社,2001:444.
② 许道勋,徐洪兴. 中国经学史 [M]. 上海:上海人民出版社,2006:396-399.

响极大的二重证据法，即将地下材料与纸上材料互证，以便克服各类材料的狭隘性、片面性与主观性，进而得出比较正确的结论。[①] 王国维的二重证据法为历史研究者提供了一种极其有益的指导方法，为近现代中国历史研究事业的大踏步前进提供了重要的方法论支持。进入 21 世纪，e-考据之说成为传统考据理论与方法的最新发展，逐渐为学界所接受、阐发、修正，同时也为翻译史研究者提供了新的思路。

第二节　e-考据溯源

一般认为，台湾学者黄一农最早提出了 e-考据这个概念。黄一农所著《两头蛇——明末清初的第一代天主教徒》一书先由台湾"清华大学"出版社于 2005 年 9 月推出繁体字版，又由上海古籍出版社于 2006 年 8 月推出简体字版。该书在大陆历史学界饱受赞誉，产生了广泛而深远的影响，甚至突破了学科的界限。而黄一农在该书中提出的 e-考据之说也开始流行起来。

黄一农在该书自序中指出："随着出版业的蓬勃以及图书馆的现代化，再加上网际网路和电子资料库的普及，新一代史学工作者常拥有博闻强识的前辈学者们梦寐以求的环境。我们有机会在很短时间内就掌握前人未曾寓目的材料，并填补探索历史细节时的许多隙缝，或透过逻辑推理的布局，迅速论断先前待考的疑惑或矛盾。事实上，一个有机会孕育 e-考据学派的时代或已出现！"[②] 其后，他又在该书第二章"天主教徒瞿汝夔及其'家难'"的"附录 2.7"中提出，由于"大量史籍被整理出版，再加上网络和电子资料库的蓬勃发展"，"一个有条件孕育'e-考据学派'的时代或许已悄然到临！"[③]

显然，黄一农认为，所谓的 e-考据是建立在互联网高度发达、电子资料库风行的基础之上。一方面，经过数十年的发展，电脑与互联网的普及度越来越高，高度发达的信息化时代已经到来。通过互联网，特别是利用谷歌、百度等搜索引擎，研究者可以很方便地查阅各种信息，为学术研究提供助力。另一方面，随着数字化技术的不断发展，越来越多的书刊资料被扫描、制作成电子资料库或数据库，研究者可以很方便地从中查阅信息，进而解决各种文史问题。尤其值得研究者重视的是，古代或近代刊印的许多文献，数量相对稀少，流通渠道有限，而现今国内外各种或收费或免费的电子书刊网站与数据库则收录了大量古旧稀见文献，为 e-考据之可行提供了不可或缺的物质基础。

由其本质来看，e-考据强调的亦是尽可能最大限度地占有和利用材料，故而它与傅斯年等人主张的史料至上的观点并无二致。只不过，在信息化、数字化时代到来之前，研究者基本上只能从纸本文献资料等传统载体中查找史料，而 e-考据则强调利用互联网资源与电子资料库里的数字化文本。那么，e-考据对研究者有何要求？研究者应当如何展开e-考据呢？

---

① 左玉河. 王国维 [M]. 昆明：云南教育出版社，2008：95-96.

② 黄一农. 两头蛇——明末清初的第一代天主教徒 [M]. 上海：上海古籍出版社，2006：vii.

③ 同②：64-65.

第一,研究者必须具备深厚的史学素养。只有接受过比较系统的史学训练研究者才有可能培养出敏锐的问题意识、广阔的学术视野与严密的逻辑能力,才能够选定有效的搜索关键词,提高 e-考据的效用度。

第二,研究者必须具备灵活的搜索技巧。在信息时代,互联网资源对每一个使用者开放。在很大程度上,能够从互联网上查找到多少有用资料取决于使用者个人对互联网的熟悉程度及其搜索技巧的高低。因此,研究者必须熟悉各种互联网搜索引擎,知道各大电子资料库涵盖范围,实时了解各种互联网资源或电子资料库的变化情况;同时,他还必须是一位网络搜索高手,精通各种搜索要诀,如使用逻辑词 AND(和)、OR(或)、NOT(否)及 NEAR(两个单词接近)等进行辅助搜索,使用双引号进行精确搜索,使用加减号进行限定搜索,注意字母大小写等。只有这样,研究者才能将互联网资源或电子资料库的效用发挥到最大程度。

第三,研究者必须注意,e-考据与传统考据之间并不存在对立冲突。e-考据同样采用二重证据法,只不过它自有其独特之处,强调的是"取网上之实物与纸上之文字互相释证"。① 一方面,研究者需要具备娴熟的电脑技术,熟悉各种搜索技巧与要诀,能够根据需要从互联网资源与电子资料库中查找出所需的资料。另一方面,研究者也不能止步于对网络资源的搜索与利用,而必须借由此查找到的线索,另行查找纸本文献,两相印证。

第三节　e-考据在翻译史研究中的作用

翻译史研究注重对翻译史料的搜集、整理、鉴辨与利用。那么,在当今这样一个信息化、数字化的时代里,e-考据能否对翻译史研究起到推动和促进作用?研究者又该是如何在翻译史研究中开展 e-考据?在此,我们将以《红楼梦》英译史研究为例,初步探讨 e-考据在翻译史研究中的应用方法及其可能起到的作用。

首先,e-考据有助于翻译史研究者提高翻译史料搜集与整理的效率。我们正处在一个信息化时代,各种信息泛滥。假若我们仍然仅仅依靠阅读纸本文献,我们很难遍览与某个特定翻译研究史课题相关的翻译史料,因为无论是个人,还是机构,都需要花费很多的人力、物力与时间才有可能集全所有资料。即便能够集全资料,想要通览全部文献,找出有用信息,也极费时间与精力,而且还很容易发生遗漏。而通过 e-考据,我们则能够相对更为快速、准确而全面地从互联网资源与电子资料库查出与课题相关的各种信息。

比如,我们如果想要比较全面地考察《红楼梦》英译史,当然不能无的放矢,而应当以前人的研究成果为基础,对其加以增补、修订。在 e-考据时代到来之前,我们一般只能通过广泛阅读书刊来了解以往《红楼梦》英译史研究的成果。但假若我们阅读的范围不广,获取的文献资料有限,我们当然无法比较全面地把握以往学界在《红楼梦》英译史研究领域的得与失。而现在,随着各种电子资料库与数据库的建构与发展,研究者可以一次

---

① 五明子. "e-考据时代"的"二重证据法"[J]. 读书,2008(11):56.

检索而获取海量信息。比如，在 CNKI 的"学术文献总库"先以"红楼梦"为关键词进行"主题"检索，再以"译本"为关键词在检索结果中进行二次"主题"检索，返回的相关记录有 1000 多条。又如，在读秀中以"红楼梦　译本"为关键词进行"知识"搜索，返回的相关条目将近 2000 条，令人目不暇接。研究者从中可以查阅到与《红楼梦》英译史研究直接相关的多种文献，包括一粟的《红楼梦书录》（1958）、吴世昌的《〈红楼梦〉的西文译本和论文》（1962）、王丽娜的《〈红楼梦〉外文译本介绍》（1979）、冀振武的《〈红楼梦〉的英文译本》（1980）、胡文彬的《红楼梦叙录》（1980）与《译苑奇葩数红楼——〈红楼梦〉译本介绍》（2008）、顾平旦的《〈红楼梦〉研究论文资料索引（1874—1982）》（1983）、姜其煌的《〈红楼梦〉的欧美译本》（1994）、帅雯雯的《英语世界〈红楼梦〉译本综述》、杨畅与江帆的《〈红楼梦〉英文译本及论著书目索引（1830—2005）》（2009）等。这些丰富的文献资料无疑比较全面地向研究者展示了中国学界在《红楼梦》英译史研究方面取得的成果，为其后续研究提供了可资利用的丰富线索，也打下坚实的史料基础。

研究者应当注意到，在 e-考据时代到来之前，想在短时间内收集到如此丰富的与《红楼梦》英译史研究相关的文献资料，简直就是不可能的事情。e-考据无疑有助于研究者提高搜集与整理文献的工作效率，同时也节约了其人力、物力与时间成本。

其次，e-考据有助于翻译史研究者拓展翻译史料的获取渠道。

在 e-考据时代到来之前，研究者一般只能通过个人或机构收藏的纸本文献，或者最多还有缩微胶片，来获取所需史料。但是，任何机构，遑论任何个人，都不可能藏尽全天下所有纸本文献。这就导致：一来，研究者个人或因为时间与精力问题，或因为经费问题，无法走遍全部藏书机构，或走访藏有其所需文献的个人，查阅全部相关文献；二来，由于其稀缺或珍贵之特性，一些机构或个人经常不愿意将某些纸本文献向研究者开放，或者设置种种限制，致使多数研究者明知有此文献，却无法将其物尽其用。而随着互联网的发展与数字化技术的广泛应用，许多商业公司或公益团体纷纷将一些珍贵文献制作成数字化文档（主要采用 PDF、DJVU 等格式），并上传到互联网上，供需要者在线阅读或下载浏览。尽管有许多数字化资源都需要付费，但亦有不少是免费资源，使得研究者又拥有了一种获取翻译史料的有效渠道。这无疑有利于翻译史研究工作的推进。

第三，e-考据有助于翻译史研究者发现新的有益线索。

前文通过读秀检索已经收集到《红楼梦》英译史研究方面的大量文献。不过，这些文献向我们介绍的《红楼梦》英文译文或译本的数量或多或少，其介绍亦是或详或略。比如，一粟所编《红楼梦书录》一书的"版本译本"部分按时间顺序介绍了 1954 年 10 月以前发表或出版的 6 种《红楼梦》英文译文或译本。[①] 吴世昌的《〈红楼梦〉的西文译本和论文》仅列出 7 种《红楼梦》英文译文或译本以及多种其实亦节译《红楼梦》部分内容的英文论著。[②] 王丽娜的《〈红楼梦〉外文译本介绍》也只介绍了 7 种《红楼梦》英文译文或译

[①] 一粟. 红楼梦书录 [M]. 上海：古典文学出版社，1958：83.

[②] 吴世昌.《红楼梦》的西文译本和论文 [C]//《文学遗产》编辑部编. 文学遗产增刊九辑. 北京：中华书局，1962：141-142，144-147.

本。① 冀振武所撰《〈红楼梦〉的英文译本》介绍了 12 种《红楼梦》英文译文或译本,相对较多。② 胡文彬在《红楼梦叙录》的"译本"部分与《译苑奇葩数红楼——〈红楼梦〉译本介绍》一文中均仅介绍了 5 种《红楼梦》英文译文或译本,但介绍对象与详略有所不同。③ 顾平旦主编的《〈红楼梦〉研究论文资料索引(1874—1982)》附录二"《红楼梦》外文译本书目"列出了 11 种《红楼梦》英文译文或译本。④ 姜其煌在《〈红楼梦〉的欧美译本》一书中介绍了《红楼梦》的 1 种英文译文和 6 种英文译本。⑤ 帅雯雯所撰《英语世界〈红楼梦〉译本综述》介绍了 15 种《红楼梦》英文译文或译本。⑥ 杨畅与江帆合撰的《〈红楼梦〉英文译本及论著书目索引(1830—2005)》一文是迄今为止能够最为全面地反映《红楼梦》在英语世界的译介情况的文献资料,涵盖了帅雯雯介绍的 15 种《红楼梦》英文译文或译本,另有所增益,但他们仅列出一条条目录,而无相关介绍。⑦ 那么,杨畅与江帆的介绍是否就毫无遗漏呢? 显然不是。

通过读秀搜索,研究者可以查到刘广定收入其《大师遗珍》一书的《林语堂英译红楼梦》一文。此文原题《林语堂的英译红楼梦》,最早于 1996 年载于台湾《"国家"图书馆馆刊》上。⑧ 刘广定在文中指出:"林语堂在 1954 年 2 月在纽约已译成《红楼梦》英文本,1973 年 11 月在香港定稿。1984 年有日文译本,是东京'六兴出版社'所出版,共四册。1992 年,东京'第三书馆'又再印行,称《红楼梦全一册》,可见颇受日本读者的欢迎。第三书馆称之为'曹雪芹作,林语堂编,佐藤亮一译。'"⑨ 虽然他未曾亲见林语堂的这个《红楼梦》英文译本,但他根据佐藤亮一转译的日文译本《红楼梦全一册》指出:"林语堂先生的这一英译《红楼梦》乃节译本,系据一百二十回本的故事情节分为四部分。全书有六十六章,……但译本的顺序并不同于原作,……"⑩ 此外,他还在日文译本《红楼梦全一册》的注释中找到了林语堂《红楼梦》英文译本中的一些诗词英译。⑪ 不过,由于他未曾亲见林语堂《红楼梦》英文译本,而日译本《红楼梦全一册》又称其底本为"林语堂编",这样

① 王丽娜.《红楼梦》外文译本介绍 [C]// 北京图书馆《文献》丛刊编辑部编. 文献(第一辑). 北京:书目文献出版社,1979:153-159.

② 冀振武.《红楼梦》的英文译本 [J]. 河北大学学报,1980(4):87-89.

③ 胡文彬. 红楼梦叙录 [M]. 长春:吉林人民出版社,1980:64-65;胡文彬. 译苑奇葩数红楼——《红楼梦》译本介绍 [C]// 胡文彬. 红楼梦与北京. 西安:陕西人民出版社,2008:229-231.

④ 顾平旦主编.《红楼梦》研究论文资料索引(1874—1982)[C]. 北京:书目文献出版社,1983:408-410.

⑤ 姜其煌.《红楼梦》的欧美译本 [C]// 杜承南,文军. 中国当代翻译百论. 重庆:重庆大学出版社,1994:787-791.

⑥ 帅雯雯. 英语世界《红楼梦》译本综述 [C]// 阎纯德. 汉学研究(第二集). 北京:中国和平出版社,1997:503-509.

⑦ 杨畅,江帆.《红楼梦》英文译本及论著书目索引(1830—2005)[J]. 红楼梦学刊,2009(1):301-330.

⑧ 刘广定著. 大师遗珍 [C]. 上海:文汇出版社,2008:2-3.

⑨ 同⑧:150.

⑩ 同⑧:150-151.

⑪ 同⑧:156-157.

一来,研究者就无法百分之百地确定林语堂确实曾将《红楼梦》译成英文,还需要另行查找其他有力佐证。

　　通过读秀搜索,研究者可以在林语堂二女儿林如斯所撰《关于〈京华烟云〉》一文中发现如下文字:"一九三八年的春天,父亲突然想起翻译《红楼梦》,后来再三思虑而感此非其时也,且《红楼梦》与现代中国距离太远,所以决定写一部小说。"① 可见,林语堂在1938年春天就心生英译《红楼梦》之意愿,可惜没能付诸行动。另外,胡适口述、唐德刚整理翻译的《胡适口述自传》的一条注释也提到:"五十年代初,林语堂先生正在翻译《红楼梦》。我问林公,那第三十三回'不肖种种大受笞挞'中,宝玉向个老妈妈说:'老爷要打我了……要紧,要紧!'谁知这老妈妈是个聋子,她听成'跳井,跳井'。因而宝玉未找到救兵而被爸爸大大地揍了一阵。这故事如何翻译呢? 林先生说他是这样译的:宝玉对老妈妈说:'Very important! Very important!' 老妈妈听成 'Very innocent! Very innocent!' 所以宝玉就被打得皮开肉绽,累得'老祖宗'也要回南京去了。"② 由此可知,到了 20 世纪 50 年代,林语堂重启了《红楼梦》英译之举。这两个旁证与刘广定的介绍遥相呼应,间接证明了林语堂确实曾将《红楼梦》译成英文。如果研究者能够幸运地找到林语堂《红楼梦》英文译本,不管是手稿或打印稿,不管是全是缺,都将为红学界作出一大贡献。

　　事实上,经过漫长、耐心而细致的求索,湖南大学外国语与国际教育学院日语系助理教授、南开大学外国语学院日语系博士生宋丹已经于 2014 年在日本一家市立图书馆找到了林语堂的《红楼梦》英译初稿,题为 *The Red Chamber Dream*（*A Novel of a Chinese Family*）。这是一份单面打印稿,上面有林语堂在不同时期用黑笔、蓝笔和红笔进行修改的大量笔记,另外还附有两页英文手写稿。③ 这无疑是红学界与翻译学界的重大发现,意义非凡。

　　第四,e–考据有助于翻译史研究者鉴辨翻译史料的准确性与可信度。

　　翻译史料有直接、间接之分。直接的翻译史料亦称第一手的翻译史料或原始的翻译史料,如原始的报刊译文、原始的译本单行本等。它们能够反映译文或译本最初的真实情况,其可信度与准确性最高。间接的翻译史料既包括经过前人整理、更改增删或转录的第二手乃至第 N 手翻译史料,也包括并不与翻译活动直接相关但能够为研究者提供若干线索的文献材料,包括经过转录的译文或译本、书目索引、资料汇编、前人著述等。④ 无论是杨畅与江帆合撰的《〈红楼梦〉英文译本及论著书目索引（1830—2005）》,还是其他学者的研究成果,都属于间接的翻译史料,其准确性与可信度不如直接的翻译史料。通过 e–考据,研究者则可以相当方便地查阅到直接翻译史料,对各种间接翻译史料中存在的疏漏或错误之处进行补遗或修订。

　　综上所述,e–考据既能提高翻译史料搜集与整理的效率,拓展翻译史料的获取渠道,

①　林如斯. 关于《京华烟云》[M] // 林语堂. 京华烟云. 张振玉译. 西安:陕西师范大学出版社,2005:3.

②　胡适. 胡适口述自传（第二版）[M]. 唐德刚整理翻译. 合肥:安徽教育出版社,2005:261.

③　侯丽. 林语堂《红楼梦》英译本现身日本 [N]. 中国社会科学报,2015-07-31（3）.

④　郑锦怀,岳峰. 翻译史料问题研究 [J]. 外语教学与研究,2011（3）:446-449.

又能发现新的有益线索,帮助鉴辨翻译史料的准确性与可信度。这对翻译史研究的推进无疑极其有益,值得我们加以重视。

第四节　e-考据在翻译史研究中的局限

任何研究方法都不是万能的,总会存在这样或那样的不足。e-考据也不例外,它自有其局限所在。这种局限主要表现在以下两个方面:

首先,我们会发现,e-考据返回的庞杂信息当中,有许多都与我们想要获取的信息关联度很低,有的根本就是风马牛不相及。

其原因可能有两个。一来,可能电子资料库检索工具或搜索引擎自身具有局限性,导致检索返回的信息相关性差异很大。比如,读秀的"知识"搜索没有构建"高级搜索"选项,而只有"在结果中搜索"这一筛选工具,而且检索结果不能按时间、作者、相关度等选项进行排列。二来,我们在选定关键词方面可能存在不足,导致检索返回的信息过多。在进行e-考据的过程中,关键词的选定极其重要。我们选取的关键词不同,返回的检索结果数量与相关度也会各异。比如,在读秀中以"红楼梦　英文译本"为关键词进行"知识"搜索,返回4000多条信息;而以"红楼梦　译本"为关键词进行"知识"搜索,返回的信息则只有将近2000条。由于我们无法决定电子资料库检索工具或搜索引擎的优劣,所以在进行e-考据时,我们就必须十分注意关键词的选定,注意搜索结果的筛选。对检索结果的筛选可能十分费时费力,却又十分必要。

其次,由e-考据而获取的庞杂信息的准确性与可信度差异很大。

我们查获的信息既包括直接的翻译史料,最为准确,最为可信,但也会包括间接的翻译史料,其准确性与可信度因文而异。这就要求我们首先要对获取的相关信息进行分类,将直接的翻译史料与间接的翻译史料区分开来。对于直接的翻译史料,我们可以完全采信;而对于间接的翻译史料,我们则必须加以鉴辨。

试以帅雯雯所撰《英语世界〈红楼梦〉译本综述》一文为例。通过e-考据加以鉴辨,可以知道,虽然该文介绍了15种《红楼梦》英文译文或译本,但泰半存在错漏误。比如,该文称:"Tom Rorbt, 'The Dream of the Red Chamber' The Chinese Speaker. Ningpo, 1842, P. 62-89(An abridged English translation used for language instruction.)."[1] 但是,通过e-考据查阅原书可以知道,这位译者其实叫做Robert Thom,且其约定俗成的中文译名为罗伯聃。[2]

显然,e-考据虽然方便迅捷,但并非一剂万灵药。我们在应用e-考据时还必须充分发挥自身的主观能动性,有针对性地避开其局限,充分发挥其积极作用,这样才能取得良

---

[1] 帅雯雯. 英语世界《红楼梦》译本综述 [C] // 阎纯德. 汉学研究(第二集). 北京:中国和平出版社, 1997:504.

[2] 郑锦怀.《红楼梦》早期英译百年(1830—1933)——兼与帅雯雯、杨畅和江帆商榷 [J]. 红楼梦学刊, 2011(4):120-121.

好的效果。否则，我们只可能是画虎不成反类犬，贻笑大方。

第五节 小 结

翻译史研究是翻译学的一个重要分支学科。弄清与翻译相关的各种史实，无疑有助于夯实翻译学的学科基础，为翻译学学科身份的构建及其发展提供助力。事实上，当前翻译史研究论述中存在的各类问题，经常跟翻译史料的搜集、鉴辨、整理与运用有着密切联系。而 e-考据恰恰能够在这个方面为我们提供强大助力，帮助我们拓展翻译史料的获取渠道，提高对翻译史料准确性与可信度的鉴辨水平，进而推动翻译史研究的不断进步。

但是，作为一种新生的研究方法，e-考据还处于萌芽阶段。研究者对于 e-考据的所指、作用与局限性还所知较少，在实际运用当中显得不够严谨。比如，互联网上拥有数量众多的 TXT、DOC 等格式的文本资料。这些文本资料容易获取、检索快捷，很受人们的欢迎，有些研究者甚至会在其著述中加以利用。但是，我们必须注意，那些利用扫描图像制作的 PDF、DJVU 等格式的数字化文献可以完美地再现原初文献的种种特征，特别是版权说明与页码变化等等，研究者可以像使用纸本文献一样使用它们。而 TXT、DOC 等格式的文本资料则可能在排版方面与原初文献存在重大差异，特别是不按原初文献的版式放置文本内容，导致某个句子或段落在这类文本资料中所处的页码与它们在原初文献中所处的页码不同。同时，由于种种因素（如 OCR 时识别错误，没有人工校对等）的影响，这类文本资料的准确性与可信度时常值得怀疑。如果我们只是止步于对这类文本资料的获取与检索，而不能进一步查阅原初文献，那么我们的研究工作就会显得极不严谨，常会犯下一些牛头不对马嘴的错误。

参考文献

一、中文单行本

1.《文学遗产》编辑部. 文学遗产增刊九辑［C］. 北京：中华书局，1962.

2.《出版广角》编辑部. 同步的足音（C卷）［C］. 南宁：广西人民出版社，2000.

3.《泉州港与古代海外交通》编写组. 泉州港与古代海外交通［M］. 北京：文物出版社，1982.

4.《中国大百科全书》总编委会. 中国大百科全书9（第二版）［M］. 北京：中国大百科全书出版社，2009.

5.《中国抗日战争大辞典》编写组. 中国抗日战争大辞典［M］. 武汉：湖北教育出版社，1995.

6.《中国社会科学家辞典（现代卷）》编委会. 中国社会科学家辞典（现代卷）［M］. 兰州：甘肃人民出版社，1986.

7.《中国文学家辞典》编委会. 中国文学家辞典（现代第2分册）［M］. 香港：文化资料供应社，1980.

8. CF女士. 浪花［M］. 上海：阳光社，1923.

9. CF女士. 浪花［M］. 上海：北新书局，1927.

10. 杰克·约翰斯顿. 计量经济学方法［M］. 王友钊译. 台北：台湾银行经济研究室，1968.

11. J. 布罗诺夫斯基等. 科学：化学、物理学、天文学［M］. 中国科学技术情报研究所译. 北京：科学出版社，1966.

12. 巴金. 巴金全集（第24卷）［M］. 北京：人民文学出版社，1994.

13. 北京大学国情研究所. 世界文明百科全书［M］. 太原：山西教育出版社，1992.

14. 北京图书馆《文献》丛刊编辑部. 文献（第1辑）［C］. 北京：书目文献出版社，1979.

15. 北京图书馆《文献》丛刊编辑部,吉林省图书馆学会会刊编辑部. 中国当代社会科学家（第3辑）［M］. 北京：书目文献出版社，1983.

16. 北京语言学院《中国文学家辞典》编委会. 中国文学家辞典现代第2分册［M］. 成都：四川人民出版社，1982.

17. 波列斯拉夫·普鲁斯. 傀儡（第一部）［M］. 庄瑞源译. 上海：上海文艺出版社，1960.

202

18. 蔡燕生. 爱国奇人张圣才 [M]. 北京：当代中国出版社，2003.

19. 曹直. 文化青山——香港达德学院概况 [M]. 广州：中山大学出版社，2004.

20. 陈方，黄夏莹. 闽南现代史人物录 [M]. 北京：中国华侨出版社，1992.

21. 陈建初，吴泽顺. 中国语言学人名大辞典 [M]. 长沙：岳麓书社，1997.

22. 陈君华. 望乡的牧神——余光中传 [M]. 北京：团结出版社，2001.

23. 马可·波罗口述，鲁思悌谦笔录. 马可波罗游记 [M]. 陈开俊等译. 福州：福建科学技术出版社，1981.

24. 陈苗. 晋江市人物志 [M]. 上海：三联书店，1994.

25. 陈维龙. 东南亚华裔闻人传略 [M]. 新加坡：南洋学会，1977.

26. 陈贤茂. 海外华文文学史（第 3 卷）[M]. 厦门：鹭江出版社，1999.

27. 陈雅灵. 汉河与溪流——中国与东盟语言文化论丛 [M]. 北京：经济管理出版社，2012.

28. 陈勇，罗通秀. 西方史学思想导论 [M]. 武汉：武汉大学出版社，1995.

29. 陈予欢. 保定军校将帅录 [M]. 广州：广州出版社，2006.

30. 陈玉堂. 中国近现代人物名号大辞典（全编增订本）[M]. 杭州：浙江古籍出版社，2005.

31. 陈支平，徐泓. 闽南文化百科全书 [M]. 福州：福建人民出版社，2009.

32. 丁帆. 中国新文学史（上）[M]. 北京：高等教育出版社，2013.

33. 丁守和等. 抗战时期期刊介绍 [M]. 北京：社会科学文献出版社，2009.

34. 杜承南，文军. 中国当代翻译百论 [C]. 重庆：重庆大学出版社，1994.

35. 杜维运. 史学方法论 [M]. 北京：北京大学出版社，2006.

36. 福建省长汀县地方志编纂委员会. 长汀县志 [M]. 北京：生活·读书·新知三联书店，1993.

37. 福建省档案馆. 老新闻图像——福建晚清民国报纸刊头集萃 [M]. 福州：福建人民出版社，2010.

38. 福建省政协文史资料委员会. 文史资料选编. 第 4 卷，政治军事编. 第 5 册 [C]. 福州：福建人民出版社，2006.

39. 傅斯年. 史学方法导论 [M]. 南京：江苏文艺出版社，2008.

40. 高信. 书房写意 [M]. 上海：上海远东出版社，2009.

41. 戈宝权. 中外文学因缘——戈宝权比较文学论文集 [M]. 北京：北京出版社，1992.

42. 葛桂录. 跨文化语境中的中外文学关系研究 [M]. 上海：三联书店，2008.

43. 葛剑雄. 谭其骧日记（珍藏版）[M]. 广州：广东人民出版社，2013.

44. 龚陶怡. 菲律宾华侨归侨爱国丹心录 [M]. 北京：华文出版社，2003.

45. 鼓浪屿申报世界文化遗产系列丛书编委会. 鼓浪屿文史资料（下）[C]. 厦门：鼓浪屿申报世界文化遗产系列丛书编委会，1999.

46. 古普佛. 希腊罗马神话故事 [M]. 黄嘉音编译. 上海：上海文化出版社，1956.

47. 古远清. 余光中：诗书人生 [M]. 武汉：长江文艺出版社，2008.

48. 顾颉刚. 顾颉刚日记第八卷（1956—1959）[M]. 台北：联经出版事业公司，2007.

49. 顾平旦主编.《红楼梦》研究论文资料索引（1874—1982）[C]. 北京：书目文献出版社，1983.

50. 郭化若. 中国人民解放军军史大辞典 [M]. 长春：吉林人民出版社，1993.

51. 国立同济大学出版课. 国立同济大学概览 [M]. 上海：国立同济大学事务课，1934.

52. 海明威. 老人与海 [M]. 余光中译. 南京：译林出版社，2013.

53. 韩沪麟. 生活笔记——韩沪麟随笔 [M]. 北京：华夏出版社，1997.

54. 何满子. 亦喜亦忧集 [M]. 太原：山西教育出版社，1998.

55. 黑马. 文学第一线——45 位译界耆宿和文学名家访谈印象 [M]. 北京：中央编译出版社，2010.

56. 洪静华. 民国时期泉州华侨档案史料 [M]. 哈尔滨：北方文艺出版社，2006.

57. 胡立新，杨恩溥. 厦门报业 [M]. 厦门：鹭江出版社，1998.

58. 胡适. 胡适口述自传（第二版）[M]. 唐德刚整理翻译. 合肥：安徽教育出版社，2005.

59. 胡文彬. 红楼梦叙录 [M]. 长春：吉林人民出版社，1980.

60. 胡文彬. 红楼梦与北京 [C]. 西安：陕西人民出版社，2008.

61. 胡益民. 中外哲理名诗鉴赏辞典 [M]. 北京：昆仑出版社，1999.

62. 黄华康，朱淑芳. 福建省志·农业志（1991—2005）[M]. 北京：社会科学文献出版社，2012.

63. 黄嘉德. 翻译论集 [C]. 上海：西风社，1940.

64. 黄嘉谟译. 别的一个妻子——美国现代短篇选集 [M]. 上海：水沫书店，1929.

65. 黄嘉音. 儿童心理病态防治案例 [M]. 上海：家出版社，1951.

66. 黄嘉音. 我爱讲的故事 [M]. 重庆：西风社，1945.

67. 黄俊杰. "中国农村复兴联合委员会"口述历史访问记录 [M]. 台北："中央"研究院近代史研究所，1992.

68. 黄启明. 温陵英彦——泉州历代状元宰相全传 [M]. 北京：中国文联出版社，2003.

69. 黄淑娴. 香港文学书目 [M]. 香港：青文书屋，1996.

70. 黄涛. 大德是钦——记忆深处的福建协和大学 [M]. 北京：中国大百科全书出版社，2007.

71. 黄维梁. 璀璨的五采笔——余光中作品评论集（1979—1993）[C]. 台北：九歌出版社，1994.

72. 黄一农. 两头蛇——明末清初的第一代天主教徒 [M]. 上海：上海古籍出版社，2006.

73. 吉洪诺夫等. 保卫和平 [M]. 范存忠等译. 南京：正风出版社，1951.

74. 暨南大学台港暨海外华文文学研究中心. 海外奇葩——海外华文文学论文集 [C]. 广州：暨南大学出版社，1994.

75. 翦伯赞. 史料与史学 [M]. 北京：北京出版社，2005.

76. 解放日报《朝花》副刊. 朝花作品精粹（1956—1996）[C]. 上海：汉语大词典出版社，1996.

77. 金涛. 复活的恐龙 [C]. 郑州：海燕出版社，1999.

78. 柯木林. 新加坡宗乡会馆联合总会 [M]. 新加坡：教育出版私营有限公司，1995.

79. 柯文溥. 现代作家与闽中乡土 [M]. 福州：福建教育出版社，1993.

80. 科学出版社. 科学出版之光——科学出版社五十五年（1954—2009）[M]. 北京：科学出版社，2009.

81. 克劳塞维茨. 战争论（上）[M]. 中国人民解放军军事科学院译. 北京：解放军出版社，1964.

82. 孔海珠. 霜重色愈浓·孔另境 [M]. 上海：东方出版中心，2010.

83. 郦青. 李清照词英译对比研究 [M]. 上海：上海三联书店，2009.

84. 李丹. 走向诗学 [M]. 广州：花城出版社，2013.

85. 约翰·李德. 革命的女儿 [M]. 庄瑞源，程建磐选译. 上海：平明出版社，1952.

86. 李君哲. 海外华文文学札记 [M]. 香港：南岛出版社，2000.

87. 李汝珍. 镜花缘 [M]. 北京：中华书局，2013.

88. 李深水，潘用庭. 南安人物选介 [M]. 福州：福建人民出版社，1993.

89. 李生玉等. 中国人民政治协商会议第八届全国委员会委员名录 [M]. 北京：文化教育出版社，1994.

90. 李盛平. 中国近现代人名大辞典 [M]. 北京：中国国际广播出版社，1989.

91. 李行健. 中国语言学年鉴（1992）[M]. 北京：语文出版社，1993.

92. 李勇. 媒介时代的审美问题研究 [M]. 郑州：河南人民出版社，2009.

93. 李玉昆. 泉州海外交通史略 [M]. 厦门：厦门大学出版社，1995.

94. 李子奈. 计量经济学——方法和应用 [M]. 北京：清华大学出版社，1992.

95. 梁自洁. 山东现代著名社会科学家传（第二集）[C]. 济南：山东教育出版社，1992.

96. 林本椿. 福建翻译家研究 [C]. 福州：福建教育出版社，2005.

97. 林煌天. 中国翻译词典 [M]. 武汉：湖北教育出版社，1997.

98. 林煌天，贺崇寅. 中国科技翻译家辞典 [M]. 上海：上海翻译出版公司，1991.

99. 林健民. 林健民文集 [M]. 南京：江苏文艺出版社，1991.

100. 林健民译. 中国古诗英译——整齐美集 [M]. 马尼拉：艺联出版社，1988.

101. 林金水. 福建对外文化交流史 [M]. 福州：福建教育出版社，1997.

102. 林语堂. 京华烟云 [M]. 张振玉译. 西安：陕西师范大学出版社，2005.

103. 刘广定著. 大师遗珍 [C]. 上海：文汇出版社，2008.

104. 刘国铭. 中华民国国民政府军政职官人物志 [M]. 北京：春秋出版社，1989.

105. 刘海平. 世纪之交的中国与美国——中国哈佛·燕京学者第二届学术研讨会论文选编 [C]. 上海：上海外语教育出版社，2000.

106. 刘海燕. 中国企业史·典型企业卷（上）[M]. 北京：企业管理出版社，2002.

107. 刘鸣泰. 湖南省志·出版志（1978—2002）[M]. 长沙：湖南人民出版社，2006.

108. 刘小岩. 翰墨情缘 [M]. 北京：北京师范大学出版社，2006.

109. 柳亚子. 曼殊全集（四）[C]. 上海：北新书局，1928.

110. 卢杜易煦. 罗斯福传 [M]. 周竞中等译. 重庆：青年书店，1942.

111. 卢特威. 罗斯福传 [M]. 黄嘉历译. 上海：西风社，1941.

112. 鲁迅. 鲁迅日记（上）[M]. 北京：人民文学出版社，1959.

113. 马国龙. 中国专家学者辞典 [M]. 北京：中国大地出版社，2001.

114. 马子清. 山西植被 [M]. 北京：中国科学技术出版社，2001.

115. 马祖毅等. 中国翻译通史（现当代部分第二卷）[M]. 武汉：湖北教育出版社，2006.

116. 马祖毅等. 中国翻译通史（现当代部分第三卷）[M]. 武汉：湖北教育出版社，2006.

117. 门岿. 母恩难忘全国征文集 [C]. 北京：中国妇女出版社，1996.

118. 孟宪强. 中国莎学简史 [M]. 长春：东北师范大学出版社，1994.

119. 区如柏. 峥嵘岁月（二）[M]. 新加坡：新加坡青年书局，2007.

120. 潘国彦. 中国出版年鉴（2002）[M]. 北京：中国出版年鉴社，2002.

121. 潘亚暾，汪义生. 海外华文文学名家 [M]. 广州：暨南大学出版社，1994.

122. 浦江清. 浦江清中国文学史讲义 [M]. 长春：吉林人民出版社，2013.

123. 秦牧等. 台港澳暨海外华文文学大辞典 [M]. 广州：花城出版社，1998.

124. 邱平壤. 海明威研究在中国 [M]. 哈尔滨：黑龙江教育出版社，1990.

125. 全国政协文史资料委员会. 文史资料选辑（第 143 辑）[C]. 北京：中国文史出版社，2000.

126. 泉州市地方志编纂委员会. 泉州市建置志 [M]. 福州：海峡文艺出版社，1993.

127. 泉州市民族与宗教事务局. 泉州宗教志 [M]. 泉州：泉州市民族与宗教事务局，2005.

128. 阮温凌. 林健民学术生涯 65 周年创作研究文集 [C]. 广州：暨南大学出版社，1998.

129. 三门峡市地方史志编纂委员会. 三门峡市志（第 1 册）[M]. 北京：方志出版社，2010.

130. 山东大学教务处校刊编辑室. 山东大学思想改造文集 [C]. 青岛：山东大学教务处校刊编辑室，1952.

131. 山东省政协文史资料委员会. 山东文史资料选辑（第三十三辑）[C]. 济南：山东人民出版社，1992.

132. 上海图书馆. 老上海漫画图志 [M]. 上海：上海科学技术文献出版社，2010.

133. 上海图书馆. 中国近代现代丛书目录 [M]. 上海：上海图书馆，1979.

134. 上海外语教育出版社. 外语教育往事谈——教授们的回忆 [C]. 上海：上海外语教育出版社，1988.

135. 上海文艺出版社. 中国现代文艺资料丛刊（第四辑）[C]. 上海：上海文艺出版社，1979.

136. 沈宗瀚. 沈宗瀚自述·下·晚年自述 [M]. 合肥：黄山书社，2011.

137. 施扣柱. 青春飞扬——近代上海学生生活 [M]. 上海：上海辞书出版社，2009.

138. 施颖洲译. 世界名诗选译 [M]. 北京：中国友谊出版公司，1987.

139. 施颖洲译. 世界诗选 [M]. 沈阳：辽宁教育出版社，1999.

140. 施颖洲. 文学之旅 [M]. 沈阳：辽宁教育出版社，1997.

141. 松浦章，内田庆市，沈国威. 遐迩贯珍（附解题·索引）[C]. 上海：上海辞书出版社，2005.

142. 宋原放. 中国出版史料（现代部分）第一卷（下）[C]. 济南：山东教育出版社，2001.

143. 苏金智. 赵元任传——科学、语言、艺术与人生 [M]. 南京：江苏文艺出版社，2012.

144. 苏友贞. 当王子爱上女巫 [M]. 开封：河南大学出版社，2013.

145. 铁鹰. 天方书话——纵谈阿拉伯文学在中国 [M]. 北京：首都师范大学出版社，2007.

146. 屠锦英. 中国流行音乐的发展与代表作品评述 [M]. 沈阳：辽宁大学出版社，2012.

147. 汪方文. 近代厦门教育档案资料 [C]. 厦门：厦门大学出版社，1997.

148. 王丽娜. 中国古典小说戏曲名著在国外 [M]. 上海：学林出版社，1988.

149. 王绿萍. 四川报刊五十年集成（1897—1949）[M]. 成都：四川大学出版社，2011.

150. 王人瑞. 泉州与我 [M]. 北京：新华出版社，2001.

151. 王寿兰. 当代文学翻译百家谈 [C]. 北京：北京大学出版社，1989.

152. 王禹川. 九日山历代诗集 [C]. 泉州：福建省南安市九日山吟社／武荣诗社，2000.

153. 王辛笛. 梦馀随笔 [M]. 南京：凤凰出版社，2003.

154. 王尊旺，李颖. 医疗慈善与明清福建社会 [M]. 天津：天津古籍出版社，2010.

155. 威尔特. 大地的叹息 [M]. 黄嘉音译. 上海：西风社，1939.

156. 卫茂平. 德语文学汉译史考辨：晚清和民国时期 [M]. 上海：上海外语教育出版社，2004.

157. 魏绍昌. 吴趼人研究资料 [M]. 上海：上海古籍出版社，1980.

158. 翁勇青等. 厦门大学校史资料（第六辑）[M]. 厦门：厦门大学出版社，1990.

159. 文军. 中国翻译史研究百年回眸——1880—2005 中国翻译史研究论文、论著索引 [M]. 北京：北京航空航天大学出版社，2006.

160. 吴俊等. 中国现代文学期刊目录新编（中）[M]. 上海：上海人民出版社,2010.

161. 吴俊等. 中国现代文学期刊目录新编（下）[M]. 上海：上海人民出版社,2010.

162. 吴宓著,吴学昭整理. 吴宓自编年谱(1894—1925)[M]. 北京：生活·读书·新知三联书店,1995.

163. 吴贻弓. 上海电影志 [M]. 上海：上海社会科学院出版社,1999.

164. 吴奕锜,赵顺宏. 菲律宾华文文学史稿 [M]. 北京：中国文联出版社,2000.

165. 吴永虎. 20 世纪中华人物志（第 1 卷）[M]. 香港：银河出版社,2001.

166. 五十年代出版社. 批判我的资产阶级思想 [C]. 北京：五十年代出版社,1952.

167. 西格斯. 死者青春长在 [M]. 庄瑞源译. 上海：文艺联合出版社,1954.

168. 夏春平. 世界华文传媒年鉴(2009)[M]. 北京：世界华文传媒年鉴社,2009.

169. 厦门大学校友会总会. 厦大毕业同学录（第 2 版）[M]. 厦门：厦门大学校友会总会,1947.

170. 厦门大学校史编委会. 厦大校史资料（第二辑）[M]. 厦门：厦门大学出版社,1988.

171. 厦门市政协文史和学习宣传委员会. 鹭江春秋——厦门文史资料选萃 [C]. 北京：中央文献出版社,2003.

172. 香港达德学院北京校友会. 达德学院的教育实践 [M]. 北京：群言出版社,1992.

173. 香港中文大学校外进修部编辑. 翻译十讲 [C]. 香港：辰冲出版公司,1969.

174. 肖卫. 北大岁月——北大名流与北大精神 [M]. 海拉尔：内蒙古文化出版社,2001.

175. 萧村,李灿煌. 晋江籍海外作家作品选 [C]. 厦门：厦门大学出版社,2005.

176. 谢必震. 福建史略 [M]. 北京：海洋出版社,2011.

177. 谢天振. 当代国外翻译理论导读 [C]. 天津：南开大学出版社,2008.

178. 新加坡报业控股华文报集团. 我们的七十年(1923—1993)[M]. 新加坡：新加坡报业控股华文报集团,1993.

179. 荥阳潘氏文化研究会. 荥阳墨韵（五）祖德传芳 [M]. 荥阳：荥阳潘氏文化研究会,2012.

180. 政协绩溪县文史资料工作委员会. 绩溪文史资料（第二辑）[C]. 徽州：政协绩溪县文史资料工作委员会,1988.

181. 熊纯生. 中华民国当代名人录（一）[M]. 北京：中华书局,1978.

182. 熊月之,周武. 圣约翰大学史 [M]. 上海：上海人民出版社,2007.

183. 徐乃翔. 台湾新文学辞典(1919—1986)[M]. 成都：四川人民出版社,1989.

184. 徐訏. 徐訏文集（第 9 卷）[M]. 北京：生活·读书·新知三联书店,2012.

185. 徐友春. 民国人物大辞典（下）[M]. 石家庄：河北人民出版社,2007.

186. 徐振忠. 黎耕集 [M]. 香港：拓文出版社,2004.

187. 徐宗泽. 明清间耶稣会士译著提要 [M]. 北京：中华书局,1989.

188. 徐铸成. 徐铸成自述——运动档案汇编［M］. 北京：生活•读书•新知三联书店，2012.

189. 许力以. 中国出版百科全书［M］. 上海：书海出版社，1997.

190. 许道勋，徐洪兴. 中国经学史［M］. 上海：上海人民出版社，2006.

191. 薛绥之. 鲁迅生平史料汇编（第4辑）［C］. 天津：天津人民出版社，1983.

192. 阎纯德. 汉学研究（第二集）［C］. 北京：中国和平出版社，1997.

193. 颜如璇，颜园园. 鼓浪屿侨客［M］. 厦门：厦门大学出版社，2010.

194. 严正德，王毅武. 青海百科大辞典［M］. 北京：中国财政经济出版社，1994.

195. 杨保筠. 华侨华人百科全书•人物卷［M］. 北京：中国华侨出版社，2001.

196. 阳光文化网络电视控股有限公司. 杨澜访谈录（1）［M］. 北京：人民文学出版社，2002.

197. 杨齐福. 近代福建社会史论［M］. 北京：社会科学文献出版社，2011.

198. 杨仁敬. 海明威研究文集［C］. 南京：译林出版社，2014.

199. 杨松. 世纪华人风云实录（下）［M］. 北京：经济日报出版社，1998.

200. 杨学为等. 中国考试制度史资料选编［C］. 合肥：黄山书社，1992.

201. 一粟. 红楼梦书录［M］. 上海：古典文学出版社，1958.

202. 易彬. 穆旦评传［M］. 南京：南京大学出版社，2012.

203. 尹承东. 翻译产业经营论集［C］. 北京：中央编译出版社，2007.

204. 永春县地方志编纂委员会. 永春县姓氏志［M］. 北京：方志出版社，2010.

205. 于友. 报人往事［M］. 北京：群言出版社，2013.

206. 俞子林. 那时文坛［M］. 上海：上海书店出版社，2008.

207. 余光中译. 英美现代诗选［M］. 台北：时报文化出版事业有限公司，1980.

208. 欧文•斯通. 梵谷传［M］. 余光中译. 台北：大地出版社，1978.

209. 余光中自译. 守夜人［M］. 台北：九歌出版社，1992.

210. 余光中. 乡愁四韵［M］. 南京：南京大学出版社，2008.

211. 余光中. 从徐霞客到梵谷［M］. 台北：九歌出版社有限公司，1994.

212. 余光中. 余光中作品精选［M］. 武汉：长江文艺出版社，2006.

213. 约翰斯顿. 经济计量学方法［M］. 林少宫等译. 北京：中国展望出版社，1989.

214. 岳峰，郑锦怀，林佩璇. 福建翻译史论（当代卷）［M］. 厦门：厦门大学出版社，2013.

215. 岳峰，郑锦怀，王绍祥. 福建翻译史论（古近代卷）［M］. 厦门：厦门大学出版社，2013.

216. 曾平晖等. 晋江当代著述录［M］. 厦门：厦门大学出版社，2002.

217. 曾瑞雯. 英译《镜花缘》（第三十三至三十六回）［D］. 厦门：国立厦门大学语文学系英文组，1940.

218. 总政组织部. 当代中国女兵［C］. 北京：解放军出版社，1990.

219. 查明建，谢天振. 中国20世纪外国文学翻译史（上）［M］. 武汉：湖北教育出版社，

2007.

220. 詹石窗,林安梧. 闽南宗教 [M]. 福州:福建人民出版社,2007.

221. 张德龙. 大夏大学建校七十周年纪念 [M]. 上海:上海大夏大学校友会,1994.

222. 张泗洋. 莎士比亚大辞典 [M]. 北京:商务印书馆,2001.

223. 张玉书. 德语文学与文学批评(第6卷·2012年)[C]. 北京:人民文学出版社,2012.

224. 张泽贤. 民国出版标记大观(精装本)[M]. 上海:上海远东出版社,2012.

225. 张泽贤. 中国现代文学戏剧版本闻见录续集(1908—1949)[M]. 上海:上海远东出版社,2010.

226. 张召奎. 中国书籍之最 [M]. 合肥:安徽人民出版社,1991.

227. 漳州二中. 虎文山下——漳州二中建校六十周年纪念(1943—2003)[M]. 漳州:漳州二中,2003.

228. 赵桂荣,田丽娟. 黑龙江大学图书馆简史(1941—2001)[M]. 哈尔滨:黑龙江人民出版社,2001.

229. 赵小琪. 西方话语与中国新诗现代化 [M]. 北京:中国社会科学出版社,2012.

230. 赵振祥. 东南亚华文传媒研究 [M]. 北京:世界知识出版社,2007.

231. 郑宏. 厦门大学文化的历史与解读 [M]. 厦门:厦门大学出版社,2010.

232. 中共青海省委组织部等. 中国共产党青海省组织史资料(1949.9—1987.10)[C]. 西宁:中共青海省委组织部等,1995.

233. 中共泉州市委对台工作部. 泉州寓台名人录(一)[M]. 泉州:中共泉州市委对台工作部,1986.

234. 中共厦门市委党史研究室. 华侨领袖陈嘉庚 [M]. 北京:中央文献出版社,2001.

235. 中共中央组织部等. 中国共产党组织史资料附卷四中华人民共和国群众团体组织(1949.10—1997.9)[M]. 北京:中共党史出版社,2000.

236. 中共中央党史研究室第二研究部.《中国共产党历史第二卷》注释集 [M]. 北京:中共党史出版社,2012.

237. 中共中央宣传部出版局. 编辑家列传(二)[C]. 北京:中国展望出版社,1988.

238. 中国出版工作者协会,中国出版科学研究所. 中国出版年鉴(1989)[M]. 北京:中国书籍出版社,1991.

239. 中国出版科学研究所,中央档案馆. 中华人民共和国出版史料(1954年)[C]. 北京:中国书籍出版社,1999.

240. 中国翻译工作者协会,《中国翻译》杂志编辑部. 科技翻译技巧文集 [C]. 北京:中国对外翻译出版公司,1987.

241. 中国翻译协会. 中国翻译年鉴(2005—2006)[M]. 北京:外文出版社,2007.

242. 中国翻译协会. 中国翻译年鉴(2007—2008)[M]. 北京:外文出版社,2009.

243. 中国翻译协会. 中国翻译年鉴(2009—2010)[M]. 北京:外文出版社,2011.

244. 中国防痨协会. 中国防痨史料(第一辑)[C]. 北京:中国防痨协会,1983.

245. 中国海外交通史研究会,福建省泉州海外交通史博物馆. 泉州海外交通史料汇编[C]. 泉州:中国海外交通史研究会／福建省泉州海外交通史博物馆,1983.

246. 中国科学院办公厅. 中国科学院年报(1986)[M]. 北京:中国科学院,1987.

247. 中国科学院编译出版委员会名词室编订. 俄英中植物地理学、植物生态学、地植物学名词[M]. 北京:科学出版社,1956.

248. 中国人民政治协商会议安徽省屯溪市委员会. 屯溪文史(第一集)[C]. 屯溪:中国人民政治协商会议安徽省屯溪市委员会,1987.

249. 中国人民政治协商会议福建省晋江市委员会文史资料委员会. 晋江文史资料选辑(修订本·六至十辑)[C]. 泉州:中国人民政治协商会议福建省晋江市委员会文史资料委员会,1999.

250. 中国人民政治协商会议福建省晋江市委员会文史资料研究委员会. 晋江文史资料选辑(第十辑)[C]. 泉州:中国人民政治协商会议福建省晋江市委员会文史资料研究委员会,1988.

251. 中国人民政治协商会议福建省连城县委员会文史资料委员会. 连城文史资料(第十一辑)[C]. 龙岩:中国人民政治协商会议福建省连城县委员会文史资料委员会,1989.

252. 中国人民政治协商会议福建省泉州市委员会文史资料委员会. 泉州文史资料(新十二辑)[C]. 泉州:中国人民政治协商会议福建省泉州市委员会文史资料委员会,1994.

253. 中国人民政治协商会议福建省泉州市委员会文史资料委员会. 泉州文史资料(新二十二辑)[C]. 泉州:中国人民政治协商会议福建省泉州市委员会文史资料委员会,2003.

254. 中国人民政治协商会议福建省泉州市委员会文史资料研究委员会. 泉州文史资料(第四辑)[C]. 泉州:中国人民政治协商会议福建省泉州市委员会文史资料研究委员会,1988.

255. 中国人民政治协商会议福建省委员会文史资料研究委员会. 福建文史资料(第十三辑)[C]. 中国人民政治协商会议福建省委员会文史资料研究委员会,1986.

256. 中国人民政治协商会议福建省厦门市委员会文史资料研究委员会. 厦门文史资料(选辑)第十三辑[C]. 厦门:中国人民政治协商会议福建省厦门市委员会文史资料研究委员会,1988.

257. 中国人民政治协商会议福建省漳州市委员会文史资料委员会. 漳州文史资料第18辑(总第23辑)[C]. 漳州:中国人民政治协商会议福建省漳州市委员会文史资料委员会,1993.

258. 中国人民政治协商会议福建省漳州市委员会文史资料委员会. 漳州文史资料第20辑(总第25期)[C]. 漳州:中国人民政治协商会议福建省漳州市委员会文史资料委员会,1999.

259. 中国人民政治协商会议福建省漳州市委会文史资料研究委员会编辑. 文史资料选辑(总第8辑)[C]. 漳州:中国人民政治协商会议福建省漳州市委会文史资料研究委员会,1982.

260. 中国人民政治协商会议福建省漳州市芗城区委员会文史资料委员会. 漳州文史资料第十辑(总第十五辑)[C]. 漳州:中国人民政治协商会议福建省漳州市芗城区委员会文史资料委员会,1988.

261. 中国人民政治协商会议青海省委员会文史资料委员会. 青海文史资料选辑(第二十一辑)[C]. 银川:中国人民政治协商会议青海省委员会文史资料委员会,1992.

262. 中国人民政治协商会议泉州市鲤城区委员会文史资料委员会. 泉州鲤城文史资料第 17 辑(总第 35 辑)[C]. 泉州:中国人民政治协商会议泉州市鲤城区委员会文史资料委员会,1999.

263. 中国人民政治协商会议厦门市鼓浪屿区委员会. 鼓浪屿文史资料(第六辑)[C]. 厦门:中国人民政治协商会议厦门市鼓浪屿区委员会,2001.

264. 中国人民政治协商会议云南省大理市委员会文史资料委员会. 大理市文史资料(第五辑)[C]. 大理:中国人民政治协商会议云南省大理市委员会文史资料委员会,1994.

265. 中国社会科学院文学研究所《中国近代文学百题》编写组. 中国近代文学百题[C]. 北京:中国国际广播出版社,1989.

266. 中国社会科学院新闻研究所《新闻研究资料》编辑部. 新闻研究资料(第二十辑)[C]. 北京:中国社会科学出版社,1983.

267. 中国作家协会福建分会等编. 福建新文学史料集刊(第四辑)[C]. 福州:中国作家协会福建分会等,1984.

268. 中华国民拒毒会. 拒毒运动指南[M]. 上海:中华国民拒毒会,1929.

269. 中华国民拒毒会. 中华国民拒毒会五年大事记(自民国十三年八月至民国十八年十月)[M]. 上海:中华国民拒毒会,1929.

270. 中外名人辞典编委会编辑. 中外名人辞典[M]. 香港:香港新世纪出版社,1998.

271. 周辨明. 厦语音韵声调之构造与性质及其于中国音韵学上某项问题之关系[M]. 厦门:厦门大学语言学系,1934.

272. 周辨明,黄典诚译. 语言学概论[M]. 福州:福建教育出版社,1985.

273. 周川. 中国近现代高等教育人物辞典[M]. 福州:福建教育出版社,2012.

274. 周南京,凌彰. 黎萨尔与中国[M]. 香港:南岛出版社,2001.

275. 周新民. 中国近现代名人生平暨生卒年录(1840—2000)[M]. 北京:经济管理出版社,2009.

276. 周仪扬,陈育伦,郭志超. 谱牒研究与华侨华人[C]. 北京:新华出版社,2006.

277. 周之德. 闽南伦敦会基督教史[M]. 厦门:圣教书局,1934.

278. 朱晨光,梁振坤. 集美学校 80～90 周年[M]. 北京:中央文献出版社,2003.

279. 朱东润等. 中华文史论丛一九八四年第四辑(总第三十二辑)[C]. 上海:上海古籍出版社,1982.

280. 朱维干. 福建史稿(上)[M]. 福州:福建教育出版社,1985.

281. 朱训,郑万通. 中国人民政协全书(下)[M]. 北京:中国文史出版社,1999.

282. 庄智象. 中国外语教育发展战略论坛 [C]. 上海:上海外语教育出版社,2009.

283. 庄钟庆等. 东南亚华文新文学史 [M]. 北京:人民文学出版社,2007.

284. 庄毅. 中华人民共和国享受政府特殊津贴专家、学者、技术人员名录:1992 年卷第二分册 [M]. 北京:中国国际广播出版社,1996.

285. 庄毅. 中华人民共和国享受政府特殊津贴专家、学者、技术人员名录:1992 年卷第三分册 [M]. 北京:中国国际广播出版社,1996.

286. 左玉河. 王国维 [M]. 昆明:云南教育出版社,2008.

二、中文文章、译文

1. 订阅本刊四大利益 [J]. 西风,1936(1):无页码.

2. 芙蓉花泪风行海内外 [J]. 拒毒月刊,1927(27):49.

3. 吉友. 集大聘吕振万、王友钊为名誉教授 [J]. 集美校友,2001(5):8.

4. 家出版社图书目录 [J]. 家,1952(79):无页码.

5. 山西省地图集编纂委员会编辑部. 山西省地图集编纂委员会编辑部的历史和现状 [J]. 三晋测绘,1999(3):13-16.

6. 吉讯. 王友钊校友来闽 [J]. 集美校友,1999(1):8.

7. 西风社桂林版书籍一览 [J]. 西风,1944(66):无页码.

8. 西风月刊征稿启事 [J]. 西风,1936(1):扉页.

9. 卞之琳等. 十年来的外国文学翻译和研究工作 [J]. 文学评论,1959(5):41-78.

10. 程慧华. 文艺复兴的三大思想家 [J]. 新史地,1937(1):76-97.

11. 戴桂珍. 林健民的文学翻译风格及其文学贡献 [J]. 福建广播电视大学学报,2006(1):19-21.

12. 但英译. 一个外人对日本在华战争的论断 [J]. 每周导报,1938,1(6):7.

13. 付品晶,杨武能. 格林童话在中国的译介与接受 [J]. 中国比较文学,2008(2):94-102.

14. 傅子祯. 光粒,物质波,及不定原理 [J]. 新知,1945,1(2):25-26.

15. 傅子祯,李继瓒. 山西各山地植被垂直地带性的分析 [J]. 山西林业科技,1976(2):16-23,29.

16. 傅子祯译. 西南国际路线完成了 [J]. 福建导报,1938,1(5):14-15.

17. 葛锐. 英语红学研究纵览 [J]. 红楼梦学刊,2007(3):181-227.

18. 侯丽. 林语堂《红楼梦》英译本现身日本 [N]. 中国社会科学报,2015-07-31(3).

19. 黄源译. 暗杀者 [J]. 文学,1933,1(3):453-460.

20. 黄嘉历. 碧瑶逭暑记 [J]. 旅行杂志,1941,15(11):63-68.

21. 黄嘉谟. 科学救国与新青年之重任(未完)[J]. 集美周刊,1925(119):8-10.

22. 黄伞. 中国防痨协会简史 [J]. 中国科技史料,1985(4):47-54.

23. 冀振武.《红楼梦》的英文译本 [J]. 河北大学学报,1980(4):87-89.

24. 剑诚,郭天. 评协大学生创办的《闽潮》周刊 [J]. 党史资料与研究,1987(5):61-66,48.

25. 李长林. 清末中国对《一千零一夜》的译介 [J]. 国外文学,1998(4):121-126.

26. 李光荣,宣淑君. 南荒文艺社:一个被历史遗落的社团 [J]. 中国现代文学研究丛刊,2008(6):161-167.

27. 李乃坤. 黄嘉德先生与萧伯纳研究 [J]. 文史哲,2011(5):254-258.

28. 李奭学. 中译第一首"英"诗《圣梦歌》[J]. 读书杂志,2008(3):157-163.

29. 林语堂. 西风发刊词 [J]. 西风,1936(1):6-7.

30. 刘兵. 我与一位可敬前辈的交往点滴——悼科普翻译家吴伯泽先生 [N]. 中华读书报,2005-04-27(15).

31. 树杞. 代理秘书布告 [J]. 厦大周刊,1926(156):1.

32. 梅李. 春风一杯酒 夜雨十年灯——记厦大博导、海明威研究专家杨仁敬教授 [J]. 炎黄纵横,2009(8):17-19,30.

33. 穆雷. 重视译史研究 推动译学发展——中国翻译史研究述评 [J]. 中国翻译,2000(1):17-19,30.

34. 潘亚暾. 当代在任最长的总编辑——记菲华文坛翘楚施颖洲先生 [J]. 海内与海外,1998(7):36-39.

35. 苏炳炎. 我所认识的王友钊校友 [J]. 集美校友,1993(3):8.

36. 滕崇德,窦景新. 山西植物区系的初步分析 [J]. 武汉植物学研究,1986(1):43-55.

37. 王建开. 翻译史研究的史料拓展:意义与方法 [J]. 上海翻译,2007(2):56-60.

38. 王金波,王燕. 被忽视的第一个《红楼梦》120 回英文全译本——邦斯尔神父《红楼梦》英译文简介 [J]. 红楼梦学刊,2010(1):195-209.

39. 王鸣阳. 编辑典范 人生导师——追忆吴伯泽 [N]. 中国新闻出版报,2005-06-22(8).

40. 王友钊. 我自泉州渡海来 [J]. 福建杂志,1988(38):16-22.

41. 王友钊. 追忆我的学海生涯 [J]. 集美校友,1991(1):26-28.

42. 伍红玉. 格林童话的版本演变及其近代中译 [J]. 德国研究,2006(4):62-68,80.

43. 五明子. "e-考据时代"的"二重证据法"[J]. 读书,2008(11):56.

44. 西风社. 西风社紧要启事 [J]. 西风,1943(65):无页码.

45. 徐国利. 关于"抗战时期高校内迁"的几个问题 [J]. 抗日战争研究,1998(2):122-139.

46. 徐振忠. 林健民和他的中国古诗英译艺术 [J]. 黎明职业大学学报,2003(4):17-22,31.

47. 严向群. 深情寄于小刊中 [J]. 中国老年,1994(9):22-23.

48. 杨畅,江帆.《红楼梦》英文译本及论著书目索引(1830—2005)[J]. 红楼梦学刊,2009(1):301-330.

49. 杨仁敬. 翻译这门学问大有研究余地——纪念范存忠先生逝世十周年 [J]. 译林,

1997（6）：201-205.

50. 杨思知. 赴台湾考察农业见闻 [J]. 台湾农业探索，1996（1）：1-5.

51. 詹朝霞. 晃岩路 35 号，另一个周氏传奇——现代汉语言学家周辨明的故事 [N]. 厦门晚报，2010-12-26（15）.

52. 张峰，上官铁梁. 关帝山黄刺玫灌丛群落结构与生物量的研究 [J]. 武汉植物学研究，1991（3）：247-252.

53. 张思齐.《镜花缘》比较探源 [J]. 西南民族大学学报（人文社科版），2003（6）：123-132.

54. 张煊. 左翼电影时期闽籍影人行述考辨 [J]. 当代电影，2014（2）：53-59.

55. 郑锦怀.《红楼梦》早期英译百年（1830—1933）——兼与帅雯雯、杨畅和江帆商榷 [J]. 红楼梦学刊，2011（4）：118-134.

56. 郑锦怀，岳峰. 翻译史料问题研究 [J]. 外语教学与研究，2011（3）：445-452.

57. 周辨明编译. 万国通语论 [J]. 厦门大学学报，1932，1（2）：1-51.

三、英文单行本

1. Birch, Cyril. *Anthology of Chinese Literature*, *Vol. II*[C]. New York: Grove Press, 1972.

2. Chang, H. C. *Allegory and Courtesy in Spenser*: *A Chinese View*[M]. Edinburgh: Edinburgh University Press, 1955.

3. Chang, H. C. *Chinese Literature*: *Popular Fiction and Drama*[M]. Edinburgh: Edinburgh University Press, 1973.

4. Ludwig, Emil & Samuel, Maurice tr. *Roosevelt*: *A Study in Fortune and Power*[M]. London: Hamish Hamilton, 1938.

5. Giles, Herbert A. *A History of Chinese Literature*[M]. London: William Heinemann, 1901.

6. Giles, Herbert A. *Gems of Chinese Literature*（Revised and greatly enlarged）[M]. Shanghai: Kelly and Walsh, 1922.

7. Harvard University. *Catalogue of Names 1917-18*[M]. Cambridge: Harvard University, 1917.

8. Harvard University. *Harvard Alumni Directory 1937*[M]. Cambridge: Harvard University, 1937.

9. Johnston, J. *Econometric Methods*[M]. New York/San Francisco/Toronto/London: Mc-Graw-Hill Book Company, 1963.

10. Kao, George（ed.）. *Chinese Wit & Humor*[C]. New York: Coward-McCann, 1946.

11. Pym, Anthony. *Method in Translation History*[M]. Beijing: Foreign Language Teaching and Research Press, 2007.

12. Stevenson, A. Russell & Locke, Virginia O. *Agricultural Development Council*: *A*

History[M]. Little Rock, Ark. : Winrock International Institute for Agricultural Development, 1989.

13. St. John's University. *Catalogue of the Officers and Students of St. John's University 1908-1909 and Rules & Regulations*[M]. Shanghai: North-China Daily News & Herald Ltd. , 1908.

14. St. John's University. *Catalogue of the Officers and Students of St. John's University September 1910-July 1911 and Rules & Regulations*[M]. Shanghai: North-China Daily News & Herald Ltd. , 1910.

15. St. John's University. *Catalogue of the Officers and Students of St. John's University September 1911-July 1912 and Rules & Regulations*[M]. Shanghai: North-China Daily News & Herald Ltd. , 1911.

16. St. John's University. *Catalogue of St. John's University, Academic Year Sept. 1914-July 1915*[M]. Shanghai: St. John's University, 1914.

17. von Elizabeth, Sleemann. *The International Who's Who 2004*[M]. London: Europa Publications, 2003.

四、英文文章、译文

1. Ernest Hemingway. The Killers[J]. *Scribner's Magazine*, 1927, 81（3）: 227-233.

2. Giles, Herbert A. A Visit to the Country of Gentlemen[J]. *The China Review*, 1877, 6（3）: 159-165.

3. T. C. B. How Snow Inspired Verse, and a Rash Order Made the Flowers Bloom[J]. *Journal of the North China Branch of the Royal Asiatic Society*, 1885, N. S. Vol. 20: 81-86.

4. Yang, Gladys. A Journey into Strange Lands[J]. *Chinese Literature*, 1958, Vol. 1: 76-122.

五、网络文章

1. 公民行者. 揭开尘封的饥饿记忆——记 20 世纪 60 年代初的宁夏固原县黑城农场的"右派"生活 [EB/OL]. [2015-08-18]. http://blog. sina. com. cn/s/blog_49225aa50100n1re. html.

2. 龚小莞,黄秋莒. 造化钟神秀　地灵出人杰——《探访周廷旭的踪迹》后续报道 [EB/OL]. [2015-08-08]. http://library. xmu. edu. cn/news/detail. asp？serial=28209.

3. 金墩郎 _579. [转载]16 日收到黄嘉德生前整理的家族联络图表,做研究有用 [EB/OL]. [2015-08-10]. http://blog. sina. com. cn/s/blog_c296e27301019g99. html

4. 茫眼. 黄嘉历——黄氏五兄弟老二: 翻译卢威特著《罗斯福传》[EB/OL]. [2015-08-10]. http://blog. sina. com. cn/s/blog_5f07c1960100e4e2. html.

5. 茫眼. 黄嘉谟——黄氏五兄弟老三:《何日君再来》[EB/OL]. [2015-08-10]. http://blog. sina. com. cn/s/blog_5f07c1960100e0r4. html.

6. 南台. 老上海名人黄嘉音、朱琦夫妇在宁夏 [EB/OL]. [2015-08-18]. http：//blog. sina. com. cn/s/blog_452e534b0100j2ry. html.

7. 伟蓝. 寻找潘湖田洋四房（房叔 —— 当代翻译家黄嘉德、黄嘉音）的后裔亲人 [EB/OL]. [2015-08-10]. http：//hqmokok. blog. 163. com/blog/static/33510795201403 181026535.

8. 张家驷，尤元仁. 嘉定区（县）人民政府 [EB/OL]. [2015-08-20]. http：//dangan. jiading. gov. cn/platformData/infoplat/pub/jddaweb_2522/88-04/1993/nr/0603. htm.

后 记

1998年9月至2002年6月，我在漳州师范学院（2013年改称闽南师范大学）英语系英语教育本科专业就读。大三那年，系里开设了翻译课程，用的是两种十分"古老"的翻译教材，即吕瑞昌等编著的《汉英翻译教程》与张培基等编著的《英汉翻译教程》。也不知道为何，我开始对翻译产生了兴趣，经常到图书馆期刊室看《中国翻译》《上海科技翻译》等专业杂志，就连毕业论文也是探讨中式菜谱的英译问题。

2004—2007年在福建师范大学外国语学院读研期间，我有幸拜入当时学院最年轻的正教授岳峰老师的门下。岳峰老师早年师从著名翻译家许崇信教授，读博时则师从中外交流史研究名家林金水教授，加之其本人的努力，故而在翻译与中外交流史研究领域做得风生水起。在他的影响下，我开始潜心于翻译史研究。迄今，我已经独立或与人合作撰写并发表了20多篇翻译史相关论文，其中有6篇发表在《外语教学与研究》等权威与核心刊物上。

在协助岳峰老师主编《福建翻译史论》三卷时，我产生了系统地研究泉籍翻译家的想法，还曾申请泉州市社会科学研究规划的基金支持，可惜没有获批。尽管没有基金支持，但我还是利用空闲时间，通过各种渠道，广泛搜罗相关资料，选取了15位有代表性的泉籍翻译家，对其生平活动与著译成就进行考察与辨析，最终汇成了这部《泉籍翻译家与中西交流》。尽管深知自己的研究深度有限，文字也颇为稚嫩，但这毕竟我是多年努力的成果，心中无限喜悦。

在此，我要感谢领我入门并带我走上学术研究快车道的岳峰老师，感谢多年来默默而有力地支持着我的父亲郑庆忠、母亲徐秋月、妻子黄淑真与女儿郑凌宁，感谢我的弟弟郑聪生、妹妹郑梅香以及其他给过我或大或小支持的亲朋好友。我还要感谢泉州师范学院图书馆的苏黎明馆长、吴绮云副馆长、吴力群研究馆员、赵慧真副研究馆员等领导与同事多年来在工作与生活中对我的关心与爱护。

中国社会科学院文化研究中心闽南文化研究基地暨台湾民主自治同盟中央委员会闽南文化交流研究基地（泉州师范学院）为本书的出版提供了资金支持。江南大学图书馆的顾烨青馆员在文献获取方面为我提供了巨大帮助。与我同年入馆的同事陈彬强馆员在我申请出版资助的过程中提供了耐心的指导与帮助。我的高中同学、厦门大学嘉庚学院外文学院英语系副教授陈智淦得知我要出书，主动为我多方联系出版社。在此一并表示感谢。

郑锦怀

2015年9月18日